Das Buch

Über eine Zeitspanne von mehr als 900 Jahren erstreckt sich diese packend geschriebene, aber dabei streng auf historische Fakten gegründete Chronik. Es ist die Geschichte des Johanniter-, späteren Malteser-Ordens und seines Wirkens seit der Gründung im Jahre 1099. Aus den Kreuzzügen entstanden, wurde der immer nur aus wenigen tausend aktiven Mitgliedern bestehende Orden in zahllosen Kämpfen gegen die Moslems zur beherrschenden Macht des Mittelmeerraums. Zypern, Rhodos und Malta waren nach seiner Vertreibung aus dem Heiligen Land die Zentren seines Wirkens, und Maltas Verteidigung gegen die übermächtige türkische Flotte im Jahre 1565 zählt zu den weltpolitisch bedeutsamsten Waffentaten der Zeit. Aber auch als Seefahrer, Festungsbauer, Zivilisatoren und Förderer der medizinischen Wissenschaft waren die Ritter vorbildlich. Bradford, bekannt durch eine Reihe meisterhafter Darstellungen aus der Geschichte der Mittelmeerländer, zeichnet hier in einer großen Zusammenschau vom Hochmittelalter bis zur Gegenwart ein farbenprächtiges Bild, das auch die letzten Entwicklungen des Ordens im Rahmen des Malteser-Hilfsdienstes und der Johanniter-Unfallhilfe umfaßt.

Der Autor

Ernle Bradford, geb. 1922, diente von 1940 bis 1944 als Freiwilliger bei der britischen Marine. Nach dem Krieg kehrte er nach England zurück. Mit einem eigenen Segelschiff unternahm er ausgedehnte Seereisen im Mittelmeerraum und überquerte zweimal den Atlantik. Einige Werke: ›Reisen mit Homer‹ (1964), ›Der Schild Europas‹ (1965), ›Die Reisen des Paulus‹ (1974), ›Nelson‹ (1977), ›Der Verrat von 1204‹ (1978).

Ernle Bradford:
Kreuz und Schwert
Der Johanniter/Malteser-Ritterorden

Deutsch von Götz Pommer

Deutscher
Taschenbuch
Verlag

dtv

Von Ernle Bradford
ist im Deutschen Taschenbuch Verlag erschienen:
Die Reisen des Paulus (1455)
Der Schild Europas (1505)

Ungekürzte Ausgabe
März 1981
Deutscher Taschenbuch Verlag GmbH & Co. KG,
München
Lizenzausgabe mit freundlicher Genehmigung des
Universitas Verlags, Berlin · ISBN 3-8004-0812-0

Titel der englischen Originalausgabe:
The Shield and the Sword
Umschlaggestaltung: Celestino Piatti
Umschlagbild: Großmeister Jean Parisot de La Valette
Gesamtherstellung: C. H. Beck'sche Buchdruckerei,
Nördlingen
Printed in Germany · ISBN 3-423-01620-5

Inhalt

Vorwort

Jeder, der es unternimmt, die Geschichte der Ritter des hl. Johannes zu Jerusalem, zu Rhodos und zu Malta zu schreiben, sieht sich sofort größten Schwierigkeiten gegenüber, denn die Geschichte dieses berühmten Ordens ist tatsächlich zum großen Teil die Geschichte des Mittelmeers und umfaßt 700 Jahre, wenn man von den Tätigkeiten des Ordens in anderen Teilen Europas und der Neuen Welt absieht. Nimmt man diese hinzu, so ist es von den frühesten Anfängen im 11. Jahrhundert bis zum heutigen Tage eine Zeitspanne von mehr als 900 Jahren!

Ernle Bradford hat sein Fachwissen bereits in seinen früheren Büchern ›Der Schild Europas‹ und ›Das Mittelmeer, Porträt eines Meeres‹ unter Beweis gestellt, und es ist daher nicht überraschend, daß das vorliegende Werk von neuem seine erzählerischen Fähigkeiten und seine Integrität als Geschichtswissenschaftler zeigt.

Von der ersten Seite an empfinden wir die Spannung und Dramatik der Geschichte dieser mittelalterlichen Ritter, die Mitglieder eines religiösen Ordens waren, wir sehen ihren Heldenmut, ihren Idealismus, ihre tiefe Gläubigkeit, aber natürlich auch ihre menschlichen Schwächen.

Der militärische Fortschritt und der Mut der Ritter des hl. Johannes sind mit historischer Genauigkeit aufgezeichnet; zudem zieht sich durch jedes Kapitel wie ein roter Faden die unerschütterliche Treue des Ordens zum Gebot seines frommen Gründers, »für unsere Herren, die Kranken, und unsere Herren, die Armen, zu sorgen«. Wir verfolgen die Saga der großen Belagerungen von Rhodos und Malta, ebenso den Sieg über die Feinde und dann die Zeit weltlichen Glanzes auf Malta und erleben schließlich die Abtretung der Insel an Napoleon, die dunkelste Stunde in der Geschichte der Ritter des hl. Johannes.

In diesem Augenblick schien es, als sei das Ende des Ordens besiegelt, doch die Geschichte geht weiter – mit dem Überleben des Ordens und seiner fast wunderbaren Erneuerung im 20. Jahrhundert.

Ernle Bradford hat eine präzise und packende Geschichte des Ordens des hl. Johannes geschrieben, und es gehört zu seinen größten Leistungen, alle wichtigen Fakten auf diesem knappen Raum dargestellt zu haben.

Der souveräne militärische und Krankenpfleger-Orden des hl. Johannes zu Jerusalem, zu Rhodos und zu Malta – um seinen vollen Titel zu nennen – ist heute, wie das letzte Kapitel zeigt, vielleicht noch tätiger und gewiß noch weiter verbreitet als zu jedem anderen Zeitpunkt seiner 900jährigen Geschichte.

Seine Souveränität, die bis zur Einnahme der Insel Rhodos im Jahre 1310 zurückreicht und sie zu einem der ältesten souveränen Staaten Europas machte, ist mittlerweile von 38 Staaten offiziell anerkannt, mit denen der Orden diplomatische Beziehungen unterhält.

Die Aufgabe der Ritter des hl. Johannes ist seit den Tagen ihres Gründers unverändert geblieben, nämlich für die Kranken und Armen zu sorgen, ungeachtet ihrer Rasse, Sprache oder Religion. Und die Arbeit geht weiter: in den Leprastationen Afrikas, im Erdbebengebiet der Anden, in den Sümpfen von Bangla-Desh, in den vom Aufruhr heimgesuchten Straßen von Londonderry und Belfast und in den zahllosen Krankenhäusern, Ambulanzen für Unbemittelte und Heimen in vier Kontinenten. Bis 1970 arbeitete der deutsche Krankenpflegezweig des Ordens, der Malteser-Hilfsdienst, in der Kampfzone von Vietnam, wobei drei Freiwillige ihr Leben opferten.

Die 8500 Mitglieder des Ordens in 93 Großprioraten, Subprioraten und nationalen Verbänden, denen eine unbekannte Zahl von Helfern und großzügigen Förderern beisteht, erhalten immer noch die alte Tradition des freiwilligen Dienstes aufrecht.

Ernle Bradfords Buch erschien erstmals 1972, während der Amtszeit des 77. Großmeisters, Fra Angelo de Mojana di Cologna. Der »Kreuzzug der Neuzeit« hat schon begonnen, und das Banner der Hospitaliter mit dem achtzackigen Kreuz weht als Symbol internationaler Caritas und internationalen Friedens in mehr als 60 Ländern auf der ganzen Welt.

Quintin Jermy Gwyn
Großkanzler
des souveränen militärischen
und Krankenpfleger-Ordens
des hl. Johannes von Jerusalem,
von Rhodos und von Malta

Wie immer möchte ich meine Dankesschuld an die London Library abtragen – jene Einrichtung, ohne die wenige Autoren meinesgleichen auskommen könnten (und ohne die sie auch um manches große Vergnügen kämen). Ebenso bin ich dem Orden des hl. Johannes sehr zu Dank verpflichtet, insbesondere dem Großkanzler und dem offiziellen Historiker des Ordens, Fra Toumanoff. Beide waren so freundlich, das Manuskript zu diesem Buch zu lesen und meine Fehler zu verbessern. Wenn noch Irrtümer verblieben sind, gehen sie zu meinen Lasten. Schließlich möchte ich meinen Dank vielen Freunden in Malta aussprechen, besonders Sir Hannibal Scicluna (der mich vor vielen Jahren an dieses Thema herangeführt hat). Auch ohne die Royal Malta Library und ohne die Bibliothek der University of Malta wäre dieses Buch nicht möglich gewesen.

Kalkara, Malta *Ernle Bradford*
22. Juli 1972

1. Kreuzfahrer

Der souveräne militärische und Krankenpfleger-Orden des hl. Johannes zu Jerusalem, zu Rhodos und zu Malta ist der älteste Ritterorden und der drittälteste geistliche Orden der christlichen Welt. Er ist uns als einziger unmittelbar aus der Zeit der Kreuzzüge erhalten geblieben.

Fast zwei Jahrhunderte lang – von 1096 bis 1291 – ergossen sich in großen, aufeinanderfolgenden Wellenbewegungen Europäer in die Länder um das östliche Mittelmeer; in erster Linie, um das Heilige Land von den Moslems zurückzuerobern und um dann zu versuchen, es samt anderen umliegenden Gebieten als christliches Territorium zu erhalten. Sie kamen zu Tausenden und Abertausenden: Pilger, einzelne Bewaffnete, kleinere Trupps, die einem Feudalherrn folgten, und komplette Heere. Die Kreuzzüge schließen mehr ein als die berühmten großen Kriegszüge, die diesen Namen tragen. Zu ihnen gehört auch ein stetiger Zustrom von Menschen aus den romanischen und nördlichen Ländern in jenes Gebiet des Nahen Ostens, das ihnen als heilig galt, weil der Stifter des Christentums dort geboren und gestorben war.

Dem allgemeinen Verständnis nach handelte es sich bei den Kreuzzügen um die sieben großen Stürme, die von Westen und Norden her über die Levante hinwegbrausten. Doch während dieser ganzen Zeit kamen zudem unaufhörlich Pilger und Freibeuter, Priester und landhungrige Adlige in kleinen Gruppen aus dem Abendland in den strahlenden und stets verwirrenden Orient.

Als Mittel der Politik waren die Kreuzzüge etwas verhältnismäßig Neues. Allerdings war den Mohammedanern die Vorstellung des Dschihad, des Heiligen Krieges, schon seit langem geläufig. Der Prophet hatte ihnen aufgetragen: »Kämpft im Namen Allahs gegen die, die euch bekämpfen ... Tötet sie, wo immer ihr sie findet ... Es obliegt euch, auch dann zu kämpfen, wenn ihr nicht dazu gewillt seid.« Die Christen hingegen, deren Religion eine Religion des Friedens war, wurden – zumindest theoretisch – dazu angehalten, den Krieg als Übel zu betrachten. Die Ostkirche in Byzanz sah den Krieg tatsächlich als Übel an, als allerletztes Mittel, zu dem man nur Zuflucht nehmen durfte, wenn alle Versuche, diplomatisch vorzugehen oder mit

Bestechung zu arbeiten, gescheitert waren. Der Soldat genoß in Byzanz kein hohes Ansehen. Wenn er auf dem Schlachtfeld tötete – und sei es zur Verteidigung seines eigenen Landes –, wurde er drei Jahre lang vom Empfang der heiligen Kommunion ausgeschlossen. Im Westen dachte man völlig anders. Die angriffslustigen und noch halb barbarischen Völker des Nordens fügten sich nicht in den feinfühligen und differenzierten Verhaltenskodex der Byzantiner. Sogar der heilige Augustinus hatte gesagt, es gebe einen gerechten Krieg, einen Krieg gegen das Böse auf Gottes Geheiß. Doch das war ein etwas zu verwirrender Gedanke für normannische Barone und Männer ihres Schlages, bestand ihr liebster Zeitvertreib doch darin, die Burg ihres Nachbarn zu belagern und sich seine Ländereien anzueignen.

Der Verhaltenskodex des Rittertums hatte sich in den Feudalgesellschaften aufgrund der Notwendigkeit eines gewissen Stils der Lebensführung und aus den Vorschriften für Zweikampf und Krieg entwickelt. In den frühen Phasen wurde er in hohem Maße von den berühmten *chansons de geste* propagiert, von den Heldenliedern über Karl den Großen, über Roland und über ihre Kampfgefährten. Kriegerisches Leben und heldischer Geist galten im Westen als das, was den Freien vom Unfreien unterschied, mochte die Kirche sagen, was sie wollte. Das Neue an den Kreuzzügen bestand darin, daß sie von der Kirche und vom Papst selbst direkt gefördert wurden. Zum Teil waren sie einer religiösen Erneuerung zuzuschreiben, die im 10. Jahrhundert von Westeuropa ausgegangen war und im Verlauf des 11. Jahrhunderts immer mehr um sich gegriffen hatte. Man kann die Kreuzzüge auch als Bestandteil des unaufhörlichen Wechselspiels zwischen Orient und Okzident ansehen, das immer ein wesentlicher Zug der Geschichte Europas und des Mittelmeers war.

Als Mittel der päpstlichen Außenpolitik hatten die Kreuzzüge die Sicherung der Heiligen Stätten und den Schutz der Pilgerstraßen zum Ziel. Sie waren auch insofern äußerst nützlich, als sie den Kleinkriegen in Europa Einhalt geboten und die oft gesetzlosen Adligen zu einer konstruktiven Kriegstätigkeit außerhalb Europas brachten. Eine wesentliche Rolle spielen hier die Bußregeln der Kirche. Der Priester hielt den Sünder bei der Beichte dazu an, körperlich oder moralisch Buße zu tun, bevor er zum Sakrament des Abendmahls zugelassen wurde. Die wichtigste Buße war die Wallfahrt. Der Pilger büßte durch die

Mühsale und Leiden der harten und oftmals sehr gefährlichen Reise nicht nur seine Sünden ab, sondern er kam außerdem in den Genuß der Gnade, die Heiligen Stätten besucht zu haben und auf geweihtem Boden gewandelt zu sein. Absicht der Kreuzfahrer war es, die Pilgerstraßen zu sichern und die Pilger vor ihren mohammedanischen Feinden zu schützen. Das war die Saat, der die Templer, der Deutsche Orden und die Johanniter entsprossen.

Der 1. Kreuzzug oder Zug des Volkes kam hauptsächlich dadurch zustande, daß die Macht des byzantinischen Reiches zur Neige ging und die Türken immer weiter vordrangen. Man sah sie – mit Recht – als die größte Bedrohung für die Christenheit an. Im Jahre 1071 hatten sie Jerusalem erobert, und obwohl sie nicht völlig intolerant waren, hatten sie den Pilgern die Reise noch mehr erschwert als zu der Zeit, da das Gebiet ganz in byzantinischer Hand war. Das Schisma im Jahre 1054, die Loslösung der Ostkirche vom römischen Katholizismus, machte dem Papsttum schwer zu schaffen. Nun war Byzanz im Niedergang begriffen, und wenn die Christen aus dem Westen sich fest im Osten einrichten konnten, schien immer noch die Möglichkeit zu bestehen, daß die gesamte Christenheit von Rom aus geeinigt wurde. Nach der vernichtenden Niederlage der Byzantiner gegen die Türken bei Mantzikert (1071) waren die Pilgerstraßen durch Kleinasien in steigendem Maße gefährdet, denn die Türken hatten jetzt alle großen Städte in der Hand. Der byzantinische Kaiser Michael VII. bat den Westen, der Christenheit im Osten gegen die Türken zur Hilfe zu kommen. Michaels Bitten waren vergeblich; erst die seines Nachfolgers Alexios Komnenos wurden mit offenen Ohren aufgenommen.

Beim Konzil von Piacenza (1095) baten Gesandte von Alexios Papst Urban II., er möge Truppen schicken, die dabei halfen, Kleinasien für die Christenheit zurückzuerobern. Diesmal waren die Umstände für ein Eingreifen des Westens günstiger. Urban II. war ein starker Papst, der zudem das Papsttum gefestigt hatte. Jetzt richtete er den Blick hoffnungsvoll gen Osten. Er träumte von einer vereinten Christenheit und der Rückeroberung der christlichen Länder, die die Feinde des Glaubens in der Hand hatten. Im selben Jahr hielt er auf dem Konzil von Clermont die berühmte Ansprache, die zum 1. Kreuzzug führte. Er rief die Zuhörer dazu auf, den bedrängten Glaubensbrüdern im Osten zu Hilfe zu kommen. Das Christentum sei in Gefahr, und wenn es den Türken gelänge, das byzantinische

Reich zu überrennen, sei das übrige Europa ihr nächstes Ziel. Jerusalem selbst, so führte er aus, sei in der Hand der Feinde Christi; die Pilger, die zu den Heiligen Stätten wallfahren wollten, litten stärker denn je unter den muselmanischen Herrschern. Er rief die Fürsten Westeuropas dazu auf, von ihren mörderischen, unchristlichen Fehden und Kriegen abzulassen und sich gegen den gemeinsamen Feind zusammenzuschließen. Der Krieg, zu dem er sie aufriefe, sei ein heiliger und gerechter, ein gottgefälliger Krieg. Die daran teilnehmen, würden Vergebung aller ihrer Sünden erlangen, wenn sie in der Schlacht fielen. Das Leben auf Erden sei wahrhaft elendiglich und voller Schlechtigkeit. Der Himmel harre ihrer. Er rief sie dazu auf, für ihren Glauben zu sterben und zum Schwert zu greifen, um gegen die Feinde Christi zu kämpfen.

Der Widerhall war gewaltig. Urban II. hatte einen Sturm ausgelöst, der noch generationenlang über das Mittelmeer hinwegbrausen sollte. »Gott will es! Gott will es!« riefen die Zuhörer. Im November hielt Urban seine Ansprache vor dem Konzil. Seiner Absicht entsprach es, daß die Kreuzfahrer im Sommer des folgenden Jahres aufbrachen. Sie würden nach Konstantinopel marschieren, wo der byzantinische Kaiser Schiffe bereitstellte, die sie nach Kleinasien übersetzten. Dann würden sie die Türken vertreiben und alle größeren Städte an der Pilgerstraße befreien. Und danach würden sie Jerusalem zurückerobern, die Veste des Glaubens. Als Symbol ihrer Entschlossenheit, nicht eher zu ruhen, als bis Jerusalem wieder in christlicher Hand war, »nahmen sie das Kreuz« – ein rotes Kreuz aus Stoff, das auf die Rückseite des Mantels genäht wurde, der den Kettenpanzer bedeckte.

Urban war fest entschlossen, den gesamten Kriegszug unter päpstlicher Kontrolle zu halten, und ernannte Adhemar, den Bischof von Le Puy, als dessen Führer. Es ist beachtenswert, daß Urban selbst französischer Abstammung war, das ganze Unternehmen in Frankreich geplant wurde und daß der erste Edelmann, der sich dem Kreuzzug anschloß, ein Franzose war: nämlich Raimund Graf von Toulouse. Die Kreuzfahrer kamen zwar aus allen Ländern Europas, aber trotzdem ging auch in den folgenden Jahrhunderten der wichtigste Einfluß von Frankreich aus, genauer gesagt, vom normannischen Frankreich. Die Normannen waren ihrer Abkunft und ihrem Gefühl nach den Wikingern verwandt. Sie zeigten sich robust und ausdauernd, neigten auch zu der sprichwörtlichen Berserkerwut, waren aber daneben streng religiös und im Grunde ihres Herzens unstete Wanderer. Die Sonne, die See und der Reiz des Südens hatten sie schon nach Süditalien und Sizilien gelockt. Sie waren immer landhungrig. Es lag also nicht nur an der Religion, daß es sie nach Griechenland, nach Kleinasien und in die Levante trieb.

Nach der Ansprache von Papst Urban kam es in ganz Europa zu einer inbrünstigen Kreuzzugsbewegung. Nicht nur Edelleute und Herrscher wollten Pilger werden und sich zum Heiligen Land durchkämpfen. Von den Worten des Papstes angeregt, begannen auch seltsame Visionäre wie Peter der Einsiedler und Walter Sans-Avoir den Kreuzzugsgedanken zu verbreiten*. Das führte dahin, daß zu der Zeit, da der Kreuzzug, zu dem Urban aufgerufen hatte, langsam Gestalt annahm, bereits ein völlig anders geartetete Kreuzzug sich auf den Weg machte. Fast überall in Europa war das Leben für Arme äußerst hart. Sie hatten wenig zu essen, waren stets der Willkür ihrer Feudalherren ausgesetzt und wurden von den kriegerischen Auseinandersetzungen ruiniert, die nur zu oft zwischen diesen tobten. Die Vorstellung, in ein weit entferntes, sonniges Land auszuwandern und sich dabei Gottes Gunst und die Vergebung der Sünden zu erwerben, sprach natürlich Tausende aus den niedrigen Ständen an. Dazu bemerkt Sir Steven Runciman: »Der mittelalterliche Mensch war davon überzeugt, daß Christi Wiederkehr unmittelbar bevorstehe. Es galt, Buße zu tun, solange hierzu noch Zeit war; man mußte ausziehen, um gute Werke zu tun ... Prophezeiungen erklärten, das Heilige Land müsse erst für den Glauben zurückgewonnen werden, ehe Christus wiederkehren könne. Überdies bestand für unwissende Geister kein klarer und deutlicher Unterschied zwischen Jerusalem und dem Neuen Jerusalem. Viele von Peters Zuhörern glaubten, er verspreche ihnen, sie aus ihrem gegenwärtigen Elend heraus und in das Land voll Milch und Honig zu führen, von dem die Heilige Schrift sprach.«

Der erste Kreuzzug erfolgte in zwei Phasen: der Zug der Fürsten und der Zug des Volkes. Als erste brachen die Kreuzfahrer aus dem Volk auf. Ihr Unternehmen wurde zum entmutigenden und tragischen Fehlschlag. Ein großer Teil der Pilger gelangte nicht einmal bis Konstantinopel. Und diejenigen, die

* Peter der Einsiedler, vermutlich aus Amiens gebürtig, zog mit anderen Wanderpredigern, darunter auch Walter Sans-Avoir, durch Frankreich und Deutschland und sammelte durch seine Predigten Tausende um sich. (Anm. d. Ü.)

wirklich bis dorthin kamen, erwiesen sich als schwere Bürde für die Byzantiner. Alexios Komnenos hatte um ein diszipliniertes Heer ersucht und sah sich jetzt einem Pöbelhaufen gegenüber. Sie waren wie ein Heuschreckenschwarm durch Europa gezogen, hatten unterwegs Belgrad geplündert und gebrandschatzt und schickten sich nun an, dasselbe auch auf byzantinischem Gebiet zu tun. Der Kaiser konnte ihr Verhalten schließlich nicht mehr dulden. Er stellte ihnen seine Flotte zur Verfügung und ließ sie nach Kleinasien übersetzen. Nachdem sie die Ländereien ausgeplündert hatten, die sich noch unter byzantinischer Kontrolle befanden, dehnten sie ihre Tätigkeiten auf Gebiete aus, wo die Türken sie bereits erwarteten. Nach einer Reihe von Scharmützeln marschierte der Zug des Volkes – etwa 20000 Mann stark – zur Schlacht auf. Das Ergebnis stand von vornherein fest. Peter der Einsiedler, der nach Konstantinopel zurückgegangen war, um weitere Hilfe vom Kaiser zu erbitten, gehörte zu den wenigen Führern, die überlebten. Nach der Schlacht überrannten die Türken das Feldlager der Kreuzfahrer. Sie töteten Männer, Frauen und Kinder und verschonten nur einige wenige schöne Jungen und Mädchen, die sie für ihre Häuser und Harems bestimmt hatten.

Und damit war der Zug des Volkes zu Ende. Die Nachfolger konnten daraus nur die eine Lehre ziehen, daß der Glaube alleine nicht ausreichte. Nur das Schwert, von geübter und an Kriegszucht gewöhnter Hand geführt, konnte den Weg nach Jerusalem öffnen. Mittlerweile war der Kreuzzug der Fürsten im Anmarsch begriffen. Seine Organisation hatte länger gedauert, als man erwartet hatte. Erst im Frühjahr 1097 sammelte sich der größte Teil dessen, was man den eigentlichen 1. Kreuzzug nennen muß, vor den Mauern von Konstantinopel. Darunter befanden sich, mitsamt ihren Rittern und anderen Bewaffneten, Herrscher wie Gottfried von Bouillon, Herzog von Niederlothringen, Graf Hugo von Vermandois, Raimund von Toulouse, Bohemund von Tarent, Herzog Robert von der Normandie, Graf Robert von Flandern und Bischof Adhemar von Le Puy. Ihre Namen lasen sich wie eine Anwesenheitsliste des europäischen Hochadels.

Anfang Mai 1097 begannen die ersten Kreuzfahrer über den Bosporus überzusetzen. Es gibt verschiedene Schätzungen ihrer zahlenmäßigen Stärke. Allein Gottfried von Bouillon brachte ein Heer von 30000 Fußsoldaten und 10000 Berittenen mit. Bohemund von Tarent wurde von 7000 Rittern begleitet. Als auch die Nachzügler mit ihren Bewaffneten eingetroffen waren und sich nach Kleinasien eingeschifft hatten, dürfte es sich insgesamt um vermutlich 150000 Mann gehandelt haben. Nach einmonatiger Belagerung fiel ihnen Nikäa in die Hand, danach Tarsos und schließlich Antiochia. Als sie Antiochia besetzt hielten, wurden sie zeitweise von einer türkischen Armee belagert. Die Kampfmoral war stark gesunken. Doch gerade da wurde die Heilige Lanze entdeckt, angeblich diejenige, die Jesu Seite durchbohrt hatte. Es kann kaum Zweifel daran geben, daß dieses Ereignis sorgfältig von einem klugen Kleriker organisiert worden war, der die Kampfmoral der Kreuzfahrer heben wollte. Und es gelang. Das Heer wagte einen Ausfall aus der Stadt und lieferte den Türken eine Schlacht, die mit einem überwältigenden Sieg für die Kreuzfahrer ausging. Von nun an waren sie davon überzeugt, daß Christus selbst mit ihnen sei und sie nach Jerusalem geleiten werde.

Es war ein Zeitalter der Reliquien. Die Menschen schätzten und verehrten Heiligenreliquien, Gnadenbilder oder beispielsweise auch Gemälde, die dem hl. Markus zugeschrieben wurden. In Konstantinopel befand sich die größte Sammlung von Reliquien aus dem Heiligen Land und aus Kleinasien, darunter auch das Wahre Kreuz, an das man Christus geschlagen hatte, die Blutstropfen, die er in Gethsemane vergossen hatte, der Stab Mosis und der Stein, auf den Jakob sein Haupt zum Schlafen gebettet hatte. Später spornte die in einem juwelenbesetzten Schrein verwahrte Hand Johannes des Täufers die Ritter des Johanniterordens zu Taten von unglaublichem Mut an. Aberglauben, religiöser Glaube, der auf Furcht oder Unwissenheit gegründet war, pflegte oft zu wirken. Wenn man ans Irrationale glaubte, konnte man auch Gefahren standhalten, die ohne irrationale Tapferkeit hoffnungslos ausgesehen hätten. So schöpften die Kreuzfahrer weiteren Mut, weil während ihres Marsches entlang der Küste von Judäa eine Mondfinsternis stattfand. Sie nahmen das als Zeichen dafür, daß sich auch der Halbmond der Moslems, ihrer Feinde, verfinstern werde.

Am Morgen des 7. Juni 1099 erreichte die Armee eine Hügelspitze, die die Pilger Montjoie nannten, und sie sahen Jerusalem vor sich liegen. In Anbetracht des späteren Geschehens lohnt es sich, Wilhelm von Tyros' Beschreibung ihrer Reaktion wiederzugeben: »Als sie hörten, wie der Name Jerusalem ausgerufen wurde, begannen sie zu weinen und fielen auf die Knie und dankten dem Herrn unter vielen Seufzern für die große Liebe, die er ihnen erwiesen, indem er sie das Ziel ihrer Pilgerfahrt hatte erreichen lassen, die Heilige Stadt, die er so sehr liebte, daß er daselbst die Welt retten wollte. Es war tiefbewegend, die Tränen dieser guten Leute zu sehen und ihr lautes Schluchzen zu hören. Sie stürmten nach vorne, bis sie klar und deutlich die Türme und Umwallungen der Stadt überblicken konnten. Dann hoben sie die Hände betend gen Himmel, zogen ihre Schuhe aus, neigten das Haupt und küßten den Boden.«

Jerusalem gehörte zu den am stärksten befestigten Städten der damaligen Welt. Seit der Eroberung durch die Römer zur Zeit Hadrians war sie der zentrale Ausgangspunkt für die gesamte Umgebung. Die Umwallungen waren mit den Jahrhunderten fortlaufend ausgebaut und verstärkt worden, erst von den byzantinischen und später von den mohammedanischen Herrschern. Die Belagerung von Jerusalem dauerte etwas länger als einen Monat. Daß es so schnell ging, liegt zum großen Teil an der Tatsache, daß ein Priester den Kreuzfahrern versicherte, ihm sei in einem Traumgesicht prophezeit worden, die Stadt würde nur dann fallen, wenn sie fasteten und barfüßig die Umwallungen Jerusalems umschritten. (Zudem – ein mehr praktischer Aspekt – waren vor kurzem ein paar christliche Schiffe in Jaffa eingetroffen, und nun standen ihnen Seeleute und Techniker, Holz und andere Materialien zur Verfügung. Jetzt konnten sie Belagerungsmaschinen bauen.) Die Kreuzfahrer waren entmutigt gewesen und hatten schwer unter der sengenden Julisonne gelitten, aber nun lebte ihre Kampfmoral wieder auf. Am 15. Juli waren Breschen in die Umwallungen gelegt. Die Christen drangen in die Festung ein.

Die Eroberung von Jerusalem war – wie schon die Einnahme Antiochias – durch Szenen von derartiger Blutgier und Grausamkeit gekennzeichnet, daß man kaum glauben kann, diese Feudalherren und ihre Gefolgsleute hätten auch nur die geringste Vorstellung von dem Glauben besessen, in dessen Namen sie ihren Feldzug unternommen hatten. Auf ihren Mänteln war das Kreuz des Friedensfürsten, doch in der Hand führten sie den Hammer Thors. Dem Statthalter und seiner Leibgarde wurde der freie Abzug gestattet – allerdings nur gegen ein hohes Lösegeld. Die übrigen Moslems, seien es Männer, Frauen oder Kinder, wurden zu Tausenden niedergemetzelt. Moscheen wurden ausgeraubt, der Felsendom wurde geplündert. Selbst eine kleine Zahl von Mohammedanern, die ein hohes Lösegeld bezahlt und in der El-Aksa-Moschee Zuflucht genommen hatten (auf der

Moschee wehte eine Flagge, zum Zeichen dafür, daß sie verschont werden sollten), wurden niedergemacht. Der jüdischen Gemeinde erging es nicht besser als den Mohammedanern. Die Juden suchten Zuflucht in ihrer Hauptsynagoge, die von den Kreuzfahrern einfach in Brand gesetzt wurde. Um die Mittagszeit waren die Christen in die Stadt eingedrungen. Bei Einbruch der Nacht fielen sie – »schluchzend vor überwältigender Freude« – in der Grabeskirche auf die Knie, neigten das Haupt und falteten die blutbesudelten Hände zum Gebet.

Das Massaker nach dem Fall Jerusalems stieß sogar einige Kreuzfahrer ab. Auf die islamische Welt hatte es eine traumatische Wirkung. Wann immer in den folgenden Jahrhunderten lateinische Herrscher versuchten, sich mit den Moslems zu verständigen, stieg die Erinnerung an diesen Tag wieder auf und vereitelte es. Das Morgenland hatte den *furor Normannorum,* den zerstörerischen Zorn der Nordländer, gesehen (einst hatte die christliche Kirche selbst darum gebetet, von ihm verschont zu bleiben). Das konnten die Mohammedaner nie vergessen. Sie wurden ebenso fanatisch in ihrem Vorsatz, die Christen aus den Ländern zu vertreiben, die sie besetzt hatten.

Die Intoleranz der Westeuropäer in Glaubensfragen überstieg alles bei weitem, was man bis dahin im Orient gekannt hatte. Die Byzantiner hatten jahrhundertelang mit ihren Glaubensfeinden Handel getrieben. Erst der Angriff der Türken auf ihr Reich veranlaßte sie dazu, Hilfe aus dem Westen zu erbitten. In Konstantinopel gab es sogar ein mohammedanisches Viertel und eine Moschee, was Verachtung und Zorn bei den Kreuzfahrern erregte. Andererseits übten die Moslems in den Gebieten, die sie beherrschten, insofern religiöse Toleranz, als sie den Christen den Zugang zu den Heiligen Stätten ihres Glaubens gewährten und eine große jüdische Kolonie in Jerusalem wohnen ließen. Der Statthalter Jerusalems hatte sich in den Monaten, als die Kreuzfahrer durch Kleinasien und Syrien marschierten, abwartend verhalten, und obwohl er wußte, daß Jerusalem ihr Ziel war, hatte er nichts gegen die Pilger und die anderen Christen in seiner Stadt unternommen. Selbst als sich das Heer von Montjoie hinunter auf die Stadt zubewegte und vor den Umwallungen lagerte, ging er nicht gewaltsam gegen sie vor. Die Christen wurden lediglich vertrieben, durften sich aber ihren Glaubensbrüdern anschließen. Unter denen, die vor Beginn der Belagerung aus Jerusalem auszogen, war wahrscheinlich ein gewisser Bruder Gerhard.

Bruder Gerhard war der Vorsteher eines Pilgerhospizes, das um das Jahr 1080 in Jerusalem gegründet wurde. Es bestand mit Gewißheit zu der Zeit, da der 1. Kreuzzug die Stadt erreichte. Dabei handelte es sich nicht um ein Hospital im heutigen Sinne, obwohl es auch über Einrichtungen zur Krankenpflege und -behandlung verfügte. Hospize waren in erster Linie Raststätten für Pilger. Sie konnten dort schlafen und Essen bekommen. Das Jerusalemer Hospiz scheint von Kaufleuten aus Amalfi begründet worden zu sein. Amalfi war damals ein wichtiger Hafenplatz, der vielen Pilgern die Schiffe zur Reise ins Heilige Land zur Verfügung stellte. Damals wie heute mußte der Reisende im voraus für die Überfahrt bezahlen. (Der Begriff »Überfahrtsgeld« wurde später in der Geschichte des Johanniterordens recht wichtig.) Das Hospiz war anscheinend dem hl. Johannes gewidmet, allerdings ist offen, welchem von den Heiligen dieses Namens. Später nahm man immer an, der Schutzheilige des Ordens sei Johannes der Täufer.

Das Hospiz wurde von Benediktinern aus Amalfi geführt. Wahrscheinlich stammte Gerhard aus dieser reizenden kleinen Stadt, die sich einst im 9. Jahrhundert mit Venedig und Gaeta den gesamten italienischen Osthandel teilte. Der Kompaß soll über Amalfi nach Europa gekommen sein. Das Signalbuch dieser Stadt, der ›Tavolo Amalfitano‹, galt bis ins späte 16. Jahrhundert auf dem Mittelmeer. Die Kaufleute, die das Hospiz in Jerusalem errichteten, handelten nicht völlig selbstlos. Schiffseigner und Kaufleute, die mit dem Osten Handel trieben, wollten auch aus praktischen Erwägungen ein Rasthaus in Jerusalem haben. Einmal konnten ihre eigenen Händler und Geschäftsagenten dort unterkommen; außerdem bestand ein großer Teil ihres Geschäfts aus der Verschiffung von Pilgern. Das Leben war rauh zu jener Zeit, und die Reisenden erwartete weder zu Wasser noch zu Lande allzu großer Komfort. Wenn also eine »Schiffahrtslinie« Unterkunft und selbst medizinische Behandlung garantieren konnte, durfte sie damit rechnen, daß sie attraktiv war.

Eine Legende erzählt – aber es ist wahrscheinlich nicht mehr als eine Legende –, daß Bruder Gerhard nicht mit den anderen Pilgern aus Jerusalem vertrieben wurde, sondern während der ganzen Belagerung in der Stadt blieb und den Kreuzfahrern half, indem er sie mit Brot versorgte. Dazu schreibt Riley-Smith: »... in der belagerten Stadt vollbrachte er das Wunder, das seine Hagiographen brauchten. Es hieß, er sei zusammen mit den anderen Einwohnern dazu abgestellt worden, bei der Verteidigung Jerusalems zu helfen. Er wußte, daß die Kreuzfahrer vor den Stadtmauern hungrig waren, und so nahm er jeden Tag kleine Brotlaibe auf die Brustwehr mit und schleuderte sie – anstelle von Steinen – den Franken entgegen. Dabei wurde er von arabischen Wachen beobachtet. Sie nahmen ihn fest und führten ihn vor den Statthalter. Doch als zum Beweis seines Verbrechens die Brote vorgelegt wurden, hatten sie sich in Steine verwandelt, und er wurde freigelassen.«

Von der Verwandlung der Brote in Steine ganz abgesehen, ist es etwas unwahrscheinlich, daß man einem Mönch, der ein Hospiz für christliche Pilger führte, erlaubte, während der Belagerung in der Stadt zu bleiben. Andererseits erklären die Fachleute für diese Zeit einhellig, so habe es sich doch verhalten und Gerhard sei der Belagerungsarmee eine große Hilfe gewesen. Da Hospitäler damals recht selten waren, wäre die einzige logisch befriedigende Erklärung die, daß der Statthalter ihn und seine Helfer bleiben ließ, damit sie sich derjenigen Soldaten oder Bürger annähmen, die beim Kampf verletzt wurden. Eins ist sicher: Nach der Eroberung Jerusalems durch die Kreuzfahrer stand das Geschick der kleinen Stiftung fest, die Gerhard leitete.

Natürlich war das Hospiz von größtem Wert für die Pilger und die Soldaten der Heere, die sich jetzt in Jerusalem zusammendrängten. Das Hospital vergrößerte sich, und da in jenen Tagen Sterbende der Kirche großzügige Geschenke machten und weitere Stiftungen von Menschen dazu kamen, die eine Krankheit überlebt hatten, profitierte es in jeder Hinsicht.

Wie großer Gunst es sich erfreute, zeigt die Tatsache, daß Gottfried von Bouillon, der erste Herrscher des lateinischen Jerusalem, dem Hospital ein Stück Land vermachte. In den darauffolgenden Jahren folgten viele andere seinem Beispiel, die auf diese Weise ihren Dank für die Dienste Gerhards und seiner Helfer bezeugen wollten.

Gottfried von Bouillon hatte es abgelehnt, sich König von Jerusalem nennen zu lassen. Er begründete es damit, daß in der Stadt, wo Christus am Kreuz gestorben war, kein anderer König genannt werden dürfe. Sein Nachfolger Balduin von Bou-

Die Ostküste des Mittelmeers

logne dagegen ließ sich krönen und schuf damit das lateinische Königreich Jerusalem. Er ließ dem Hospital Fürsorge und Schutz angedeihen und schenkte ihm nach dem Sieg über eine ägyptische Armee ein Zehntel der Kriegsbeute. Bald folgten viele reiche Geistliche im Osten seinem Beispiel. Sie ließen dem Hospital ein Zehntel ihrer Einkünfte zukommen und trugen so dazu bei, daß sich aus ihm einer der reichsten Orden der Welt entwickelte. Bruder Gerhards Heiligmäßigkeit wurde oft von den Historikern des Johanniterordens betont, und er war auch zweifellos ein guter und hochherziger Mann. Daneben war er eminent praktisch – das hatte er mit vielen Heiligen gemein – und ein hervorragender Organisator. Bis zu seinem Tode im Jahre 1120 hatte er die Fundamente des Ordens so fest gefügt, daß dieser sich bis ins 20. Jahrhundert halten konnte. Sieben Jahre vor seinem Tod wurde der Orden vom Papst als unabhängiger Orden anerkannt. Damals gehörten ihm bereits ausgedehnte Ländereien in Frankreich, Italien und Spanien. Mit diesem Grundbesitz im Hintergrund begann das Hospital an den Pilgerstraßen Europas Tochterhospize einzurichten. Aus dem kleinen Samenkorn des ursprünglichen Hospizes in Jerusalem erwuchs ein gewaltiger Baum, der seine Zweige in alle christlichen Länder ausstreckte (denn die Tochterhospize erhielten ihrerseits den Zehnten und andere Schenkungen, mit welchen sie weitere Hospitäler aufbauen konnten). Die wichtigsten unter den Hafenstädten, von denen sich die Pilger einschifften, verfügten bald über Hospitäler des Johanniterordens, so Marseille, Bari und Messina, um nur einige wenige zu nennen.

Der Orden, den Gerhard gründete, nahm um viele Jahrhunderte alle nachfolgenden Organisationen vorweg, die sich der Pflege der Armen und Kranken widmeten. Gerhard eiferte in seinen Idealen dem Stifter des Christentums nach. Die Ordensbrüder wurden angehalten, die Armen »wie Herren« anzusehen, »als deren Diener wir uns bekennen«. Sie mußten sich ebenso bescheiden kleiden wie die Armen. Der Adel von Gerhards Zielen und Gerhards Leben findet zu kaum einer Zeit seinesgleichen, doch eine besondere Ausnahme bildete er im 12. Jahrhundert, als die westliche Welt auf das feudalistische Konzept von Herren und Leibeigenen gegründet war. Sein Epitaph ist wohl kaum übertrieben zu nennen: »Hier ruht Gerhard, der demütigste Mann des Morgenlandes und Diener der Armen. Er war gastlich zu allen Fremden, ein gütiger Mann mit mutigem Herzen. In diesen Mauern vermag man zu beurteilen, wie edel er war. Vorausschauend und in jeder Weise tätig, streckte er in viele Länder bittend seine Hände aus, um zu erlangen, was nötig war, um die Seinen zu nähren.«

Sein Nachfolger war ein fast ebenso bemerkenswerter Mann: Raimund von Le Puy. Er baute auf Gerhards Grundlagen auf, veränderte dabei aber die Ausrichtung des Ordens dergestalt, daß die krankenpflegerische Seite trotz ihrer unstreitigen Bedeutung jahrhundertelang zurückgedrängt wurde. Die ersten Mitglieder des Johanniterordens arbeiteten ausschließlich im Hospital, speisten die Armen und pflegten die Kranken, doch nun bekam der Orden einen neuen Zweig, der die Aufgabe hatte, die Pilger auf dem Weg vom Meer nach Jerusalem zu schützen. Der militärische Schutz der Pilger scheint auf den ersten Blick kaum mehr zu sein als eine logische Erweiterung der wichtigsten Ordensregel, nämlich für die Armen zu sorgen, doch daraus entwickelte sich ein militantes Christentum, das darauf abzielte, die Moslems zu bekämpfen, wo immer man sie traf. Die Gründung der militärischen Ritterorden im Heiligen Land war eine unvermeidliche Folge des Massakers von Jerusalem, das in der Welt des Islam einen fanatischen Christenhaß heraufbeschworen hatte. Manchmal führt die eine gute Tat zur anderen guten Tat, doch bekanntlich ist es »der Fluch der bösen Tat, daß sie, fortzeugend, immer Böses muß gebären«.

Der Übergang von Dienern der Armen zu Soldaten Christi begann im frühen 12. Jahrhundert. 1136 erhielten die Hospitaliter die wichtige Burg Bethgibelin in Südpalästina. Sie diente zum Schutz gegen die Moslems, die den wichtigen Hafen Askalon kontrollierten. Daran zeigt sich deutlich, daß der Orden jetzt auch eine kriegerische Seite entwickelt hatte – denn wer würde einer Gruppe von Krankenpflegern eine Burg geben? Raimund von Le Puy hatte den Papst bereits darum gebeten, innerhalb des Ordens eine militärische Abteilung entwickeln zu dürfen. Das war ihm auch zugestanden worden. Durch die Gründung des Templerordens war bereits ein Präzedenzfall geschaffen. Die Templer waren ein rein militärischer Orden und hatten das Ziel, gegen die Feinde des Glaubens zu kämpfen.

Die Templer oder »Armen Ritter Christi und des Tempels Salomos« waren entstanden, weil ein französischer Ritter die Notwendigkeit erkannt hatte, eine eigene Kampftruppe zum Schutz der Pilger im Heiligen Land aufzustellen. Viel von dem, was sich später der Johanniterorden zu eigen machte, mag ursprünglich von den Templern stammen; so zum Beispiel, daß dem Orden ein »Großmeister« vorstand. Früher hatte man das Oberhaupt der Hospitaliter lediglich »Verweser« genannt. So wurden einem Hospital, das sich der Armen und Kranken annahm, das hitzige ritterliche Wesen und der Feudalismus des Mittelalters aufgepfropft.

Die lateinischen Ritter und Barone, die jetzt damit beschäftigt waren, sich von Antiochia bis Jerusalem als Herrscher festzusetzen, brachten politisch nicht mehr mit als die simplen Vorstellungen von Gerechtigkeit, Gesetz und Ordnung, die in ihren Heimatländern verbreitet waren. Zur gleichen Zeit entwickelten die militärischen Orden, die Templer, die Johanniter und der Deutsche Orden (der als Krankenpflegerorden begann, aber bald ausschließlich militärisch wurde) eine Art von Disziplin, die zwar den mittelalterlichen Vorstellungen von der Ritterlichkeit verbunden, aber doch etwas Neues war. Die Templer trugen auf dem Mantel das rote Kreuz auf weißem Grund, das ursprünglich die Soldaten des 1. Kreuzzugs übernommen hatten. Die Johanniter hatten das weiße Kreuz auf rotem Grund – »Das weiße Kreuz des Friedens auf der blutroten Walstatt des Krieges«. Der Deutsche Orden trug ein schwarzes Kreuz auf weißem Grund. Obwohl sie Glaubensbrüder waren und als gemeinsames Ziel die Verteidigung und den Schutz der Heiligen Stätten und der Pilger hatten, waren sie oft miteinander zerstritten. Die Meinungsverschiedenheiten zwischen diesen heißblütigen Adeligen, die sich ihrer Geburt, ihres Standes, ihrer kriegerischen Verdienste und der verschiedenen Gruppen, denen sie angehörten, nur allzu bewußt waren, trugen kaum zu einer vernünftigen und gemeinsamen Politik im Nahen Osten bei.

Outremer – so nannte man die Kreuzfahrerstaaten – war von vornherein zum Scheitern verurteilt. Es ist erstaunlich, daß sich Outremer überhaupt so lange halten konnte, wenn man bedenkt, daß es auf die langen Verbindungswege angewiesen war, die übers Mittelmeer nach Europa führten, außerdem geradezu eingekesselt in einem Gebiet lag und ständig von einem Feind bedroht wurde, dem das Hinterland gehörte. Doch das liegt – trotz der ständigen Meinungsverschiedenheiten – an den Kreuzfahrern und ihren kämpferischen Qualitäten. Zudem verhinderten die internen Auseinandersetzungen der islamischen Staaten eine gemeinsame Offensive zur Vertreibung der Christen. Wenn ein mohammedanischer Führer von wirklichem Format erschien und seine Glaubensbrüder vereinte, war das Ergebnis für die Europäer fast unvermeidlich katastrophal.

Zu jener Zeit scheinen die Ordensregeln der Johanniter recht einfach gewesen zu sein. Ihre erste Pflicht war die Sorge für die Armen. Dafür mußten sie ihren Zehnten eintreiben und Almosen sammeln, sei es in der Levante oder in Europa. Im Hospital arbeiteten Geistliche und Laienbrüder. Anfangs scheint man nur wenig Unterschied zwischen kämpfenden und im Hospital arbeitenden Laien gemacht zu haben. Doch sie alle mußten strenge Gelübde auf Armut, Keuschheit und Gehorsam den Ordensregeln gegenüber ablegen. Erst nach der Mitte des 12. Jahrhunderts tauchte bei den Rittern eine stärkere militärische Ausrichtung auf. Jetzt verfügten sie schon über mehrere Burgen in Syrien, darunter die berühmte Krak des Chevaliers, die sie später zur gewaltigsten Festung des Morgenlandes machten – ein Mohammedaner verglich sie mit »einem Knochen, der den Sarazenen im Halse steckt«.

Wahrscheinlich waren diese Burgen vor allem mit Söldnern bemannt, denn die Streitmacht des Ordens war noch nicht so groß, daß er die komplette Bemannung für die Burgen hätte stellen können. Die meisten Burgen waren Geschenke des Grafen Raimund von Tripoli, der sich die mächtigen Hospitaliter als Bundesgenossen gegen die ständigen feindlichen Einfälle in sein Gebiet sichern wollte. Er sah sehr wohl, daß der Orden über genügend Mittel verfügte, um die Burgen zu unterhalten und auszubauen. Im Jahre 1168 tritt klar zutage, daß sich der militärische Zweig des Ordens beachtlich entwickelt hatte: Er schickt 500 Ritter und ein entsprechendes Kontingent von Söldnertruppen als Beitrag zu einem Feldzug nach Ägypten.

Als Raimund von Le Puy starb, war die zukünftige Entwicklung des Ordens deutlich vorgezeichnet. Verschiedene Päpste hatten die Hospitaliter zwar ermahnt, ihre militärische Tätigkeit so weit als möglich einzuschränken und sich an die Regeln Bruder Gerhards zu halten, aber die militanten Ritter hatten trotzdem die Bühne betreten.

3. Die Kreuzfahrer im Osten

Die Europäer, die in den Kreuzfahrerstaaten wie Jerusalem und Antiochia und in den kleineren Fürstentümern wie Tripoli regierten, zählten nie mehr als ein paar tausend Köpfe. Auch wenn man ihre Waffentragenden, die ärmeren lateinischen Siedler sowie Kaufleute, Priester und andere dazunimmt, war es eigentlich nie mehr als ein kleines Häuflein, das durch das Schwert und durch die Burgen seinen Besitz festhielt – aber auch durch vernünftige Verträge mit mohammedanischen Herrschern. Da sie in der Minderheit waren, kann es kaum überraschen, daß eher sie von ihren Nachbarn und ihrer Umgebung beeinflußt wurden als umgekehrt. Vor vielen Jahrhunderten waren die Griechen, die – zahlenmäßig weitaus stärker – nach den Feldzügen Alexanders des Großen in dieses Gebiet gekommen waren, ebenfalls »orientalisiert« worden. Wenn schon die Griechen mit ihrer hohen Kultur so verändert worden waren, mutet es ganz natürlich an, daß die vergleichsweise schlichten und ungebildeten lateinischen Adligen bald von Licht und Farbe, Luxus und Gemächlichkeit des Orients fasziniert waren.

Sie waren den kalten Regen und den noch kälteren Winter Europas gewohnt, die lange Dämmerung, die kurzen, mäßig warmen Sommer, und so wirkten der Glanz, der blaue Himmel und das blendend helle Licht dieses fremden Landes auf sie wie eine Droge. Wenn sie in ihrer Heimat den biblischen Geschichten gelauscht hatten, die die Priester erzählten, hatten sie vielleicht niemals daran gedacht, daß Christus ein Orientale und das Heilige Land völlig anders war, als sie es sich vorgestellt hatten. Daß die Kreuzzüge und die Kreuzfahrerorden im Nahen Osten letztlich Mißerfolge waren, lag zum Teil an den materiellen Zielen der lateinischen Adligen. Privatstreitigkeiten hatten oft den Vorrang vor ihren wirklichen Verpflichtungen. Aufzeichnungen aus jener Zeit zeigen uns, daß sie oft in demonstrativem Prunk lebten, es mit der Keuschheit nicht so genau nahmen und dauernd im Streit miteinander lagen. Auf die exotische, ihnen fremde Umgebung übertrugen sie trotzdem das Feudalsystem Europas. Die meisten Moslems waren nach der Eroberung durch die Normannen aus Palästina abgewandert. Die lateinischen unfreien Bauern waren fest an die Scholle gebunden und führten einen Teil ihrer Erträge an den Grundherrn ab. In anderen Gebieten wurde die Landwirtschaft auf mehr geschäftsmäßiger Grundlage betrieben. Die Bauern – seien es Europäer, seien es Einheimische – arbeiteten im großen und ganzen weiterhin wie bisher, waren aber trotzdem ständig den Forderungen des Grundherrn ausgesetzt. Runciman schreibt dazu: »Die Dorfbewohner besorgten die Geschäfte mit dem Grundherrn durch einen Obmann oder Dorfältesten, der zuweilen mit dem arabischen Namen *rais* ... bezeichnet wurde. Der Grundherr seinerseits beschäftigte einen seiner Landsleute als Faktor oder *dragomannus* (Dragoman), will sagen, einen arabisch sprechenden Sekretär, der die Bücher führte.« Der Johanniterorden bezog seine Einkünfte vor allem aus solchen Besitztümern. Die lateinischen Eroberer hatten die Byzantiner anfangs verachtet, weil sie mit den Moslems Handel trieben und diplomatische Verträge abschlossen, fanden aber bald heraus, daß sie sich ihren Besitz nur auf diese Weise erhalten konnten. Diese pragmatische Einstellung wurde durch Kontakte mit Byzantinern aus der griechisch-orthodoxen Kirche, mit Moslems verschiedener Sekten und mit Juden verstärkt. Weitab von der geistigen und religiösen Sicherheit und Enge ihrer europäischen Umgebung sahen sie sich vielen verschiedenen Gedankenströmungen ausgesetzt. Das führte dahin, daß sie toleranter, freiheitlicher und oft leichtlebig wurden. Bei den militärischen Orden war dieser Prozeß weniger deutlich, nichtsdestoweniger fand er aber statt. Man konnte kaum verkennen, daß das Leben in den Kreuzfahrerstaaten ganz anders war als in Europa.

Zwischen den Invasoren und den Einheimischen entwickelten sich Formen des Umgangs, ja sogar eine Toleranz, die der Neuankömmling aus Europa, der darauf brannte, seine Seele durch den Kampf gegen die Ungläubigen zu retten, als äußerst besorgniserregend empfand. Er hielt es für unbegreiflich, verwirrend und unchristlich, daß sich die Siedler in den *status quo* fügten.

Die lateinischen Einwohner Outremers führten gewiß ein wesentlich angenehmeres Leben als in ihrer Heimat. Die normannischen Schlösser waren zugig und unbequem. Draußen heulte der Wind, und drinnen, im großen Saal, heulten die Hunde. Im Morgenland dagegen gab es Eleganz und Pracht. Die Burgen verfügten über verfeinerte Einrichtungen, die weit über europäische Verhältnisse hinausgingen. Die Byzantiner fußten beim Bau ihrer Häuser auf der griechisch-römischen Tradition, die

Moslems taten es ihnen nach und wurden ihrerseits wieder von den Kreuzfahrern kopiert. Es gab Kanalisationssysteme – was im damaligen Europa völlig unbekannt war –, daneben in einer Reihe von Städten Wasserleitungen, und in Gebieten, wo Wasserknappheit herrschte, fand man Zisternen, die Bürger oder Soldaten selbst während der langen heißen Sommer mit frischem Trinkwasser versorgten.

Der Neuankömmling war verblüfft, wenn er das Hausinnere mit den schönen Teppichen, den Wandbehängen aus Damast, den Federbetten und den eleganten Möbeln sah. Er war an das karge Mobiliar eines normannischen Saals gewohnt, an grobgezimmerte Truhen aus Eichenholz, an Betten mit Strohsäcken, an einfache Tische – alles so konstruiert, daß man es leicht transportieren konnte, wenn der Herr des Hauses auf das eine oder andere seiner Besitztümer überwechseln wollte. In Outremer hatte sich das Mobiliar in Anlehnung an den griechischen und maurischen Geschmack entwickelt und war auf Eleganz und Komfort ausgerichtet. In den Häusern erglänzte wunderschönes Glas (als die ersten Exemplare davon nach England gelangten, wirkten sie so verblüffend, daß man sie für das Werk von Feen hielt). Federbetten, Polster, ausgestopfte Kopfkissen, Tapisserien und Seidenstoffe – all das kam durch die Begegnung der Kreuzfahrer mit dem Orient nach Westeuropa. In Syrien wurden vorzügliche Fayencen hergestellt, und ägyptische Glaswaren waren seit Jahrhunderten berühmt. Auch Artikel aus Fernost – wie beispielsweise Porzellan – kamen manchmal durch den arabischen Handel über den Indischen Ozean in die Levante. An die Stelle der groben Wollgewänder, die man im Norden trug, traten Seidenstoffe. Die europäischen Siedler übernahmen für zu Hause – sei es ein Kastell oder ein Stadthaus – Burnus und Turban. Bei Feldzügen trugen sie über dem Kettenpanzer einen weißen Leinenmantel und über dem Helm ein arabisches Kopftuch oder Keffieh.

Das war alles sehr vernünftig und praktisch, doch dem Besucher, der frisch aus Europa angereist war, kam es schockierend vor. Einige Städte hatten noch öffentliche Bäder – ein Überbleibsel aus den Tagen der Römer –, doch in den Privathäusern der Reichen oder des Adels waren Badezimmer fast eine Selbstverständlichkeit. Wie ihre Gatten übernahmen auch die lateinischen Damen die Kleidung des Morgenlandes. Sie trugen lange Unterkleider aus Seide und darüber eine kurze, reich bestickte Jacke. Handgelenke, Finger und Haare wurden von glitzerndem Schmuck geziert, dessen Qualität alles übertraf, was man in Europa kannte. Die Parfüme Syriens und die Wohlgerüche Ägyptens trugen zum Reiz der Damen und ihres Hauses bei.

Die Burgen der großen militärischen Orden waren gewiß nüchterner als die der verheirateten Adeligen, doch selbst da war das Leben noch angenehmer als in den Palästen europäischer Monarchen. Der Erfolg der Hospitäler in Jerusalem und Akkon lag teilweise sicher daran, daß sich die Hospitaliter ein Wissen um sanitäre Einrichtungen und Hygiene erworben hatten, das in ihrer Heimat mit dem Fall des Römischen Reiches in Vergessenheit geraten war. Die Idee, den Kranken ihr Essen auf silbernen Tellern zu servieren, kam zweifellos in jenen Jahren auf, denn in der Levante waren Gold und Silber kein besonderer Luxus. Bei der Krankenbehandlung erwies es sich für die Hospitaliter von unschätzbarem Wert, daß die Überlieferungen der griechischen Medizin die Jahrhunderte überlebt hatten, vor allem in Syrien. Die medizinischen Werke Galens waren den Ärzten des Johanniterordens eine große Hilfe bei der Krankenbehandlung.

Die Aufnahme eines neuen Ordensbruders war ein bewegendes und feierliches Ereignis, ein Höhepunkt des Lebens insofern, als der neue Bruder nun kein Weltkind mehr war, sondern ein Diener Gottes. Von jetzt an sorgte er für das Wohl der Armen und Kranken; und im Bedarfsfall verteidigte er sie auch. Man sagte, die Kriegszüge, an denen der Orden teilnahm, seien öfter offensiv als defensiv gewesen, und das traf auch häufig zu. Wenn die Johanniter aber andererseits versuchen wollten, Jerusalem und die Heiligen Stätten zu schützen und die Pilgerstraßen freizuhalten, genügte es nicht, einfach zu warten, bis man angegriffen wurde. Wenn sie beispielsweise gemeinsam mit den Templern einen Raubzug nach Ägypten unternahmen, so beabsichtigten sie damit, etwas im Keim zu ersticken, was sich sonst zu einer großen Bedrohung für die Kreuzfahrerstaaten ausgewachsen hätte. Die späteren Aktivitäten auf Rhodos und Malta kann man in einem anderen Licht sehen, doch es bedarf kaum irgendwelcher Spitzfindigkeiten, um ihre Militanz während der Jahrhunderte im Nahen Osten zu rechtfertigen.

Es gibt keine genauen Aufzeichnungen über die Art, wie ein neuer Ordensbruder damals aufgenommen wurde. Vielleicht war es zu dieser Zeit nicht sehr viel anders als in späteren Jahrhunderten. Wer in den Orden eintreten wollte, kam vor das jeweilige Ordenskapitel und – so Riley-Smith – »bat den Meister oder den Bruder, der dem Kapitel vorstand, darum, in den Orden aufgenommen zu werden. Dieser befragte sein Ordenskapitel, ob es einverstanden sei, denn niemand konnte ohne die Zustimmung der Mehrheit der anwesenden Brüder aufgenommen werden. Dann wandte er sich mit folgenden Worten an den Kandidaten: ›Guter Freund, du wünschest die Gemeinschaft dieses Hauses, und du tust gut daran, denn viele Herren ersuchen dringend um die Aufnahme ihrer Kinder oder ihrer Freunde und sind hocherfreut, wenn sie dieselben bei unserem Orden unterbringen können. Und wenn du willens bist, in solch hervorragender und ehrenwerter Gesellschaft und in einem solch heiligen Orden wie dem des Hospitals zu sein, tust du gut daran. Wenn du aber dergleichen tust, weil du uns wohlgekleidet siehst, weil du weißt, daß wir Pferde zur Verfügung haben, und meinst, daß wir alles besitzen, was unserer Bequemlichkeit frommt, dann irrst du. Denn wenn du zu essen wünschst, wirst du fasten müssen, und wenn du fasten willst, wirst du essen müssen. Wenn du zu schlafen wünschst, wirst du wachen müssen, und wenn du wachen möchtest, wirst du schlafen müssen. Und du wirst hierhin und dorthin geschickt werden, weit übers Meer, an Orte, die dir nicht behagen, aber du wirst dennoch dorthin gehen müssen. Daher wirst du von deinen eignen Wünschen ablassen müssen, um die eines anderen auszuführen, und du wirst weiteres Ungemach bei unserem Orden erdulden müssen, mehr, als ich dir jetzt beschreiben kann. Bist du bereit, all das auf dich zu nehmen?‹«

Nach dem Eintritt in den Orden gab es keinen Weg zurück. Der Novize mußte beschwören, daß er weder verheiratet war noch Schulden hatte, daß er weder einem anderen Herrn noch gar einem anderen Orden unterstellt war. Als es später bei den kämpfenden Rittern besonders wichtig wurde, daß der Kandidat von adeliger Abkunft war, mußte er sich einer Ahnenprobe unterziehen, die seine adelige Abkunft erwies, bevor er überhaupt zum Gespräch mit den Oberen des Ordens zugelassen wurde. Er mußte geloben, im Dienste des Ordens zu leben und zu sterben, keusch und ohne persönliche Habe zu bleiben und die Armen und Kranken als seine Herren und Meister zu betrachten. Das war ein hartes Gelübde für einen jungen Mann; zudem galt es zu diesem Zeitpunkt der Ordensgeschichte in vollem Umfang, und seine Einhaltung wurde rigoros erzwungen. Die Gewalttätigkeit und Kriegslust, die für den militärischen Zweig der Johanniter charakteristisch waren, sind zum Teil gewiß der Unterdrückung natürlicher Triebe zuzuschreiben – einer Unterdrückung, die sich nur in jenem Tod Luft machen konnte, mit dem verglichen »der kleine Tod« nur ein schemenhaftes Spiegelbild ist.

Der Fall von Edessa, jener alten christlichen Stadt, die man »Perle von Mesopotamien« nannte, trug in hohem Maße dazu bei, daß es zum 2. Kreuzzug im Jahre 1148 kam. Er wurde ein völliger Fehlschlag. Das deutete bereits auf das hin, was in den nächsten Jahren bevorstand. Die lateinischen Königreiche im Orient würden sich nie halten können, wenn sich die Moslems zusammenschlossen und wie eine gewaltige Flutwelle über sie hereinbrandeten. Dazu bemerkte Sir Ernest Barker: »... das schmähliche Fehlschlagen eines Kreuzzuges, der von zwei Königen geleitet wurde*, diskreditierte die gesamte Kreuzzugsbewegung in Westeuropa.« Die Hospitaliter waren maßgeblich am 2. Kreuzzug beteiligt. Raimund von Le Puy gehörte zu dem Kriegsrat, der die fatale Entscheidung traf, Damaskus anzugreifen. Die Armee konnte die Stadt nicht einnehmen, was zum Scheitern des Kreuzzuges führte. Es gab so manchen, der glaubte, daran seien vor allem die Hospitaliter schuld. Seltsamerweise findet man erst dreißig Jahre später in den Satzungen des Ordens zum ersten Mal erwähnt, daß ihm auch ein militärischer Zweig angegliedert war. Um 1160 gibt es jedoch bereits das Amt des Marschalls. Die Hospitaliter hatten es den Templern gleichgetan und waren nun nicht mehr nur »Diener der Armen«, sondern auch »Soldaten Christi«.

Am Ende des 12. Jahrhunderts waren nur noch die Templer ähnlich mächtig und reich wie der Orden des hl. Johannes. Vom schlichten Hospiz Bruder Gerhards bis dahin war es ein weiter Weg gewesen. Der Orden besaß jetzt große Burgen wie Krak des Chevaliers, Margat und Belvoir. Dem Jerusalemer Hospital scheint eine stattliche militärische Abteilung angegliedert gewesen zu sein. Trotzdem hatten die Johanniter ihr ursprüngliches Ziel nicht aus den Augen verloren: daß sie auf die Befehle der Armen und Kranken hören und ihnen zu Willen sein mußten. Einkünfte aus verschiedenen Ländereien des Ordens wurden abgezweigt, damit beispielsweise gewährleistet war, daß die Patienten Weißbrot bekamen. Kleidung, Decken, Essen und Wein wurden im allgemeinen kostenlos verteilt.

* Der deutsche König Konrad III. und der französische König Ludwig VII. führten den 2. Kreuzzug an. (Anm. d. Ü.)

Anders als die Templer, die schon in der Kleidung einen Unterschied zwischen den Rittern aus dem Adel und den Sergeanten* machten, die nicht aus dem Adel kamen, trugen die Hospitaliter einheitlich den schwarzen Mantel. Erst in der zweiten Hälfte des 13. Jahrhunderts entwickelte sich eine Art von Kastensystem. Zu dieser Zeit hatte die militärische Seite des Ordens das Übergewicht bekommen. Die wichtigsten Ämter hatten Ritter inne. Der Marschall unterstand nur dem Großmeister.

Der Johanniterorden hatte zeitweise fünfzig Burgen in der Levante. Bei einigen handelte es sich um kaum mehr als befestigte Türme, andererseits gab es auch riesige Anlagen, die die ganze Umgebung beherrschten.

Die Militärarchitektur erreichte unter den Johannitern und Templern eine bis dahin in Westeuropa unbekannte Höhe. Die Normannen hatten während der Eroberung Englands dort eine Burganlage eingeführt, die im Prinzip nichts anderes war als ein kreisförmiger Erdwall mit einem trockenen Graben. Der Wall war oben abgeplattet und mit einer Holzpalisade bewehrt. Das war Schutz genug gegen die Angriffe von Kriegern, die mit den einfachen Waffen der damaligen Zeit ausgerüstet waren. Dank ihrer Burganlagen hatten sich die Normannen die Herrschaft über England sichern können. Es war eine logische Erweiterung, statt der Holzpalisade eine Mauer aus Stein zu bauen und im Inneren des Ringwalls Gebäude zu errichten. Wo sich Hügel oder Felsen als natürliche Bollwerke anboten, brauchte man sich nur den Gegebenheiten der Natur anzupassen und die ohnehin günstige Position auszubauen und zu verbessern.

Die Kreuzfahrer fanden Burgen und Festungsbauten vor, die bereits die Byzantiner und Moslems errichtet hatten. Sie ergänzten deren Architektur durch ihre eigene, westliche und schufen so Burgen, die zu den größten und mächtigsten der Welt gehörten. Solche Burgen waren auch dringend nötig, denn die Kreuzfahrer lebten umgeben von einer Bevölkerung, die sich feindselig zeigte oder zumindest potentiell feindselig war. Die wichtigste Verbesserung ihrer Militärarchitektur bestand in der Einführung flankierender Türme, die einen Abschnitt der Umwallung schützten. Vor der Erfindung des Schießpulvers konnte man nur eine Bresche in die Mauer legen, indem man

* Die Sergeanten oder sergents waren dienstpflichtige Freisassen, die meistens als Fußsoldaten kämpften. (Anm. d. Ü.)

mit dem Sturmbock immer wieder dagegen anrannte oder indem man sie durch Stollen untergrub. Daher war es wichtig, daß man die Soldaten am Sturmbock von der Kurtine* aus beschießen konnte. Der Gefahr des Untergrabens begegnete man hauptsächlich dadurch, daß man die Burg auf gewachsenen Felsen baute.

In Westeuropa betrachtete man im allgemeinen die einfache Umwallung als ausreichend. Im Osten dagegen mußte man damit rechnen, daß die Feinde bei der Belagerung tagtäglich zu Tausenden die Befestigungen zu stürmen versuchten. Und so kam man bald darauf, innerhalb der äußeren Umwallung noch eine zweite Mauer aufzuführen. In diesem zweiten Verteidigungsring befand sich als letzter Zufluchtsort der Hauptturm oder Bergfried. Er war meistens etwas höher als die anderen Türme und manchmal auch mit in die Umwallung einbezogen. An den Stellen, die am leichtesten zugänglich oder am wenigsten geschützt waren, wurde die Burg natürlich am stärksten befestigt. Dazu schreibt Quentin Hughes: »Da es an Truppenstärke mangelte, mußte man uneinnehmbare Lagen wählen und bis zum Äußersten nutzen. Starke Bergfriede, die nach dem Muster der französischen Burgen gebaut waren, wurden ein typisches Bild dieser Festungen. Außerdem errichtete man Schutzwälle, die konzentrisch verliefen, ineinander gebaut waren und sukzessive immer höher wurden, so daß diejenigen, die die äußeren Umwallungen verteidigten, hinter sich und über sich Feuerschutz hatten.« T. E. Lawrence nannte Krak des Chevaliers »die vielleicht am besten erhaltene und als Ganzes auch herrlichste Burg der Welt«. Wenn man sieht, wie sie sich aus den Vorhügeln Syriens erhebt, feingefiederte Zirruswolken darüber, erfährt man eine Art von gefühlsmäßigem Schock – man begreift plötzlich, was die Kreuzzüge wirklich waren. »Ich bin Königreich, Macht und Ruhm« – das scheinen diese Mauern zu verkünden.

Es lag zum großen Teil an der Feindseligkeit zwischen den verschiedenen Lagern in den Kreuzfahrerstaaten, daß Outremer endgültig zusammenbrach. Im Jahre 1187 hatte sich die Lage im Königreich Jerusalem so verschärft, daß es fast zum Bürgerkrieg kam. Es hätte kaum einen ungünstigeren Zeitpunkt für solche brudermörderischen Zwistigkeiten geben können, denn Saladin zeichnete sich schon am Horizont ab. Dieser brillante

* Siehe S. 246

und bemerkenswerte Mann, der erste ayubitische Sultan Ägyptens, war von Geburt Kurde und stammte aus Armenien. Seine Erziehung hatte er in Damaskus erhalten, dem geistigen Zentrum der islamischen Welt. Er war strenggläubiger Mohammedaner (sein Name bedeutet: »Der den Glauben in Ehren hält«) und besaß so viele Tugenden, daß er zu jeder Zeit der Weltgeschichte eine Ausnahmeerscheinung gewesen wäre. Er war redlich, tapfer, ritterlich, liebte Kinder, zeigte sich stets großzügig und gastfreundlich – das sieht man daran, wie er seine Gefangenen behandelte, sowie an den vielen Geschenken, die er Richard Löwenherz machte. Saladin hatte insofern Glück, als sein Leben die Zeitspanne umfaßte, da es in der islamischen Welt ein echtes Bedürfnis nach Einigkeit unter den Rechtgläubigen gab. Vielen war klargeworden, daß die Franken sich nur wegen der andauernden Meinungsverschiedenheiten und religiösen Auseinandersetzungen unter den Moslems in ihren Königreichen und Fürstentümern halten konnten. Saladins Glaubenseifer war so groß, daß er sie einigen konnte. Der Islam bedeutete ihm alles, und er war fest entschlossen, die Christen ins Meer zu treiben. »Wir müssen die Luft selbst von ihrem Odem reinigen«, sagte er.

Er half Nur-ed-Din, dem Herrscher Syriens, bei der Eroberung von Ägypten und machte seine Sache so gut, daß er zum Wesir ernannt wurde. Während dieser Zeit schickte König Amalrich von Jerusalem viermal Truppen nach Ägypten. Die vier Überfälle endeten mit schweren Verlusten für die Christen. Besonders betroffen waren die Templer und die Hospitaliter. Nach dem Tode Nur-ed-Dins nahm Saladin die Eroberung Syriens in Angriff. Fast zehn Jahre lang war er damit beschäftigt, die Christen einzukreisen, Stadt um Stadt fiel ihm in die Hände, und im Jahre 1186 war das lateinische Königreich schließlich völlig vom Hinterland abgeschnitten und lag eingekesselt inmitten von Saladins Herrschaftsbereich.

Christen und Sarazenen hatten sich auf einen vierjährigen Waffenstillstand geeinigt, den jedoch Rainald von Châtillon, der Herrscher von Montreal, nach kürzester Zeit brach. Er griff eine Karawane von Moslems aus dem Hinterhalt an und weigerte sich, freiwillig auf seine Beute zu verzichten. Saladin hatte möglicherweise etwas Derartiges erwartet. Er hatte sein Reich fest in der Hand und wußte sich den Gehorsam seiner Untertanen zu sichern. Die anarchischen Christen hatten uneinheitliche Interessen und waren in einander befehdende Lager aufgespalten. Es fehlte ihnen an Disziplin. Saladin wollte sie ihnen mit dem Schwert aufzwingen. Er gab Befehle aus, und bald begann sich der Orient zu erheben.

Im Sommer 1187 hielt Saladin Heerschau. Seine Armee war ungefähr 20000 Mann stark. Davon gehörten 12000 Mann zur Reiterei; hervorragende Kavalleristen, die den Rittern später Tod und Verderben brachten. Am 1. Juli überschritt er den Jordan. Die Invasion hatte begonnen. Ein Teil des Heeres marschierte gegen die Stadt Tiberias am See Genezareth. Tiberias mußte sich bald ergeben. Nur die Burg unter dem Befehl der Gräfin Eschiva von Tripoli konnte noch aushalten. (Die Frauen der lateinischen Adligen im Osten zeigten im allgemeinen ebenso viel Mut und Kampfgeist wie ihre Männer. Hinter den Linien gab es keinen sicheren Platz, und wenn eine Burg oder eine Stadt vom Feind angegriffen wurde, hielten sich die Frauen ebenso im Kampfgebiet auf wie alle anderen.) In der Zwischenzeit hatten auch die Christen ihre Truppen gesammelt, darunter Kontingente von den Templern und Hospitalitern und weitere Kontingente aus Tripoli und Antiochia. Der Patriarch von Jerusalem hatte dem Heer die heiligste aller Reliquien mitgegeben, damit ihnen der Sieg gelang: das Wahre Kreuz. Es war im 4. Jahrhundert in Jerusalem gefunden worden. (Schon nach vergleichsweise kurzer Zeit meinte St. Kyrillos, der Bischof von Jerusalem, die Welt sei geradezu überschwemmt von Kreuzesreliquien.) Daß diese kostbarste Reliquie der Gefahr preisgegeben wurde, zeigt, wie sehr man um die Sicherheit des Königreichs besorgt war. Zweifellos erinnerte sich so mancher daran, wie sehr die Männer des 1. Kreuzzugs durch die Entdeckung der Heiligen Lanze in Antiochia von neuem Mut beseelt worden waren.

Saladin hatte sich den Belagerungstruppen vor der Burg von Tiberias angeschlossen. Das Hauptkontingent der Armee blieb in den umliegenden Hügeln. Damit ging er ein – allerdings wohlüberlegtes – Risiko ein. Er war sich ziemlich sicher, daß die Christen die Burg nicht einfach ihrem Schicksal überlassen würden. Wenn sie sich von diesem Köder anlocken ließen, war das Ergebnis recht klar abzusehen. Die christliche Armee war zahlenmäßig ungefähr ebenso stark wie die mohammedanische. Sie bestand aus etwa 1200 Rittern, 4000 Sergeanten zu Pferd, einer wahrscheinlich ähnlich großen Truppe von Fußvolk sowie Bogenschützen zu Pferd. Sie schlugen ihr Lager bei dem Ort Sephoria auf. Dort gab es eine Anzahl von Brunnen. Zwischen ihnen und Saladin lag ausgedorrtes, baumloses Bergland. Wer würde zuerst zum Marsch aufbrechen?

Bei den christlichen Heerführern gab es beträchtliche Meinungsverschiedenheiten. Die Hitzköpfe unter ihnen waren natürlich für sofortige Entsetzung von Tiberias. Die überlegteren – darunter auch die Hospitaliter – meinten, man solle die Sache hinauszögern und darauf warten, daß Saladin ihnen entgegenmarschierte. Selbst Graf Raimund, dessen Frau in der belagerten Burg eingeschlossen war, hielt es für töricht, die kahlen Bergrücken zu durchqueren. Er sagte, Tiberias sei zwar eine Stadt und Eschiva seine Frau, aber deswegen dürfe sich die Armee noch lange nicht leichtsinnig selbst gefährden. Unglücklicherweise ließ sich Guido, der König von Jerusalem und Oberkommandierende des Heers, doch noch dazu überreden, Tiberias unverzüglich zu entsetzen. Es war ein fataler Entschluß. Saladin hatte seine Feinde in eine tödliche Falle gelockt. In der Morgenfrühe des 3. Juli 1187 verließen die Christen ihr Lager bei Sephoria und begannen den Marsch. Das Bergland flammte unter der Hitze der Sommersonne. Es gab weder Wasserlöcher noch Brunnen. Luftspiegelungen flirrten und tanzten, und aus dem Glast tauchten mit einem Mal Reiter auf. Sie bildeten keine Schlachtreihe, sondern griffen einzeln und in kleinen Gruppen an wie stechwütige Hornissen. Diese Unternehmung war bar aller Logik. Die einzige Begründung für das Vorrücken der Armee bestand darin, daß Guido sich als Feudalherr verpflichtet fühlte, seinem Vasallen unter allen Umständen zu Hilfe zu kommen. Zwar war selbst Graf Raimund dafür, auf die Sarazenen zu warten, doch das zählte nicht. Die Gesetze des Feudalismus und des Rittertums bestimmten Guidos Handeln. In ähnlicher Weise können wir aus der Geschichte des Altertums ersehen, daß sich Feldherren für heutige Begriffe völlig irrational verhielten, beispielsweise, wenn sie um jeden Preis ihren »Klienten« halfen oder im günstigsten Augenblick eine Kriegshandlung aufschoben, weil sich der Mond verfinstert hatte oder die Vorzeichen ungünstig waren. Auch die Christen zur Zeit der Kreuzzüge standen im Banne des Aberglaubens und eherner Verhaltensregeln und reagierten ebenso irrational.

Am späten Nachmittag konnte die Nachhut, die vorwiegend aus Templern bestand, den Angriffen von Saladins Reitern nicht mehr standhalten. Man beschloß, haltzumachen und am Fuß eines zweigipfligen Hügels zu nächtigen, der unter dem Namen »Die Hörner von Hattin« bekannt war. An diesem Punkt gab es einen Brunnen, der jedoch im Hochsommer ausgetrocknet war. Die Krieger schlugen ihr Lager auf. Sie litten unter quälendem Durst, warteten auf den Abmarsch am nächsten Morgen und hofften, Tiberias entsetzen zu können – das würde sie auch an Trinkwasser heranbringen. Die Sarazenen ließen sie natürlich nicht zur Ruhe kommen. Die ganze Nacht über gab es Scharmützel; Pfeile flogen; dumpf dröhnte Hufschlag heran; kleine Trupps sammelten sich. Im Morgengrauen griff der Feind an.

Der Ausgang stand von vornherein fest. Ritter, Fußvolk, Sergeanten, Bogenschützen und Pferde – sie alle waren erschöpft und von Durst gepeinigt. Die Soldaten konnten nicht lange standhalten und suchten ihr Heil in der Flucht. Zurück blieben nur die Ritter und der König von Jerusalem. Sie scharten sich um das Heilige Kreuz. Alle wurden überwältigt. Die Sarazenen nahmen König Guido und eine Anzahl von Rittern gefangen. Wer das Kreuz der Templer oder Johanniter trug, wurde sofort hingerichtet. Saladin war im allgemeinen barmherzig, aber er wußte aus Erfahrung, daß sich die Mitglieder der Ritterorden der Vernichtung des Islam verschrieben hatten. Und wenn man auch nur einen von ihnen gegen Lösegeld auf freien Fuß setzte (was sich die Orden aufgrund ihres Reichtums jederzeit leisten konnten), ließ man einen Teufel mehr entwischen, der schließlich wiederkommen und gegen den Islam kämpfen würde.

Die Folge von Saladins Sieg bei den Hörnern von Hattin war letzten Endes der Fall Jerusalems. Das wiederum führte zum 3. Kreuzzug und den Kriegszügen von Richard Löwenherz und anderen, mit deren Hilfe man die Kreuzfahrerstaaten im Osten wiederherstellen wollte.

Doch bevor wir uns mit diesen Schlachten, Belagerungen und Feldzügen befassen – an denen übrigens fast immer auch die Johanniter beteiligt waren –, wollen wir einen Blick auf die Bedingungen werfen, unter denen diese Männer kämpften, will sagen, auf ihre Waffen und auf ihre Rüstung.

Damals herrschte immer noch der Kettenpanzer vor. Es gab zwar schon Plattenpanzer; sie setzten sich aber erst im 14. bzw. 15. Jahrhundert vollständig durch. Der Plattenpanzer war das, was man im allgemeinen vor sich sieht, wenn man an den Begriff »Rüstung« denkt. Bei den alten Römern war er weit verbreitet. Nach den Invasionen der Barbaren aus dem Westreich verschwand er so gut wie völlig. Aus der Frühzeit des Plattenpanzers blieben nur Schild und Helm übrig. Der Schild bestand oft aus Holz, gehärtetem Leder oder aus Holz, auf das Leder aufgezogen war. Die Normannen hatten einen Helm von konischer Form entwickelt, der auf den Kopf gezielte Schläge bestmöglich ableitete. Er war meist mit einem sogenannten Naseneisen versehen, das Augen, Nase und Stirn vor Hieben schützte. Der normannische Helm hatte gewöhnlich ein Gestell aus Bronze oder Eisen. Darauf waren Bronze- oder Eisenplatten befestigt. Die besten und sichersten Helme waren aus einem einzigen Stück Eisen geschmiedet. Der Helm war ausgepolstert, damit der Träger wenigstens ein Minimum an Bequemlichkeit hatte. Trotzdem war er in der Hochsommerhitze des Nahen Ostens natürlich alles andere als bequem.

Daneben gab es die Helmkappe, eine enganliegende Kappe aus Kettenpanzer.

Der Kettenpanzer scheint aus dem Osten zu stammen. Allerdings wird die Brünne (damals noch ein Kettenhemd) oft in den isländischen Sagas erwähnt. Anfangs konnten sich nur die wohlhabenderen Europäer Kettenpanzer leisten, das gewöhnliche Kriegsvolk hatte nur Wämse aus Leder oder gestepptem Stoff. Zur Zeit der Kreuzzüge fertigten die Waffenschmiede vorzügliche Kettenpanzer. Der Kettenpanzer bestand normalerweise aus kreisförmigen Kettengliedern, die in Fünferreihen angeordnet waren.

Zum Haubert, dem Kettenhemd, kamen manchmal noch Hosen aus Kettenpanzer. Die Ärmel reichten manchmal bis zum Ellenbogen, bedeckten aber meistens den Arm bis zum Handgelenk. Später wurden auch die Hände durch Fäustlinge geschützt. Das Kettenhemd konnte bis zum Knie reichen, daneben gab es noch eine kürzere Form, die nur so lang wie ein Wams war.

Unter dem Panzerhemd trug der Ritter ein gefüttertes Wams. Dadurch wurde die Haut vor Aufscheuerungen durch den Panzer geschützt. Außerdem sollte das Wams Schrammen oder Schnittverletzungen verhindern, wenn der Ritter von einem Hieb getroffen wurde. Wenn man bedenkt, daß in den Sommermonaten im Orient Temperaturen von über 50° C durchaus nicht ungewöhnlich sind, kann man nur staunen, daß Männer unter solchen Bedingungen überhaupt zu kämpfen vermochten.

Doch der Kettenpanzer hatte noch mehr Nachteile. Gepolstertes Wams und Kettenpanzer waren so schwer, daß man mit dem Schwertarm nur wenige Hiebe führen konnte, die zudem große Schwungkraft erforderten. Bei Anheben des Armes schlug der Kettenpanzer am Ellenbogen Falten. Gleichzeitig wurde er zwischen Achsel und Leibesmitte nach oben gezogen. Der Kettenpanzer war schwer, heiß und hinderlich im offensiven Gefecht und erfüllte seinen Zweck nur bei der Verteidigung. Doch dafür war er auch gedacht. Wenn ein Trupp von Bewaffneten einen Turm oder eine Burg gegen Angreifer verteidigte, die in der Übermacht waren, bewährte er sich, denn er hielt die Verwundetenziffer bei den Verteidigern niedrig. Unter Bedingungen wie bei den Hörnern von Hattin versagte er völlig. Die Sarazenen hatten Reiter und Bogenschützen, die leichte Bekleidung trugen und äußerst beweglich waren. Die Christen, behindert durch ihre schweren Kettenpanzer, konnten kaum etwas gegen sie ausrichten.

Die Hauptwaffe war das Schwert. Daneben wurden im Zweikampf aber auch Speer, Lanze, Axt und Streitkolben verwendet. Das typische fränkische Schwert der Kreuzfahrer war eine Weiterentwicklung des Wikingerschwertes, mit dem die Normannen England, Süditalien und Sizilien erobert hatten. Bis auf die größere Parierstange unterschied es sich kaum von den älteren Formen. Es war 80 bis 90 Zentimeter lang, vor allem zum Hieb und so gut wie gar nicht zum Stoß geeignet, obwohl es eine Spitze hatte. Darum konnte ein Krieger zu Pferd auch relativ wenig damit anfangen. Am besten kämpften die Ritter mit dem Langschwert, wenn sie abgesessen waren, einen schützenden Kreis bildeten oder sich im Getümmel behaupten mußten. Die Schwungkraft der Waffe wurde durch das Körpergewicht des Mannes gesteigert, der sie führte, und das verlieh dem Schwert eine solche Gewalt, daß es mit einem Hieb Helm und Schädel bis zur Schulter spalten konnte.

Bei Gräberfunden entdeckte man Männer, die von Schwerthieben von der Schulter bis zum Oberschenkelknochen zerfetzt worden waren. Andere hatten ganze Arme verloren, und in einem Fall waren – durch einen auf die Knie gezielten Hieb von der Seite – beide Unterschenkel abgetrennt.

Trotz seiner Unzulänglichkeit als Reiterwaffe blieb das Langschwert in Gebrauch, bis sich der Plattenpanzer durchsetzte. Wenn der Gegner durch winklig gebrochene, abgerundete oder ausgekehlte Metallplatten geschützt war, wirkte nur ein Schwert, das zum Stoß geeignet war, das also am Metall entlangglitt und den »schwachen Punkt« zwischen den einzelnen Metallteilen fand. Solche Schwerter findet man kaum vor dem 15. Jahrundert – und zu dieser Zeit war das Drama um die Kreuzfahrerstaaten schon längst zu Ende.

Außerdem machten Ritter und Fußvolk von den sogenannten Stangen- und Schlagwaffen Gebrauch. Einige davon leiteten sich aus landwirtschaftlichen Geräten wie dem Haumesser* oder der Sichel ab, andere aus dem Speer, den man seit der Frühgeschichte der Menschheit für Kampf und Jagd verwendete. Darunter findet man lange, mit Spitzen versehene Knüttel, die Streitaxt, die Hellebarde oder Helmbarte (axtförmig, mit langem Griff und nach oben und hinten in Spitzen auslaufend) und die Pike mit einem Spießeisen, das ebenfalls nach hinten in einer Spitze auslief. Zu den Schlagwaffen gehörte der Morgenstern. Er bestand aus einem Griff mit einem schweren kugelförmigen Kopf, der mit Zacken bewehrt war. Ursprünglich war er eine Waffe des gemeinen Volkes, später wurde er auch von den Rittern übernommen.

Eine weitere wichtige Waffe war natürlich der Bogen. Im Orient kannte man ihn schon seit langem. Saladin verdankte

* Haumesser verwendete man beispielsweise beim Roden von Buschwerk. (Anm. d. Ü.)

seinen Sieg über die Christen teilweise auch den Bogenschützen. Auch die Ritter hatten einheimische und europäische Bogenschützen. Allerdings verlor der Ritter mit der schweren Rüstung erst im 15. Jahrhundert an Bedeutung, als in England der Langbogen aufkam.

Das Jahr 1187 war für das lateinische Königreich verhängnisvoll. Nach seinem großen Sieg bei Hattin zog Saladin weiter und eroberte alle wichtigen Häfen südlich von Tripoli mit Ausnahme von Tyros. Im Oktober war auch Jerusalem in seiner Hand. Der 3. Kreuzzug, bei dem Richard Löwenherz eine so wichtige Rolle spielte, konnte sein wichtigstes Ziel, die Rückeroberung der Heiligen Stadt, nicht erreichen. Immerhin verhinderte er die völlige Austreibung der Christen, worauf es Saladin eigentlich abgesehen hatte. Die Küste von Jaffa bis Tyros war gesichert. Außerdem konnten die Christen Antiochia und seine Umgebung, Tripoli und die großen Hospitaliter-Festungen Margat und Krak des Chevaliers halten. Der Tod Saladins im Jahre 1193 rettete die Christen. Ohne seine überragende Persönlichkeit und seinen leidenschaftlichen Glauben verfielen die Moslems wieder in dieselbe Uneinigkeit, die unter ihnen vor Saladins Wirken geherrscht hatte.

Macht und Gedeihen der Templer und Hospitaliter hatten diese turbulente Periode in der Geschichte von Outremer überdauert. Die anderen Franken hatten ihr Land und ihre Einkünfte verloren, weil sie ausschließlich auf ihre Mittel in der Levante angewiesen waren. Die militärischen Orden hingegen standen gesichert da. Sie hatten feste Stützpunkte in Europa; ihren Ländereien, Häusern und Einkünften konnte keine Katastrophe im Orient etwas anhaben, sie lagen ja in ungefährdeten Gebieten. Diese Stärke erhielt den Orden des hl. Johannes in den folgenden Jahrhunderten am Leben. Testamentarische Stiftungen, Einkünfte aus ordenseigenen Ländereien, Schenkungen von Pilgern und Personen, die in den Hospitälern des Ordens genesen waren, gewährleisteten die wirtschaftliche Stabilität, die Fortdauer versprach.

Nach dem katastrophalen vierten Kreuzzug wurde klar, daß Outremer keine Überlebenschance mehr hatte, wenn die Christenheit selbst so verbrecherisch gespalten war. Papst Innozenz III. hatte zu diesem Kreuzzug aufgerufen, der die Mohammedaner im Zentrum ihrer Macht, in Ägypten, treffen sollte. Doch die Kreuzfahrer wurden durch die Habsucht und Verschlagenheit der Venezianer, insbesondere des Dogen Dandolo, von ihrem eigentlichen Ziel abgelenkt. Zuallererst plünderten sie die dalmatinische Stadt Zara, die dem christlichen König von Ungarn gehörte. Das war schon schlimm genug, aber es sollte noch schlimmer kommen: Sie belagerten Konstantinopel, die Hauptstadt der Ostkirche. Sie waren den betrügerischen Machenschaften des Dogen Dandolo erlegen und auf die Vorspiegelungen eines Mannes hereingefallen, der Herrscher von Konstantinopel werden wollte. Er versprach den Kreuzfahrern Geld und eine Flotte zur Überfahrt nach Ägypten, wenn sie ihn auf den Thron brachten. Konstantinopel war durch die Dummheit und Maßlosigkeit einer Reihe schlechter Herrscher geschwächt. Sie hatten Gelder aus der Staatskasse verschwendet und die kaiserliche Kriegsflotte verkommen lassen. Konstantinopel fiel dem Heer des vierten Kreuzzugs in die Hände und wurde geplündert – eines der traurigsten Kapitel in der Geschichte des Abendlandes. Die barbarischen Ritter und ihre Gefolgsleute vernichteten nicht nur eine große und schöne Stadt, die 900 Jahre lang kulturell und zivilisatorisch geblüht hatte, sondern sie rüttelten auch an den Grundfesten des byzantinischen Reiches. Und dieses Reich war bis dahin der Schild Europas gewesen. Der erfolgreichste aller Kreuzzüge, der erste, hatte von hier seinen Ausgang genommen. Außerdem hatte Konstantinopel die lateinischen Königreiche und Fürstentümer von Outremer geschützt.

Als Papst Innozenz davon erfuhr, tat er den gesamten Kreuzzug in den Kirchenbann. Seine Hoffnungen auf eine Aussöhnung von West- und Ostkirche waren dahin. Als Staatsmann erkannte er, welche schädlichen Auswirkungen der Vorfall auf die christlichen Interessen im Osten haben mußte. Auf religiösem Gebiet führte er dazu, daß die Spaltung zwischen West- und Ostkirche bestehen blieb. Außerdem setzten sich die lateinischen Barone im darniederliegenden Griechenland fest und richteten sich in kleinen Königreichen und Fürstentümern häuslich ein. Hier konnten sie Burgen bauen, Intrigen spinnen, einander befehden, jagen, griechischen Wein trinken – und das Heilige Land völlig vergessen.

Und das wiederum hatte fatale Auswirkungen auf Outremer. Denn wer wollte noch gegen die kampfgestählten muselmanischen Krieger ins Feld ziehen, vor allem gegen die immer mächtiger werdenden Streitkräfte Ägyptens, wenn es sich in Griechenland so bequem herrschen und leben ließ? Zwar folgten noch weitere Kreuzzüge, aber der alte Kreuzfahrergeist war schon im Schwinden begriffen. Selbst die Hospitaliter und Templer vernachlässigten ihre ursprünglichen Ideale und verweltlichten immer mehr. Bei den Johannitern lag das fast ausschließlich an der Vorrangstellung der Kriegerkaste. Den Verfall der alten Gesinnung kann man daraus ablesen, daß den Hospitalitern und Templern im Jahre 1236 die Exkommunikation drohte, weil sie im Begriff waren, ein Bündnis mit den Assassinen zu schließen.

Die Assassinen waren eine fanatische Gruppe der Ismailis, einer mohammedanischen Geheimsekte. Sie glaubten, alle Handlungen seien moralisch indifferent, beseitigten ihre Gegner durch Meuchelmord (davon leitet sich das englische Wort dafür ab, nämlich »assassination«) und sollen sich angeblich durch den Genuß von Haschisch, der Hanfpflanze, nach der sie ihren Namen tragen, in blinde Erregung hineingesteigert haben. Es ist kaum verwunderlich, daß der Papst entsetzt war, weil seine »Soldaten Christi« sich mit einer solchen Sekte arrangieren wollten. Doch die Tatsache bleibt, daß die Hospitaliter und die Templer (wie vor ihnen schon die Byzantiner) die Notwendigkeit von Freundschaftspakten mit den Moslems erkannt hatten. Schließlich wollten sie überleben. Im Jahre 1238 klagte der Papst die Hospitaliter in einer Urkunde wegen ihrer skandalösen Lebensführung an. Er beschuldigte sie unter anderem, ihrem Keuschheits- und Armutsgelübde nicht mehr treu zu sein, warf ihnen Habsucht und Verderbtheit vor und sagte, sie unterhielten Verbindungen zur Ostkirche und mißbrauchten die Vorrechte, die ihnen ihr Sonderstatus gab. Vieles davon dürfte gestimmt haben, doch der Orden war so reich und mächtig, daß er es sich leisten konnte, einerseits Lippenbekenntnisse zum Papst abzulegen und andererseits die Worte aus Rom mehr oder weniger zu überhören. Schon im 13. Jahrhundert regte sich der

Wunsch, diese reichen, unabhängigen Ritterorden zu vernichten. Das führte schließlich dahin, daß im Jahre 1314 Jacques de Molay, der letzte Großmeister der Templer, auf dem Scheiterhaufen starb. Viele Templer mußten Folterung und Tod erleiden, weil man sie der Ketzerei beschuldigte. Die Ländereien und sonstigen Besitztümer des Ordens wurden beschlagnahmt. Die Hospitaliter hatten mehr Glück, weil sie zu dieser Zeit bereits eine andere Rolle spielten.

Zum Niedergang der christlichen Sache trugen unter anderem auch die ständigen Rivalitäten und Auseinandersetzungen zwischen Templern und Hospitalitern bei. Außerdem drohte von Norden her die Invasion der Choresmier-Türken* und von Süden her der wachsende militärische Druck Ägyptens. 1244 fiel Jerusalem in die Hände der Choresmier, und im selben Jahr wurde die gesamte christliche Streitmacht bei Gaza geschlagen. Der Großmeister der Hospitaliter und der Großmeister der Templer wurden gefangengenommen und nach Ägypten gebracht. Es war die vernichtendste Niederlage seit Hattin. Städte gingen in Flammen auf, Burgen und Besatzungen ergaben sich – die lateinische Sache befand sich in höchster Gefahr. Die große Hospitaliter-Festung bei Askalon konnte sich zwar noch halten, fiel aber 1247 ebenfalls an den Feind. Zwei Jahre später nahmen die Hospitaliter am Kreuzzug Ludwigs des Heiligen von Frankreich teil. Er sollte die mohammedanische Macht in Ägypten brechen und endete mit einer Katastrophe. König Ludwig wurde bei Mansura gefangengenommen und nur gegen ein ungeheures Lösegeld wieder freigelassen. Unter den weiteren Freigelassenen befanden sich auch etwa 25 Hospitaliter und der Großmeister des Ordens.

Die Christen trugen durch ihre andauernden Streitigkeiten zu ihrem eigenen Verderb bei. Ähnlich die Moslems. Schon zu Saladins Zeiten hatte es sich gezeigt, daß sie die Eindringlinge aus ihrem Land vertreiben konnten, wenn sie einig waren. Doch nun waren auch sie von religiösen, politischen und rassischen Auseinandersetzungen gespalten. Saladins Nachfolger kam in Gestalt von Rukn ed-Din Baibars. Er war aus der Türkei gebürtig und wurde später Sultan von Ägypten und Damaskus. Baibars konnte im Laufe seines Lebens, das wie kaum ein zweites

* Die Choresmier oder Chwarismier waren von den Mongolen aus Innerasien vertriebene Stämme, die man besonders ihrer Grausamkeit wegen fürchtete. (Anm. d. Ü.)

durch »Kampf, Schlachten, Mord und jähen Tod« gekennzeichnet war, nicht nur die Lateiner aus Ägypten vertreiben, sondern auch die Feldzüge in Gang setzen, die die Lateiner schließlich aus der Levante hinwegfegten. Dazu schreibt Sir John Glubb: »Obwohl Baibars eigentlich ein Krieger war, nahm er auch Anteil an der Staatsverwaltung. In Hungerszeiten verpflichtete er die Reichen dazu, die Armen zu versorgen ... Er suchte sich als Verteidiger des Islam darzustellen, sei es aus religiösen oder aus politischen Gründen. Strikt untersagt waren Alkoholgenuß, lockere Darbietungen und andere Arten von Zuchtlosigkeit ... Doch in erster Linie war Baibars Soldat. Er ritt oft von der Zitadelle von Kairo zum Paradeplatz und sah den Truppen beim Exerzieren zu. Häufig tat er auch selbst mit, und kaum ein Soldat konnte besser mit der Lanze umgehen oder geschickter im gestreckten Galopp vom Bogen Gebrauch machen als der Sultan selbst.«

Weder Hospitaliter noch Templer geben in dieser chaotischen Zeit ein gutes Bild ab. Ein Zeitgenosse meinte dazu: »O über die alte Tücke der Templer! O über die alten Verrätereien der Hospitaliter!« In den Jahren nach dem Fehlschlagen des siebten Kreuzzugs fochten Hospitaliter und Templer sogar einmal auf gegnerischer Seite. Baibars machte sich die wahnwitzige Uneinigkeit seiner Feinde zunutze. Nachdem er alle muselmanischen Burgen in Syrien verstärkt hatte, führte er sein Heer im Jahre 1265 nach Palästina. Er gab vor, eine weitere Invasion der Choresmier verhindern zu wollen. Doch anstatt Druck auf den Norden auszuüben, wandte er sich westwärts und fiel über die Festung Cäsarea her. Die Verteidiger wurden hingerichtet, die Stadt dem Erdboden gleichgemacht. Arsuf erlitt ein ähnliches Schicksal, und im Jahr darauf verwüstete er den Küstenstrich von Jaffa bis Sidon. Dabei nahm er die wichtige Festung Safad ein. Die Besatzung ergab sich unter der Bedingung, daß ihr freier Abzug gewährt wurde. Waffenlos und ohne jede Habe verließ sie die Festung. Sie hatte sich kaum in Marsch gesetzt, als sie schon gehetzt, umzingelt und niedergemacht wurde. Baibars verfolgte dieselben Ziele wie sein großer Vorgänger, aber er war eben kein zweiter Saladin.

Im Frühling 1268 führte das Racheschwert des Propheten einen neuen Schlag von Ägypten aus. Die große Stadt Jaffa wurde erobert und dem Erdboden gleichgemacht. Wer überlebt hatte und nicht in die Sklaverei verschleppt wurde, mußte die Stadt verlassen. Am selben Ort wurde eine türkische Ansiedlung gegründet. Aus unerfindlichen Gründen verschonte Baibars Tripoli, verwüstete aber dessen gesamte Umgebung, ließ die Bewohner umbringen und die Kirchen zerstören. Das vormals reiche und fruchtbare Land sah nun aus, als sei ein Heuschreckenschwarm darüber hergefallen. Es kam noch schlimmer. Im Mai desselben Jahres wandte sich Baibars' Heer plötzlich nordwärts und marschierte gegen Antiochia. Antiochia war früher die römische Hauptstadt des Ostens gewesen und gedieh lange Zeit am besten von allen lateinischen Besitzungen. Hier lag der Mittelpunkt des Osthandels. Schon nach vier Tagen Belagerung hatten Baibars' Soldaten die gewaltigen Stadtmauern erstürmt. Die Männer wurden niedergemetzelt, die Frauen und Kinder als Sklaven verkauft. Baibars überließ Antiochia seinen Truppen zur Plünderung. Alle Reichtümer und unvergleichlichen Kunstwerke der Stadt fielen der ungebildeten mameluckischen Soldateska in die Hände. Der Eroberer wollte Antiochia nie wieder zur christlichen Enklave im Osten werden lassen. Sie wurde völlig zerstört.

Bis heute hat sich die stolze Stadt, in der einst Antonius und Kleopatra zusammen den Winter verbrachten, nicht wieder von der Heimsuchung durch den Sultan und sein Heer erholt.

Die verbleibenden lateinischen Burgen und befestigten Plätze nahm Baibars nicht ein, was wohl nur daran lag, daß er noch anderes im Auge hatte, darunter das armenische Königreich Kilikien. Seiner üblichen Politik getreu, verwüstete er es. Dabei kamen etwa 60000 Christen um. Tausende wanderten in die Sklaverei. Außerdem wurde er durch das Eintreffen einer kleinen Streitmacht von Kreuzfahrern abgelenkt, die Prinz Eduard von England anführte. Baibars glaubte möglicherweise, das sei die Vorhut des großen Kreuzzugs, den Ludwig der Heilige vorbereitete. Dieser griff jedoch nicht Ägypten, sondern das weit abgelegene Tunis an. Mittlerweile hatte Baibars einen zehnjährigen Waffenstillstand mit Tripoli geschlossen. 1271 war Krak des Chevaliers, die große Hospitaliter-Burg, wegen ihrer zahlenmäßig viel zu geringen Besatzung an den Sultan gefallen. Die Einnahme dieser Festung kündigte das Ende der Johanniter im Heiligen Land an. Als Baibars 1277 im Alter von 55 Jahren starb, war die Rückeroberung Outremers durch die Moslems so gut wie besiegelt. Doch nicht nur die Christen bekamen sein Schwert zu spüren. Baibars hatte auch die Choresmier zurückgeworfen und aus dem gesamten Gebiet vertrieben.

Baibars' Nachfolger führten seine Politik der völligen Ausrottung der christlichen Ansiedlungen fort. 1285 fiel Margat, eine weitere große Festung der Hospitaliter. Die Ritter hatten dem auf zehn Jahre befristeten Waffenstillstandsvertrag mit dem Sultan vertraut, doch man konnte Baibars' Nachfolger ebenso wenig trauen wie Baibars selbst. Die Ritter und ihr Gefolge durften jedoch ungehindert aus der Festung nach Tripoli abziehen, und diesmal kam es zu keinem Wortbruch von seiten des Feindes. Tripoli, das damals zu den wichtigsten Handelshäfen des Mittelmeeres gehörte, wurde vier Jahre später von einer gewaltigen Armee belagert. Wenn wir den lateinischen Berichten glauben wollen, bestand sie aus 100000 Mann Fußvolk und 40000 Mann Reiterei. Nach einmonatiger Belagerung wurde die Stadt erobert. Und jetzt ließ man keine Gnade walten. Die Bewohner wurden hingerichtet, Stadt und Hafen völlig zerstört.

Blieb nur noch Akkon. Auf diese alte Hafenstadt in Palästina setzten die Christen ihre letzte Hoffnung. Akkon lag an einer militärisch wichtigen Küstenstraße und wurde daher immer wieder belagert. Schon 1500 v. Chr. findet man es bei den Eroberungen des ägyptischen Pharaos Thutmosis III. verzeichnet. Und 1291 n. Chr. fiel es abermals – und wieder an ein Heer aus Ägypten. Akkon wurde von 800 Rittern und 14000 Fußsoldaten verteidigt, gegen die der Sultan eine Armee aufbot, die mindestens fünfmal – manchen Chronisten zufolge sogar zehnmal – so groß war.

Die Stadt wurde durch eine doppelte Umwallung geschützt. Die Templer hielten den Nordabschnitt, rechts an sie anschließend kamen die Hospitaliter. Die Stadtmauer zur Rechten der Hospitaliter wurde von Rittern aus Zypern und Syrien verteidigt; neben ihnen standen die Ritter des Deutschen Ordens. Den südlichen Abschnitt hielten französische und englische Truppenteile; das Gebiet in unmittelbarer Nähe des Hafens wurde von Pisanern und Venezianern verteidigt. Am 11. April 1291 eröffnete Sultan Khalil das Bombardement. Nach den Worten eines mohammedanischen Historikers verfügte er über den gewaltigsten Troß von Belagerungsmaschinen, den man bis dahin gekannt hatte. Dazu gehörten mehr als 90 *mangonels* und *trebuchets*, deren Vorformen bereits die Römer benutzten. Das *trebuchet* war ein riesiges Katapult. Es schleuderte Steinbrokken vermittels eines langen, drehbaren Armes, der durch ein Gegengewicht am kürzeren Ende in Bewegung gesetzt wurde. Das *mangonel* ähnelte einem gigantischen Löffel. Es wurde durch eine Haspel in Bewegung gesetzt. Mit beiden Maschinen konnte man Steine oder Sprengmischungen schleudern. Die Sprengmischungen befanden sich in tönernen Behältern, die beim Aufprall zerplatzten.

In der vierten Nacht der Belagerung unternahmen die Templer, verstärkt von den Engländern, einen kühnen Ausfall aus dem Nordtor von Akkon, dem St.-Lazarus-Tor. Sie konnten dem Feind einige Verluste beibringen, vermochten jedoch nicht die Belagerungsmaschinen zu zerstören. Wenige Nächte darauf machten die Hospitaliter einen ähnlichen Ausfall, hatten aber auch nicht mehr Erfolg. Die disziplinierten Mamelucken-Truppen erwarteten sie bereits und zwangen sie zum Rückzug. Doch die größte Gefahr für die Verteidigungswerke von Akkon bildeten nicht die Belagerungsmaschinen, sondern die zahlreichen und gut ausgebildeten Sappeure und Mineure, die der Sultan aus Ägypten mitgebracht hatte. Tagtäglich untergruben die Moslems die Umwallungen*. Sie konzentrierten sich insbesondere auf die Türme. Der Turm der Gräfin von Blois, der Turm der Engländer und der St.-Nikolaus-Turm begannen als erste zu zerbröckeln. Die Angriffe wurden immer massiver, und die Verteidiger sahen sich gezwungen, hinter den zweiten Ringwall zurückzuweichen.

Am frühen Morgen des 18. Mai befahl der Sultan den Sturmangriff gegen die bereits schwer beschädigten Mauern dieser letzten christlichen Stadt im Heiligen Land. Die Belagerungsmaschinen schossen pausenlos in die Stadt hinein, ein Pfeilhagel verfinsterte den Himmel, die Mamelucken traten zum Sturm an. 300 Kamelreiter mit Trommeln begleiteten sie. Durch den unaufhörlichen Trommelschall sollte der Kampfesmut der Mamelucken angefeuert und der Gegner demoralisiert werden. Der Lärm war unbeschreiblich. Gegen die Masse der Angreifer gab es keinen Halt. Bei Sonnenaufgang flatterten die Banner der Moslems auf den Stadtmauern, und die Vortrupps überrannten schon die zweite Verteidigungslinie und drangen in die Stadt ein. Im Norden hielten die Templer die Stellung, doch der Hauptangriff der Mamelucken war gegen die Hospitaliter im Bereich des St.-Anton-Tors gerichtet. Im letzten Moment führte der Großmeister der Templer den Hospitalitern einen Trupp

* Dabei war der Ablauf folgendermaßen: Unter die Mauern wurde ein Tunnel gegraben, der sukzessive mit Pfählen und Balken abgestützt wurde. Dieses Stützwerk steckte man durch Reisigbündel in Brand. Dadurch stürzte die unterirdische Tunnelkammer und mit ihr das darüber stehende Mauerwerk ein. (Anm. d. Ü.)

seiner Ritter zur Unterstützung zu. Ununterbrochen rannten die Feinde gegen diesen langen Abschnitt der Umwallung an. Er konnte trotzdem bis in den Nachmittag hinein gehalten werden. Dann gewann auch hier der Feind die Oberhand. Fast alle Hospitaliter fielen.

Im Süden, wo die Engländer und Franzosen den Mamelucken standzuhalten versuchten, hatte mittlerweile die Evakuierung begonnen. Man bemühte sich, möglichst viele Männer, Frauen und Kinder auf den verfügbaren Schiffen unterzubringen. Da zu wenig Schiffe vorhanden waren, konnte man nur einen kleinen Teil der Bevölkerung von Akkon retten. Später kam es zu einem Blutbad, bei dem Tausende getötet und weitere Tausende in die Sklaverei verschleppt wurden. Für die Ritter des hl. Johannes hatte endgültig die letzte Stunde in Outremer geschlagen. Nur wenige von ihnen konnten entkommen, darunter Großmeister Johann von Villiers, der beim Verteidigungskampf schwer verwundet worden war. Die Templer zogen sich in ihr großes Ordenshaus zurück, das an der Nordwestspitze der Stadt ins Meer hinausragte. Dort konnten sie sich noch über eine Woche gegen den Feind behaupten. Schließlich war auch das Ordenshaus den Angriffen und der ständigen Unterminierung nicht mehr gewachsen. Die stärkste Befestigung der Stadt fiel. Peter von Sevrey, der Großmeister der Templer, war bereits zusammen mit einigen von den Seinen enthauptet worden, als er eine Kampfpause zur Rettung der Frauen und Kinder aushandeln wollte, die bei den Templern Zuflucht gesucht hatten. Nun stürzten die Mauern des Ordenshauses ein und begruben die letzten Templer von Akkon und eine große Anzahl von Feinden unter sich. Zurück blieben nur rauchende Trümmer.

Ganz Akkon – Befestigungen, Mauern, Türme, Handelshäuser, Lagerschuppen, Hafenanlagen und Basare –, die Stadt, in der jahrhundertelang der Handel geblüht hatte, wurde in Brand gesteckt und zerstört. Innerhalb weniger Tage waren auch die Orte verlassen, die noch zur lateinischen Einflußsphäre gehört hatten. Aus den alten Städten Beirut, Tyros, Haifa und Tortosa flohen die Menschen auf dem Seeweg. Tyros, das sich im Jahr 323 v. Chr. am besten von allen phönikischen Städten gegen Alexander den Großen behauptet hatte, fiel ganz zuletzt an die neuen Eroberer. Am 14. Juli 1291 wurden die Einwohner evakuiert. Alexander hatte die griechische Kultur ins Morgenland verpflanzt, doch die türkischen Mamelucken brachten nichts als Feuer und Schwert. Baibars und seine Nachfolger, darunter der siegreiche Sultan Khalil, hatten Saladins Traum verwirklicht: die Vertreibung der Franken. Doch sie besaßen weder die mohammedanische Kultur noch Kultiviertheit Saladins. Es bestand kein großer Unterschied zwischen den Verheerungen, die die Mamelucken anrichteten, und den Verheerungen der Choresmierhorden.

Tausende von Christen überfluteten nun die Sklavenmärkte des Orients. Es herrschte ein solches Überangebot, daß der Preis für ein heiratsfähiges junges Mädchen auf eine Drachme, eine schlichte Silbermünze, sank. Die Kreuzzüge waren vorbei. Der Traum von Outremer war ausgeträumt, die Kreuzfahrerstaaten waren für immer verloren. Von nun an verwendeten die Lateiner und anderen Westeuropäer ihre Energie und Gewalttätigkeit darauf, sich gegenseitig zu befeinden. Johann von Villiers, der Großmeister des Johanniterordens, weilte als Flüchtling unter Flüchtlingen auf Zypern. Er schrieb, sein Herz sei krank und verwirrt, er fühle sich »von Schmerz überwältigt«.

7. Die Kreuzfahrer im Exil

Flüchtlinge leben immer in einer verzweifelten Lage, doch den früheren lateinischen Bewohnern von Outremer ging es besonders schlecht. Sie hatten nicht nur Haus und Habe, sondern auch ihren Grundbesitz verloren. Außer dem, was sie mitbrachten, waren sie völlig mittellos. Zur Lage der Flüchtlinge meint Runciman: »Sie dienten lediglich dazu, die Zyprioten allezeit an den schrecklichen Unheilsschlag zu gemahnen. Aber die Zyprioten bedurften keiner Ermahnung. Ein Jahrhundert lang trugen die großen Damen der Insel, wenn sie sich außer Hauses begaben, lange schwarze Überwürfe, die ihnen vom Kopf bis zu den Füßen reichten. Sie waren ein Wahrzeichen der Trauer um den Tod von Outremer.« Die Ritterorden hatten zwar auch Burgen, Besitztümer und ausgedehnte Ländereien verloren, waren aber dank ihres Geldes und ihrer Besitzungen in Europa immer noch unermeßlich reich. Auf Zypern hatte der Johanniterorden mehrere Güter und Ländereien in Limassol und Nikosia. Sie besaßen auf der Südspitze der Insel, wo die Stadt Limassol mit ihrem Hafen liegt, sogar eine Burg bei Colossi. Es bot sich also an, Limassol zum Hauptquartier zu machen, und ein paar Jahre nach ihrem Eintreffen auf Zypern begannen die Johanniter, ein neues Hospital zu errichten.

Sie hatten insofern Glück, als sie immer noch ihrer ursprünglichen Berufung nachkamen. Wenn sie auch ebenso wie die anderen Ritterorden in den Jahren nach dem Verlust von Outremer demoralisiert waren, hatten sie immerhin noch ihr Gelübde vor Augen, Diener der Armen und Kranken zu sein. Bei den Templern und dem Deutschen Ritterorden verhielt es sich anders. Sie waren ihrer Daseinsberechtigung beraubt, und es schien, als bliebe ihnen nichts anderes übrig, als sich aufzulösen. Die Templer versuchten, ihre alte Rolle wiederzuerlangen, und taten sich mit den Hospitalitern zu Kommandoüberfällen auf den ägyptischen und palästinischen Küstenstrich zusammen. So wurde beispielsweise im Jahre 1300 von Famagusta aus eine Flotte entsandt, die ein kleines Truppenkontingent im Nildelta landete. Die Truppen brandschatzten ein Dorf. Dann hielt die Flotte auf Alexandria zu, wo sich die Verteidigungsanlagen als zu stark für sie erwiesen. Sie fuhren in Richtung Norden und überfielen das, was von Akkon und Tortosa übriggeblieben war. Bei einem späteren Gefecht an der Küste stießen sie auf starken Widerstand und mußten die Flucht antreten. Dabei verloren die Hospitaliter einen Ritter und mehrere Fußsoldaten. Dieser relativ unwichtige Streifzug ist insofern interessant, als die Hospitaliter zum ersten Mal eine Seestreitkraft gegen die Moslems einsetzten. Es war ihr erster schüchterner Versuch in der Rolle von christlichen Korsaren, die sie später zum Schrekken der Feinde machte und ihnen auf dem Mittelmeer und in Europa Berühmtheit einbrachte.

Die Templer konnten sich den veränderten Umständen weniger gut anpassen. Sie waren in der Tat der Vernichtung anheimgegeben. Philipp von Frankreich litt an bedrohlichem Geldmangel und hatte schon seit langem ein begehrliches Auge auf den ungeheueren Reichtum und Grundbesitz der Templer im ganzen Lande geworfen. Die Möglichkeit, die Schätze der Templer zu vereinnahmen, bot sich dadurch, daß Frankreich damals unter der Gerichtshoheit der Inquisition stand. Der Großinquisitor von Frankreich war gleichzeitig der Beichtvater Philipps, und so hatte Philipp alles zur Verfügung, was er brauchte. Im Jahre 1307 schlug der König zu. Damals hielten sich der Großmeister und fast sämtliche Templer in Frankreich auf. Alle wurden wegen Gotteslästerung und Ketzerei festgenommen. Die Anklagen richteten sich vor allem gegen die Aufnahmezeremonie. Da sie streng geheim war und infolgedessen nur die Templer genau wissen konnten, was dabei eigentlich vor sich ging, hatte man breitesten Raum für alle möglichen Anklagen gegen den Orden. Wenn die Ritter etwas abstritten, konnten die Inquisitionsbehörden jederzeit behaupten, sie lögen nur. Und es war nicht schwierig, das Geständnis, das man brauchte, durch die Folter zu erzwingen. Die Inquisition nahm die Gerichtsverhandlungen, Praktiken und selbst die öffentlichen Schuldbekenntnisse des sowjetischen Rußland vorweg.

Die Hauptanklagen lauteten dahingehend, daß die Templer bei der Einführungszeremonie von ihren Novizen verlangten, dreimal Christus zu verleugnen, dreimal das Kruzifix zu bespeien und dem Oberen, der sie aufnahm, einen dreifachen Kuß – aufs Gesäß, auf die Genitalien und auf den Mund – zu geben. Man beschuldigte sie auch, eine rätselhafte Gottheit namens Baphomet zu verehren und homosexuellen Ausschweifungen zu frönen. Über den Wahrheitsgehalt dieser Anschuldigungen hat man lange diskutiert, doch dies wird sich kaum klären lassen, denn man kann sich nicht auf die Geständnisse von Gefolterten verlassen; vollends nicht, wenn man weiß, daß der Initiator des Templerprozesses durch die Beschlagnahmung ihrer Ländereien und Finanzen so viel zu gewinnen hatte. Trotzdem könnte einiges der Wahrheit entsprochen haben. Die dreifache Verleugnung Christi mag in jener einfältigen Zeit ein Mittel gewesen sein, daß er sich ganz und gar dem Orden zu überantworten habe, mehr noch als dem Stifter der Kirche, welcher der Orden dienen sollte. Analer und genitaler Kuß gehören zu den geläufigsten Anklagen gegen Menschen, die der schwarzen Magie und Hexerei beschuldigt werden. Die Anklage wegen Homosexualität – einer Sünde, für die der kirchliche Kanon die Todesstrafe vorsah – kann man vielleicht ernst nehmen. Homosexuelle Beziehungen sind im Orient immer ohne viele Umstände gebilligt worden, und die Templer waren – wie alle Lateiner in Outremer – stark von der Atmosphäre der mohammedanischen Welt beeinflußt. Sie hatten zwar das Keuschheitsgelübde abgelegt, aber sie waren keine Geistlichen, sondern hocherfahrene und kampflustige junge Männer. Von Sparta bis Preußen war Homosexualität eine typische Erscheinung bei der Kriegerkaste.

Im Jahre 1312 wurde der Templerorden aufgelöst. Der letzte Großmeister, Jacques de Molay, starb zwei Jahre später auf dem Scheiterhaufen; die Oberen des Ordens wurden zu lebenslänglicher Haft verurteilt. Philipp hatte sich alle Reichtümer der Templer sichern wollen, doch er erreichte sein Ziel nicht. Er konnte nur ihre Ländereien in Kastilien, Aragon, Portugal sowie auf Mallorca beschlagnahmen. Die übrigen Besitzungen wurden durch eine päpstliche Bulle dem Johanniterorden übertragen. Und so schlugen die Hospitaliter den größten Gewinn aus dem Ende ihrer Rivalen.

Ganz anders erging es dem Deutschen Ritterorden. Er war als letzter der Ritterorden gegründet worden und hatte wie die Hospitaliter mit der Krankenpflege in einem Jerusalemer Spital begonnen. Der militärische Zweig des Ordens erlangte bald das Übergewicht. Nach der Vertreibung der Christen aus Outremer fand der Ritterorden eine neue Aufgabe in Europa. Er wurde zum Vorreiter der Kolonisierung von Preußen. Er eroberte Teilgebiete des heidnischen Preußen, errichtete dort Kirchen und Burgen und trat sie automatisch an den Papst ab, der sie seinerseits dem Orden wieder als Lehen zurückgab. Da der Orden die Heiden christianisierte, betrachtete man seine kriegerischen Tätigkeiten in Preußen als Kreuzzug. Doch schließlich vergaßen die Ritter ihre Krankenpflegerfunktion und ihren Kreuzfahrergeist fast völlig und wurden zu einer ausschließlich politisch-militärischen Organisation, die ihren Landbesitz in den neueroberten Gebieten verwaltete. Sie waren die ersten Repräsentanten jenes deutschen Drangs nach Osten, der mit Hitlers Einfall in Rußland so verhängnisvoll endete. Der Orden erlosch praktisch im Jahre 1410, als er bei Tannenberg von König Ladislaus von Polen vernichtend geschlagen wurde.

Die Jahre von 1291 bis 1310, die die Hospitaliter auf Zypern verbrachten, waren einmal durch den Verlust ihrer eigentlichen Aufgabe und dann durch ein wachsendes Problembewußtsein gekennzeichnet: Wenn der Orden überleben wollte, mußte er seinen Charakter ändern. Nach einigen weiteren kleinen Feldzügen, die dem Überfall auf Ägypten und Palästina ähnelten, begannen die Johanniter allmählich wahrzunehmen, daß ihre Zukunft weniger auf dem Lande als vielmehr auf dem Wasser lag. Sie waren jetzt Inselbewohner und konnten infolgedessen den Kampf gegen die Moslems nur auf dem Meer fortsetzen. Bereits im Jahre 1300 wird eine kleine Ordensflotte erwähnt. Der Titel *Admiratus* – Admiral – taucht ein Jahr später in einer Urkunde auf. Zwar besaßen die Ritter auch vorher schon Schiffe, doch scheinen diese hauptsächlich dem Transport von Truppen und Waren nach Palästina gedient zu haben. Schiffe dieser Art brauchte der Orden auch auf Zypern, um Männer und Handelsgüter von Europa zum Hauptquartier in Limassol zu bringen. Doch erst während der Zeit auf Zypern erfahren wir, daß der Orden auch Kriegsschiffe besitzt: Galeeren und Galeassen. Möglicherweise waren sie für einen Kreuzzug bestimmt, der nie stattfand. Papst Klemens hatte seit einigen Jahren dafür geworben; er kam jedoch nicht zustande, weil es an den nötigen Mitteln fehlte und der Kreuzfahrergeist in Europa nahezu erloschen war. Auf Zypern wurde der Orden von dem klugen Großmeister Wilhelm von Villaret neu organisiert. Er straffte die Disziplin, sicherte dem Orden weitere Besitztümer und Privilegien in Europa und sorgte für das weitere Bestehen der Johanniter.

Obwohl die Ritter vom hl. Johannes Besitzungen auf Zypern hatten und sich allmählich von den moralischen und materiellen Verlusten erholten, die ihnen die Vertreibung aus Outremer beigebracht hatte, war ihre Lage nicht zufriedenstellend. Heinrich, der lateinische König von Zypern und Abkömmling der früheren Könige von Jerusalem, wollte sie keinesfalls in den

Besitz weiterer Ländereien auf der Insel kommen lassen. Er wußte, wieviel Macht die Hospitaliter und Templer in Palästina ausgeübt hatten, und er wußte, daß sie durch ihren großen Einfluß und ihre Feindseligkeiten untereinander zum Niedergang der Kreuzfahrerstaaten beigetragen hatten. Er war fest entschlossen, in seinem eigenen Lande nichts dergleichen zuzulassen, und machte den Ritterorden klar, daß sie auf Zypern nur geduldet seien. Nicht nur der König, auch seine Barone betrachteten die Ordensritter mit Argwohn. Riley-Smith schreibt über diesen Abschnitt der Ordensgeschichte und faßt Leistungen und Wesensart des Ordens während der vorhergegangenen Jahrhunderte wie folgt zusammen: »Wenn Historiker nur die Stärke des Ordens betonen, so unterschätzen sie seine wirkliche Bedeutung in der Geschichte. Er war nicht nur eine der wichtigsten Institutionen des lateinischen Ostens, sondern die Ordensoberen waren auch noch maßgebliche Männer in vielen westlichen Staaten. Er gehörte zu den ersten auf internationaler Ebene organisierten souveränen Orden der Kirche. Sein Ideal der Pflege und Versorgung der Armen und Kranken schuf ein sittliches Leitbild, dem viele im späteren Mittelalter folgten. Er gab dem Kreuzzugsgedanken vielleicht am charakteristischsten Ausdruck: jener Mischung aus Karitas und Kampfgeist, die im Hochmittelalter so tiefgreifende Auswirkungen auf das Abendland hatte. Der Orden war ein politisches Instrument der Päpste in den Jahrhunderten ihrer Vorherrschaft und spiegelte in seiner eigenen Geschichte die sich wandelnde sozioökonomische Struktur Europas wider: den Aufstieg des Rittertums, aber auch die Entwicklung einer kapitalistischen Geldwirtschaft.«

Im Jahre 1306 hatten die Hospitaliter die Gelegenheit, sich ein Gebiet zu sichern, das sie wirklich ihr Eigen nennen konnten. Der genuesische Pirat und Abenteurer Vignolo dei Vignoli hatte vom oströmischen Kaiser die Inseln Kos und Leros zu Lehen bekommen. Sie gehörten zur dodekanesischen Inselgruppe in der Ägäis. Nun kam Vignolo dei Vignoli nach Zypern und unterbreitete dem Großmeister Fulko von Villaret (der die Nachfolge seines Bruders Wilhelm angetreten hatte) folgenden Vorschlag: Er wolle seine Streitkräfte mit denen des Ordens vereinigen. Auf diese Weise könnten sie alle Inseln des Dodekanes erobern. Er erhielte dafür seinerseits ein Drittel aller Einkünfte, die dem Orden aus den Inseln zuflossen. Die Tatsache, daß die Inseln zum byzantinischen Reich gehörten, schien ihn nicht zu stören. (Das lateinische Königreich Konstantinopel war im Jahre 1261 zusammengebrochen, und nun saß wieder ein griechischer Kaiser auf dem Thron.) Großmeister Villaret lauschte ihm und billigte den Plan, war aber der Ansicht, er brauche in diesem Falle doch das Einverständnis des Papstes, bevor er seine Ritter und Soldaten gegen ein Reich in den Kampf schickte, das – jedenfalls theoretisch – von einem christlichen Monarchen regiert wurde. Es war nicht allzu schwierig, die Erlaubnis des Papstes zu bekommen. Der byzantinische Statthalter von Rhodos hatte dem Kaiser in Konstantinopel die Gefolgschaftstreue aufgekündigt und aus der Insel einen unabhängigen Kleinstaat gemacht. Aber trotzdem handelte es sich um ein christliches Land; die Rhodier gehörten zur griechisch-orthodoxen Kirche, und ein Angriff auf Rhodos hätte sich nur mit äußerster Spitzfindigkeit rechtfertigen lassen. Fulko von Villaret hatte Glück. Papst Klemens V., der sich später mit Philipp von Frankreich zur Vernichtung der Templer verbündete, war zynisch und spitzfindig, außerdem Philipps Geschöpf und ein Mann mit leicht zu beschwichtigendem Gewissen.

Rhodos gehört zu den schönsten Inseln der Ägäis. Gleichzeitig ist es die östlichste Insel der Ägäis, von Kap Alypo in Kleinasien nur etwa 16 Kilometer in südlicher Richtung entfernt. Die Durchfahrt zwischen Rhodos und dem türkisch beherrschten Festland passierten viele Schiffe, die zwischen den Hafenstädten des Nordens und den Hafenstädten Syriens, Palästinas und Ägyptens verkehrten. Diesen Weg nahmen die Luxusgüter des Orients – Gewürze, Seidenstoffe und Zucker – sowie Getreide und Bauholz aus den Gebieten um das Schwarze Meer. Rhodos entsprach also von der Lage her genau den Absichten der Johanniter: Von hier aus konnten sie die mohammedanische Welt in ständige Unruhe versetzen und ihren Handel beeinträchtigen. Da sie den Feind nicht mehr zu Lande zu bekämpfen vermochten, würden sie es jetzt vom Meer aus tun.

Die Insel, die dem Orden zwei Jahrhunderte als Heimstatt diente, hatte damals schon eine lange, mit Militär und Marine verbundene Geschichte. Bereits in der Antike waren die Seeleute von Rhodos berühmt für ihre Erfahrung und ihr Können. Ein Rhodier namens Timosthenes gehörte zur Zeit der Ptolemäer zu den führenden Fachleuten auf dem Gebiet der Navigation und wurde Oberlotse der großen ägyptischen Flotte. Die Tradition der hervorragenden nautischen Leistungen blieb erhalten und dauerte bis ins Römische Reich fort. Damals bildeten die Rhodier das Rückgrat der Kriegsflotte im Osten. Die Rhodier waren von Kindesbeinen an mit dem Meer vertraut und stellten ihren Wert auch bei der byzantinischen Kriegsflotte unter Beweis. Immer wieder zeigten sie sich als hervorragende Seeleute und Navigatoren. Die Johanniter erzielten in den zweihundert Jahren auf Rhodos beachtliche Erfolge gegen die Muselmanen, was sie jedoch nicht nur ihren eigenen Fähigkeiten, sondern auch den Seeleuten von Rhodos verdankten: Sie fuhren als Besatzung auf den Kriegsschiffen des Ordens mit.

Die Griechen nannten die Insel *Rhodos* nach den Cistrosen, die es dort im Überfluß gab. In den geschützten Tälern auf beiden Seiten des Hauptgebirges wuchsen Reben, aus denen einer der berühmtesten Weine des Altertums gekeltert wurde. Die Insel mißt in der Länge etwa 70, in der Breite etwa 30 Kilometer und hat eine reiche Vegetation. Es gab nicht nur Weinstöcke in Hülle und Fülle, sondern auch Oliven- und Johannisbrotbäume. Im fruchtbaren Flachland gediehen alle Getreidesorten. Der Hauptgebirgszug der Insel ist eine von Nordosten nach Südwesten verlaufende Bergkette. Die höchste Erhebung, der Anavaro (1250 m), liegt fast genau in der Mitte. In ihm besaß man einen hervorragenden Aussichtspunkt, von dem man die Küste Kleinasiens und den Dodekanes im Norden überblikken konnte. An einem klaren Tag vermochte man sogar, wenn man nach Südwesten blickte, in der Ferne den Berg Ida auf Kreta zu erkennen. Auf den kleineren Hügeln und Bergzügen wuchsen dichte Pinienwälder, die ausgezeichnetes Holz für den Schiffsbau lieferten (die Rhodier bauten damals die besten Schiffe des Mittelmeers). Das Klima war angenehm und der Gesundheit zuträglich. Die Winde kamen meistens aus westlicher Richtung. Einen Großteil des Sommers über wehten belebende Nordwinde, die es in der ganzen Ägäis gibt, nur im Juli und August bliesen heiße Winde vom kleinasiatischen Festland her. Auf beiden Seiten des Hauptgebirges ergossen sich zahlreiche Gewässer ins Meer.

Man fand auf Rhodos eine Reihe von Dörfern und Weilern vor, aber nur eine Stadt. Sie lag am östlichen Ende der Insel, am selben Platz, wo einst die antike Stadt gestanden hatte, die eines der sieben Weltwunder ihr eigen nennen konnte: den Koloß von Rhodos. Dies war eine Bronzestatue des Sonnengottes Helios, die sich – 35 Meter hoch – über der Hafeneinfahrt erhob. Seit der Antike besaß Rhodos zwei künstliche Häfen, die später von den Byzantinern ausgebaut und verbessert worden waren. Die Ritter machten sie noch brauchbarer und befestigten sie zusätzlich. Im Nordhafen, dem *Porto del Mandraccio*, ankerten die Galeeren. Seine Einfahrt war nur an die 200 Meter breit. Der Südhafen – *Porto Mercantile* – diente als Handelshafen. Beide wurden mit stattlichen Festungswerken zum Schutz gegen feindliche Angriffe versehen. Dahinter erhob sich im Halbrund die Stadt, von der aus sich die Häfen gut überblicken und im Kriegsfall verteidigen ließen. Auf den Fundamenten der antiken und byzantinischen Ansiedlung errichteten die Johanniter Befestigungsanlagen, die so stark waren, daß sie den mächtigsten Heeren und Flotten trotzten. Bereits im 1. Jahrhundert v. Chr. hatte der griechische Geograph Strabo Rhodos voller Bewunderung beschrieben: »Die Stadt der Rhodier liegt auf der Ostspitze der Insel. Mit ihren Häfen, Straßen, Umwallungen und anderen Gebäuden übertrifft sie jede andere Stadt bei weitem.

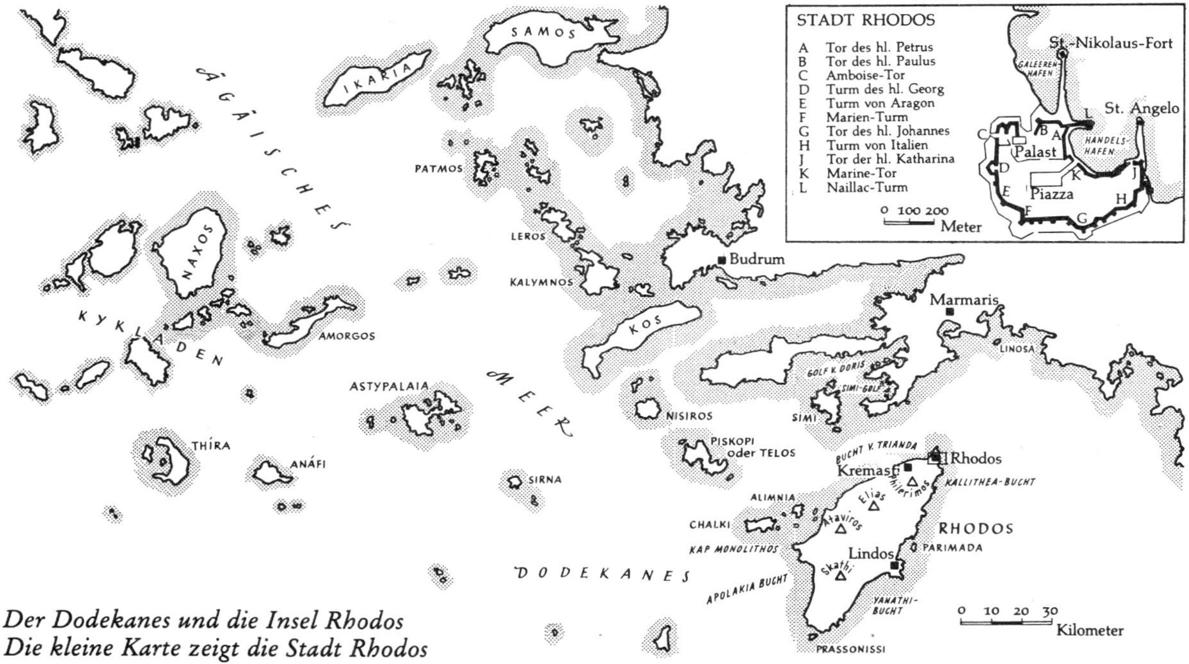

Der Dodekanes und die Insel Rhodos
Die kleine Karte zeigt die Stadt Rhodos

Ich kenne keine, die ihr gleich, geschweige denn, überlegen ist.«

Großmeister Fulko von Villaret dürfte sich der Vorzüge der Insel durchaus bewußt gewesen sein. Doch erst mußte er sie einmal haben, und das war ganz und gar nicht einfach. Die Rhodier hatten sich im Laufe der Jahrhunderte immer wieder als mutig und erfindungsreich erwiesen. Zudem wußten sie, die Griechisch-Orthodoxen, nur zu gut, wie sich die Katholiken bei der Eroberung von Konstantinopel verhalten hatten. Und sie wußten, daß sie die griechischen Gebiete, in denen sie sich festsetzten, heruntergewirtschaftet hatten. Den Rhodiern selbst ging es wirtschaftlich gut; sie trieben Ackerbau, wurden momentan nicht von Byzanz aus besteuert und verschafften sich zusätzliche Gewinne durch die Seeräuberei auf den Schiffahrtsrouten der Muselmanen. Ihnen stand also keineswegs der Sinn danach, Lateiner ins Land zu lassen, die über sie herrschen, ihnen Steuern abpressen und die Gewinne aus der Seeräuberei für sich einstreichen würden.

Die ersten Lateiner landeten im Sommer 1306 auf Rhodos. Sie kamen mit einer Flottille, die aus Galeeren der Hospitaliter und ihrer genuesischen Helfer bestand. Bis zum Herbst hatten sie erst Pheraklos erobert, das auf einer Landspitze an einer großen Bucht der Ostküste lag. Im November nahmen sie durch einen Glücksfall die Burg Philermo ein. Ein Grieche in der Festung beging Verrat an seinen Landsleuten und ließ sie durch eine Hinterpforte ein. (Der Überlieferung nach soll es sich folgendermaßen abgespielt haben: Bei Sonnenuntergang, als die Schafe von den Feldern heimgetrieben wurden, schlichen sich die Ritter in die Burg ein, indem sie sich unter den Bäuchen der Schafe versteckten – das gleiche Schnippchen, das Odysseus dem Polyphem geschlagen hatte.) Der Besitz von Philermo war wichtig. Die Burg stand auf einer Erhebung des Hauptgebirges. Die Stadt Rhodos war von ihr nur 15 Kilometer in südlicher Richtung entfernt. In der Zwischenzeit hatte Papst Klemens V. die Hospitaliter optimistischerweise im Besitz der Insel bestätigt – optimistisch insofern, als es noch zwei Jahre dauerte, bis die Stadt fiel.

Der lange und unerwartete Widerstand der Rhodier erwies sich als schwere Belastung für die Finanzen des Ordens. Das ging so weit, daß er seine Einkünfte schließlich für zwanzig Jahre an einen venezianischen Geldverleiher verpfänden mußte. Bei diesem langen Kampf merkten die Hospitaliter, daß die

Stadt, die sie haben wollten, ausgesprochen wehrhaft war. Wenn sie sich mit byzantinischen Befestigungen und griechischen Verteidigern so gut halten konnte, wie stark würde sie dann erst sein, wenn Johanniterritter die Besatzung bildeten und die Befestigungen mit all der Sachkenntnis ausgebaut waren, die sie aus dem Osten mitgebracht hatten? Schließlich fiel Rhodos doch an sie, aber nicht durch einen militärischen Handstreich, sondern durch einen reinen Glücksfall. Der Kaiser in Konstantinopel erfuhr von der Belagerung. Da er die Insel wieder unter seine Herrschaft bringen wollte, entsandte er ein Schiff mit Verstärkungstruppen. Das Schiff wurde durch mehrere Stürme vom Kurs abgetrieben und mußte schließlich südöstlich, Richtung Zypern, steuern, um sich in Sicherheit zu bringen. Es ankerte vor den Mauern von Famagusta und wurde auf Befehl eines zypriotischen Ritters aufgebracht, der den rhodischen Kapitän dazu überredete, sich auf die andere Seite zu schlagen und die Rhodier zur Aufgabe zu bewegen. Die Verstärkungstruppen waren dahin, die Bedingungen erträglich, und so blieb den Bürgern von Rhodos keine andere Wahl, als sich zu ergeben. Am 15. August 1309 öffneten sich die Stadttore für den Orden vom hl. Johannes. Fulko von Villaret besaß nun eine fruchtbare und ertragreiche Insel, die über zwei hervorragende Häfen und viele weitere Ankerplätze verfügte und ein guter Ausgangspunkt für kriegerische Handlungen gegen den Feind war.

Was die Griechen von Rhodos über all das dachten, wird von den Chronisten nirgendwo erwähnt, denn die Chronisten sind Lateiner, und die Geschichtsschreibung übernehmen fast immer die Sieger. Ein Gutes war, daß es in den drei Jahre währenden Kriegshandlungen nur wenig Blutvergießen gegeben hatte; und die Griechen konnten sich gut anpassen – vorausgesetzt, man achtete ihre Freiheit und duldete, daß sie ihre griechisch-orthodoxe Religion ausübten. Vielleicht trösteten sie sich sogar mit dem Gedanken, daß der Orden ihrer Heimat vermehrten Wohlstand bringen werde. Außerdem war es besser, wenn ihre Stadt von Christen besetzt wurde und nicht von den Ungläubigen, die als stete Drohung gegenwärtig waren.

Ein Jahr später verlegte der Orden seinen Sitz offiziell von Zypern nach Rhodos. Das Beutegut wurde mit Vignolo, dem genuesischen Partner, geteilt. Die Ritter behielten die ganze Insel Rhodos mit Ausnahme zweier Dörfer. Die Inseln Kos und Leros blieben bei Vignolo. Er erhielt für seine Hilfe ein Drittel aller Einkünfte, was die Gewinne aus der Seeräuberei einschloß. Der Orden konnte sich diese scheinbare Großzügigkeit leisten. Vignolo würde eines Tages sterben, der Orden aber würde weiterbestehen. Fulko von Villaret war zur Zeit zwar schwer verschuldet, aber er hatte Grund zur stillen Freude. Zum ersten Mal seit der Vertreibung aus dem Heiligen Land hatte der Orden eine ständige Heimstatt, eine Heimstatt, die angenehm und gedeihlich zu werden versprach. Er hatte eine hervorragende Ausgangsbasis für Kriegshandlungen gegen den Feind. Zum ersten Mal seit neunzehn Jahren hatten die Ritter wieder eine wirkliche Daseinsberechtigung. Mehr noch, der Orden war dank der Bestätigung des Papstes rechtmäßiger Besitzer des Staates Rhodos. Er war tatsächlich souverän, denn er unterstand nur dem Papst und war nur seiner eigentlichen Sendung verpflichtet: sich der Armen und Kranken anzunehmen. Die Johanniter brauchten nicht dasselbe Schicksal wie die Templer zu erleiden. Solange sie ihrer Mission treu blieben, durften sie sich ihrer Ländereien und Legate in Europa recht sicher sein. Zu den ersten Dingen, die sie sofort in Angriff nahmen, gehörte der Bau eines Hospitals in der Stadt Rhodos.

9. Rhodischer Frühling

Auf Rhodos vervollkommneten die Ritter allmählich den Aufbau ihres Ordens. Außerdem schufen sie die größte Festungsstadt des Mittelmeers und wurden die besten Seeleute des Ostens. Mit der Besitznahme von Rhodos erlangten sie auch die Herrschaft über die dodekanischen Inseln Kos, Kalymnos, Leros, Piskopi oder Telos, Nisyros und Symi. Die meisten dieser Inseln waren damals noch fruchtbar, und fast alle hatten brauchbare kleine Häfen. Später erwiesen sie sich sozusagen als vorgeschobene Befestigungen von Rhodos. In Syrien und im Heiligen Land hatten die Ritter ihre Burgen mit einer Reihe konzentrischer Verteidigungsringe umgeben, und nun erwarben sie Inseln, die für ihre neue Heimstatt eine ähnliche Aufgabe erfüllen sollten.

Rhodos war wie der Bergfried, der am weitesten zurückgenommene und stärkste Punkt einer Burg, und diese Burg nahm jetzt eine viele Quadratkilometer große Wasserfläche ein. Später bekamen und befestigten sie Budrum (St. Peter), das genau nördlich von Kos auf dem Festland lag, sowie Kastellorizo, ebenfalls auf dem Festland, etwa 120 Kilometer in östlicher Richtung. Wie die Türme in der äußeren Umwallung einer Burg waren die Inseln ausgezeichnete Aussichtspunkte. (Genau das bedeutet auch der Name der Insel Piskopi.) Dort wurde, wie auf mehreren anderen Inseln, ein befestigter Turm errichtet, dessen Besatzung die Durchfahrt zwischen Nisyros und Piskopi zu überwachen hatte. Passierende Schiffe wurden durch Leuchtfeuer nach Rhodos gemeldet.

Die Inseln sind heute zum größten Teil öde, hatten aber damals noch Bewaldung und fruchtbaren Boden. Ein griechischer Botaniker hatte früher über Chalke geschrieben: »Es gibt dort eine Stelle, die so ungeheuer fruchtbar ist, daß die Ernten sehr früh heranreifen. Sobald die eine Ernte eingebracht ist, kann ein zweites Mal ausgesät werden. Es gibt jedes Jahr zwei Ernten.« Alle Inseln warfen etwas Gewinn für den Orden ab. Chalke war auch für seinen Schiffsbau berühmt, Piskopi produzierte Salbei und andere Kräuter, aus denen man wohlriechende Salben gewann. Auf fast allen Inseln wuchsen Getreide, Früchte und Gemüse in den Tälern. Das Meer um die Inseln war fischreich – es gab Meeräschen und Hornhechte, Seepolypen und zehnarmige Tintenfische, Hummer, Garnelen und Klippenbarsche. Getreide gehörte zu den wenigen Grundnahrungsmitteln, die die Ritter später importieren mußten. Der Getreideimport wurde oft durch Verträge und Abkommen mit Herrschern auf dem türkischen Festland geregelt – ein Vorgehen, das mehrere Päpste entschieden mißbilligten. Doch die Ritter lebten auf vorgeschobenem Posten und wußten dank der Erfahrungen, die sie in Syrien und im Heiligen Land gemacht hatten, daß Kritik aus Rom nicht allzu viel bedeutete. Eigentlich zählte nur das Urteil derer, die sich mitten im Geschehen aufhielten

Der Aufbau des Ordens, der sich in Rhodos herausbildete, basierte auf früheren Organisationsformen und erwies sich als so wirksam, daß er über viele Jahrhunderte erhalten blieb. Im wesentlichen besteht er sogar noch unter den völlig anderen Verhältnissen im 20. Jahrhundert fort. An der Spitze des Ordens stand der Großmeister, auf Rhodos zugleich Herrscher eines souveränen Staates. Die Großwürdenträger der einzelnen Zungen* waren als Piliers bekannt. Die Piliers, der Bischof des Ordens, der Prior der Konventskirche, die Konventualbaillis** Pund die anwesenden Großkreuzinhaber bildeten den Rat, der dem Großmeister beigegeben war. Nicht alle befanden sich gleichzeitig auf Rhodos. Einige weilten in den europäischen Besitzungen, andere gingen ihren Pflichten in den Hospitälern an den Pilgerstraßen nach. Wenn sie jedoch zur Verteidigung der Insel aufgerufen wurden, mußten sie sich so bald wie möglich in Rhodos melden, anderenfalls ihnen die unehrenhafte Entlassung drohte. Die Rechtsritter – die Kämpfer aus den großen Ordenshäusern Europas – hatten nachzuweisen, daß sie adeliger Abkunft waren. Die Novizen – junge Ritter, die gerade ihren Dienst im Konvent antraten – hatten zwei Jahre Probezeit. Ein Jahr davon mußten sie auf den Ordensgaleeren abdienen. Diese Schulung war unbedingt erforderlich, weil die Novizen nicht notwendigerweise in Rhodos blieben, sondern durchaus auch in die Priorate oder in die kleineren Verwaltungsbezirke, die Balleien und Kommenden, ihres jeweiligen Heimatlandes zurückkehren konnten. Dort mußten sie sich bei ihren Vorgesetzten melden. Diese konnten sie zu militärischen oder diplomatischen Aufgaben abkommandieren. Doch es war jeder-

* Aus der Tradition erwachsene großräumige Verwaltungsbezirke, die weder von Landes- noch von Sprachgrenzen abhängig sind. (Anm. d. Ü.)

** Bailli war der Titel für Verwaltungsbeamte. (Anm. d. Ü.)

zeit klar, daß sie zur Verteidigung von Rhodos eilen mußten, wenn sie der Ruf von dort erreichte. Manche blieben auch ihr Leben lang in Rhodos, was nicht nur von ihrer Neigung abhing, sondern auch von der Truppenstärke in der Festungsstadt.

Die Piliers der acht Zungen hatten jeweils besondere Ämter inne; so war der Pilier von Italien der Admiral, der von Frankreich Hospitaler, der von der Provence Großkommendator* und der von England Turcopilier oder Befehlshaber der leichten Kavallerie. Unvermeidlicherweise bestand eine gewisse Rivalität zwischen den einzelnen Zungen, ebenso wie es zwischen den einzelnen Rittern einen heftigen Konkurrenzkampf um den Aufstieg in der Ordenshierarchie und den Erwerb der wichtigen Ämter gab. Das hatte Vorteile und Nachteile. Solange ein starker Großmeister und ein starker Rat die Rivalitäten unter Kontrolle halten konnten, war es durchaus möglich, daß sie die Leistungsfähigkeit der Ritter beim Kampf erhöhten. Andererseits führte der Wettbewerbsgeist – vor allem bei jungen Heißspornen – auch zu Meinungsverschiedenheiten, Streitereien, ja zum offenen Aufruhr. Das geschah tatsächlich zur Amtszeit Fulko von Villarets. Im Jahre 1317 wurde der Mann, der so viel Hervorragendes für den Orden geleistet hatte, des Amtes enthoben. Einer seiner Gegner wurde zum neuen Großmeister gewählt. Doch im großen und ganzen wirkte das System mehr auf nützliche Weise, andernfalls hätte es nie die späteren Jahrhunderte überstehen können.

Der Großmeister war natürlich ein Rechtsritter und wurde auch von Rechtsrittern gewählt. Diese mußten drei Jahre auf See in den Karawanen verbracht haben, weitere drei Jahre im Konvent und 13 Jahre Dienstzeit in ihrem Amt nachweisen können. Die Wahl ging aber nicht so einfach vonstatten, wie es auf den ersten Blick scheinen mag. Man wählte nämlich auch separat in den einzelnen Zungen. Dabei waren auch die Kapläne und dienenden Brüder wahlberechtigt. Nach drei Wahlgängen wurden schließlich 16 Wahlmänner benannt, die ihre Stimme für den nächsten Großmeister abgaben. Ein weiterer Ritter wurde zusätzlich gewählt. Dieser hatte die Aufgabe, die entscheidende Stimme abzugeben, wenn die 16 anderen Wahlmänner bei verschiedenen Bewerbern Stimmengleichheit erzielt hat-

* Der Hospitaler war der Aufseher aller Hospitäler und Wohltätigkeitsinstitute, der Großkommendator Verwalter der Finanzen und des Ordensschatzes. (Anm. d. Ü.)

ten. Schon bei den Johannitern wurde eifrig Lobbyismus betrieben. Das zeigt sich daran, daß die siebzehnte Stimme recht oft benötigt wurde. Die Franzosen hatten das Übergewicht im Orden. So ist es nicht überraschend, daß in der Zeit auf Rhodos fast 75 Prozent der Großmeister Franzosen waren.

Man darf nicht vergessen, daß der Orden in erster Linie eine religiöse Gemeinschaft war, mochte sich seine Lebensweise auch auf Rhodos und Malta lockern. Die Disziplin war so streng wie bei einem Mönchsorden. Im 13. Jahrhundert sah es – so Riley-Smith – folgendermaßen aus: »Die Brüder zogen sich nach dem Schlußgebet zum Schlafen zurück und standen zur Frühmette wieder auf. Sie schliefen in Gewändern aus Wolle oder Leinen und mußten im Schlafsaal Ruhe halten.« Doch in Wirklichkeit verhielt es sich wohl so, daß schon zu einem recht frühen Zeitpunkt nicht mehr alle Brüder in einem gemeinsamen Schlafsaal schliefen. Auf Rhodos, wo die Johanniter kunstvolle Gebäude errichteten, zu denen auch Herbergen für die einzelnen Zungen gehörten, mußten sich vielleicht nur noch die Novizen einen gemeinsamen Schlafsaal teilen. Die Ritter begingen alle kirchlichen Feste. Zusätzlich hatte der Orden noch weitere, eigene Feste. Einmal in der Woche fand eine Messe statt, die im Zeichen Johannes des Täufers stand. Bei der jährlichen Seelenmesse wurde der verstorbenen Brüder gedacht. Die Brüder waren dazu verpflichtet, die vorgeschriebenen Fastenzeiten einzuhalten. Nur diejenigen, die sich auf Karawanen oder im Krieg befanden, durften immer Fleisch, Eier und Käse essen, außer an den Freitagen und der Fastenzeit von Aschermittwoch bis Karsamstag. Es ist klar, daß sie an gewöhnlichen Tagen reichlich aßen. Das war auch nötig bei den Anforderungen, die an sie gestellt wurden. Die Hauptnahrungsmittel waren Fleisch, Fisch, Eier, Käse, Brot und Wein, obwohl es in den Ordensregeln ausdrücklich hieß, sie sollten sich nur von Wasser und Brot nähren. Das bedeutete, daß man immer eine einfach zu handhabende Strafe zur Verfügung hatte, wenn ein Ordensbruder diszipliniert werden sollte. Man setzte ihn auf Wasser und Brot, worüber er sich kaum beschweren konnte, denn nach den Ordensregeln stand ihm schließlich nichts anderes zu. Später war ihr Leben längst nicht mehr so karg und nüchtern, doch in den frühen Jahren auf Rhodos, wo ihnen auch noch Finanzprobleme zu schaffen machten, kamen die Ritter und die anderen Brüder der ursprünglichen Ordensregel wahrscheinlich seit längerer Zeit wieder sehr nahe.

Zuallererst war es nötig, die Befestigungen von Rhodos zu verstärken. Für die Hauptstadt einer kleinen Insel hätten sie gereicht, doch für den Sitz des Ordens waren sie zu schwach, schließlich stand zu erwarten, daß die Moslems die Aktivitäten der Johanniter auf See mit Gegenschlägen vergelten würden. Die Befestigungswerke waren noch auf den älteren Belagerungstyp zugeschnitten, wo Katapulte die Mauern beschossen und Sappeure sie zu untergraben versuchten. Doch im 14. Jahrhundert verschob sich das Kräftegleichgewicht: Man hatte in Europa das Schießpulver entdeckt. (Ein Oxforder Manuskript zeigt bereits im Jahre 1325 die Abbildung einer Kanone.) Wenn Kanonen eingesetzt wurden, mußte der alte Befestigungstyp völlig umgestaltet werden. Doch im Augenblick blieben die Ritter unbeeindruckt von diesem fernen Donnergrollen und gaben sich damit zufrieden, die schon vorhandenen byzantinischen Befestigungen zu verbessern und zu verstärken. Sie waren nach den üblichen Prinzipien gebaut. Es gab hohe, relativ schmale Zwischenabschnitte; die Tore waren durch Türme geschützt; auf der Mauerkrone verliefen Wehrgänge von Turm zu Turm. Pechnasen, also Gußlöcher, durch die nicht nur Pech, sondern auch kochendes Wasser und Öl oder Steine auf den Feind niedergingen, vervollständigten das Bild der Festungsstadt in jenen Tagen, da Langbogen und Armbrust die wichtigsten »Handfeuerwaffen« für Belagerer wie Belagerte waren.

Trotz ihrer Ordensregeln und militärischen Pflichten waren die Ritter nicht nur damit beschäftigt, ihre neue Stadt zu gestalten und ihre Schiffe für Fahrten gegen den Feind zu rüsten. Sie müssen bald entdeckt haben, wie ungewöhnlich schön ihre Inselheimat war. Nicht einmal der leidenschaftlichste Asket konnte verkennen, daß sie mit Rhodos ein Königreich erworben hatten, das im Kleinen ein Abbild des ganzen griechischen Mittelmeers war. Hinter der Stadt erstreckte sich sanft gewelltes, üppiges Ackerland nach Süden, von byzantinischen Kapellen aufgelockert und von Obstbäumen überhangen. In den Tälern raschelte Weinlaub. Dahinter erhoben sich die Hügel und Berge aus Kalkstein, die sich rosig färbten, wenn die Sonne in den leichtbewegten Wogen der Ägäis versank. Morgens regte sich das Licht über dem Land ihrer Feinde, und drohend traten die Berge Kleinasiens vor, als sollten sie an die fast unumschränkte Macht der Türken gemahnt werden. Die Luft war von Düften erfüllt – Pinien und Thymian, Erdbeerbäume und Myrten und die zahllosen Kräuter, die dicht bei dicht an den

Hängen wuchsen. Die Täler durchklang leise das glucksende Geräusch von Wasser – der köstlichste Laut in heißen Ländern –, und zwischen den Felsen flatterten Schmetterlinge wie Wolken von Konfetti.

10. Tod den Drachen

Zwei Jahre, nachdem die Ritter Rhodos besetzt hatten, fand ein Kampf statt, der nicht im mindesten mit den muselmanischen Feinden zusammenhing. Er ist, wenn schon nicht in die Geschichte, so doch in die Sage eingegangen. Dieudonné de Gozon, ein provenzalischer Ritter, erschlug einen Drachen ...

In einem Tal unterhalb des St.-Stefans-Berges, ein wenig südlich von der Stadt Rhodos, hatte sich ein Drachen in seiner Höhle eingenistet und widmete sich nach Drachenart der Beutejagd unter der Landbevölkerung – wobei ihm besonders an jungen Mädchen gelegen war. Mehrere Ritter hatten sich dem Drachen zum Kampf gestellt und waren allesamt umgekommen. Daraufhin befahl der Großmeister, man solle das Ungetüm in Ruhe lassen. Doch Dieudonné de Gozon war wild entschlossen, Rhodos von dieser Plage zu befreien. Er ließ nach Beschreibungen von Augenzeugen ein Modell des Drachens anfertigen. Dann richtete er seine Hunde darauf ab, die Attrappe anzugreifen; er hatte nämlich vor, den Drachen zu töten, während dieser sich mit den Hunden herumschlug. Nachdem er die Hunde genügend abgerichtet hatte, ritt Dieudonné zu dem Tal, wo der Drachen hauste. Er fand ihn in seiner Höhle vor und erschlug ihn. Für seine Unbotmäßigkeit wurde er aus dem Orden ausgestoßen. Doch von seiten der Öffentlichkeit hagelte es so viele Proteste, daß sich der Großmeister gezwungen sah, ihn wieder in Gnaden aufzunehmen. Am Wahrheitsgehalt dieser Geschichte kann man natürlich zweifeln. (Allerdings ist es möglich, daß sich in diesem Tal – es lag in der Nähe eines Sees – eine große Schlange oder sogar ein Nilkrokodil eingenistet hatte.) Einen Dieudonné de Gozon dagegen hat es wirklich gegeben. In den Archiven des Ordens wird er als »Der Drachentöter« bezeichnet. Er machte unbeirrt seinen Weg und wurde 1346 Großmeister, wozu ihm zweifellos seine Volkstümlichkeit verhalf.

Der Drachen, der jahrhundertelang die Aufmerksamkeit der Ritter in Anspruch nahm, war die wachsende Macht der Türken. Zwei Jahre nachdem sich der Orden in Rhodos niedergelassen hatte, wurde er zum ersten Mal von seinem großen Feind herausgefordert. Ein türkisches Geschwader von etwa 20 Schiffen griff Amorgos an, die äußerste Insel der Kykladen. Nun liegt Amorgos gute 160 Kilometer nordwestlich von Rhodos, man könnte also meinen, daß die Ritter kaum in ihrem Herrschaftsbereich bedroht waren. Allerdings war Amorgos nur etwa 100 Kilometer in westlicher Richtung von Kos entfernt. Wenn es von den Türken besetzt wurde, war nicht nur Kos bedroht, sondern auch Kalymnos und Leros, die nördlichen Bastionen des kleinen Ordensreiches. Wahrscheinlich wollten sich die Türken nicht einmal auf Amorgos niederlassen, obwohl die Inselhauptstadt Katapola einen guten Hafen besaß, sondern plündern und vergewaltigen. (Die Frauen von Amorgos waren schon im Altertum für ihre Schönheit berühmt gewesen.) Trotzdem sah Fulko von Villaret seine Außenbastionen bedroht und schickte die Ordensflotte nach Norden. In dem darauffolgenden Seegefecht wurden die Türken besiegt und verloren fast alle Schiffe samt Besatzung. Von diesem Augenblick an sprach es sich rasch in der Ägäis herum, daß es eine neue Seemacht gab. Auf vielen abgelegenen Inseln, die einst von der byzantinischen Flotte geschützt worden waren, dürften die Einwohner nun gehofft haben, daß sie nicht mehr für alle Zeit seeräuberischen Überfällen ausgesetzt sein würden. Das Kreuz des hl. Johannes warf jetzt einen langen Schatten über die »weindunkle See«.

Im selben Jahr besiegten die Ritter gemeinsam mit der Flotte des Königs von Zypern eine ottomanische Armada in der Meerenge zwischen der Insel Samos und der berühmten alten Stadt Ephesus. Das geschah bereits zwei Jahre nach der Niederlassung des Ordens auf Rhodos und zeigt wohl, daß er seine Pflichten ernst nahm und sehr leistungsfähig war. Trotzdem beschwerte sich eine Reihe von Fürsten, Prälaten und Päpsten darüber, daß der Orden für das wenige Gute, das er bewirke, viel zu viel Macht besitze. Auch gelüstete es manche Päpste nach den hohen Einkünften des Ordens, und nach der Vernichtung der Templer gab es immer wieder Personen, die die Johanniter ebenfalls zugrunde richten wollten. Und dennoch entfalteten sich in dieser politischen Arena, über die wir weniger wissen als über die Schlachten und Kriegszüge des Ordens, Macht und Einfluß der Johanniter in Europa.

Daß dem Orden vom hl. Johannes nicht dasselbe Schicksal zustieß wie den Tempelrittern, muß in der Hauptsache auf zwei Gründe zurückgeführt werden; zum einen war er gut geführt, und zum anderen sahen die Päpste seine Aktivitäten als mögliche Vorankündigung weiterer Kreuzzüge an. Man muß sich stets vor Augen halten, daß Rhodos ja nur die Spitze einer

Lanze war, die von Europa aus mit starkem Arm gehalten und geführt wurde, und dieser »starke Arm« waren die Besitzungen des Ordens in Europa. Ohne die Tätigkeiten der Priorate, Balleien und Kommenden in Italien, Spanien, Frankreich, Deutschland und England wäre Rhodos nichts weiter als eine fernabgelegene Insel in der Ägäis gewesen, die man innerhalb weniger Jahre erobert hätte. Aber so wurden Gelder für die Ordensgaleeren, für die Verteidigungswerke der Stadt und für ein Spionagenetz aufgebracht, das Kleinasien und den Nahen Osten überzog und den Großmeister samt seinem Rat über Vorgehen und Absichten des Feindes auf dem laufenden hielt.

Diese frühen Jahre waren durch weitere Erfolge gekennzeichnet, darunter den Sieg über eine türkische Flotte vor Smyrna, wobei die Ordensflotte gemeinsam mit französischen und venezianischen Schiffen kämpfte. Die Venezianer wußten die Unterstützung des Ordens bei der Überwachung der Ägäis zu schätzen, denn sie hatten Besitzungen auf den Inseln, die ihnen auch als Ausgangspunkte für ihren Osthandel dienten. Im Jahre 1345 wurde mit der Eroberung von Smyrna ein besonders großer Erfolg erzielt. Smyrna gehörte zu den wichtigsten Handelsplätzen an der Küste Kleinasiens. In wenig mehr als dreißig Jahren hatten die Ritter ihre Macht und ihren Einfluß über die gesamte südliche Ägäis ausgedehnt, außerdem besaßen sie jetzt eine der wichtigsten Städte Kleinasiens. Smyrna blieb bis 1402 ein wichtiger Vorposten des Ordens. Dann fiel es dem gnadenlosen Vormarsch der Mongolen unter ihrem Herrscher Timur dem Lahmen zum Opfer.

Im Jahre 1365 erfuhr der Traum so vieler Päpste eine Neubelebung: Europa erlebte noch einmal ein Aufflackern des Kreuzfahrergeistes. Papst Urban V. rief zum Kreuzzug auf. Dazu hatte ihn Peter I., der König von Zypern, bewegt. Aus England kamen – bis auf den Earl von Hereford – nur wenige Angehörige des Hochadels, Deutschlands Fürsten beteiligten sich nicht, Frankreich dagegen stellte ein beachtliches Kontingent. Doch aus ganz Europa kamen kleinere Ritter mit ihren Bewaffneten. Manche scheuten sogar den weiten Weg von Schottland her nicht. In vorderster Linie standen natürlich die Johanniter. Sie hielten den Vorposten im Heiligen Krieg, sie kannten das ganze Gebiet und waren mit dem Gelände vertraut, sie wußten um das Wesen und die Fähigkeiten des Feindes.

Bei dem Anblick, der sich den Beobachtern auf den Zinnen von Rhodos im Hochsommer des Jahres 1365 bot, muß ihnen das Herz im Leib gelacht haben. Hätte Großmeister Johann von Villiers, der vor 47 Jahren die kümmerlichen Überreste des Ordens aus Akkon fortgeführt hatte, es noch sehen können, so wäre es ihm sicher schier unglaublich vorgekommen. Im Handelshafen lag ein Truppentransporter am anderen. Weitere ankerten direkt vor den Hafenbefestigungen. Im Mandraccio lagen untätig die Galeeren. Die Schiffsbesatzungen dagegen waren äußerst tätig, hievten Vorräte und Waffen an Bord, überprüften Masten, Segel und Takelage, Ruder und Koker*. Die Armada sollte die Verluste der Christen im Osten wiedergutmachen. Sie zählte insgesamt 165 Schiffe. Den größten Teil davon hatte König Peter von Zypern gestellt, den Stoßkeil bildeten die Galeeren der Venezianer und Hospitaliter. Das Ziel der Flotte wurde geheimgehalten, denn auch die Moslems hatten ihre Spione in den Häfen des Feindes. Anders als bei einigen früheren Kreuzzügen war der Oberbefehl nicht auf verschiedene Fürsten aufgeteilt, denn König Peter war aufgrund des Übergewichts der zypriotischen Schiffe und Soldaten unumstrittener Anführer. Die Ritter nahmen das gerne hin, solange sie nur ihr Ziel verfolgen konnten: den Islam zu züchtigen, wo es möglich war; die Venezianer dachten in erster Linie an ihren Profit. König Peter wollte den Feind täuschen. Die Moslems sollten glauben, daß Syrien angegriffen wurde, und so ließ er den Befehl ergehen, die zypriotischen Untertanen in Syrien sollten allen Handel einstellen und nach Hause zurückkehren.

Die Kriegslist gelang. Die Flotte lief aus. Erst auf See wurde das Ziel angegeben: Ägypten, genauer gesagt, Alexandria. Das war eine gute Wahl. Alexandria war der größte Hafen der Muselmanen. Wenn die Kreuzfahrer die Stadt erobern konnten, hatten sie einen vorzüglichen Stützpunkt für Flotte und Landheer bei ihrem Feldzug zur Befreiung des Heiligen Landes.

Am Abend des 9. Oktober lag die Flotte vor Alexandria. Die Bewohner der Stadt dachten wohl anfangs, eine große Handelsflotte sei eingelaufen. (Die Venezianer wickelten einen Großteil ihres Osthandels über Alexandria ab.) Doch am Morgen mußten sie erkennen, wie sehr sie sich getäuscht hatten. Jetzt war es völlig klar, daß viele dieser Schiffe – in erster Linie die Galeeren der Johanniter und der Venezianer – keineswegs zu einer Handelsflotte gehörten. Außerdem ging die Flotte nicht im Osthafen vor Anker, dem einzigen, zu dem die Christen Zugang hat-

* Öffnung für den Ruderschaft. (Anm. d. Ü.)

ten, sondern im Westhafen. Der Statthalter von Alexandria befand sich auf einer Pilgerfahrt nach Mekka. Man hatte nicht mit dem Angriff gerechnet, und der Stellvertreter des Statthalters konnte seine Truppen nicht schnell genug organisieren, um die Kreuzfahrer an der Landung zu hindern.

Die westlichen Umwallungen konnten nicht im Sturm genommen werden, sie waren zu stark; daher begab sich die Mehrheit der Truppen zum Osthafen. Von dort konnten sie bald in die Stadt eindringen. Die Einwohner flüchteten durch die südlichen Tore. Innerhalb von 24 Stunden hatten die Kreuzfahrer Alexandria erobert. Wie in Antiochia (1097), Jerusalem (1099) und Konstantinopel (1204) zeigten die Kreuzfahrer, daß sie nichts aus den Greueltaten ihrer Vorgänger gelernt hatten und nach wie vor von der irrwitzigen Wildheit des *furor Normannorum* besessen waren.

Sie wüteten in der ganzen Stadt, metzelten unterschiedslos koptische Christen, Moslems und Juden nieder, plünderten, vergewaltigten und mordeten. Vergeblich versuchte König Peter, Ordnung und Kriegszucht wiederherzustellen. Vergeblich flehte er die Kreuzfahrer an, die Stadt zu erhalten und sie verteidigungsbereit zu machen, damit sie sich gegen das mohammedanische Heer behaupten konnte, dessen Anmarsch mit Sicherheit zu erwarten war. Doch mittlerweile waren selbst die Tore in Brand gesteckt. Und die Stadt, die einst die anmutigste unter den Städten des Mittelmeers gewesen war, glich einem Leichenhaus, gespenstisch von Flammen erleuchtet und unter einem Leichentuch aus Rauch erstickend. Wie in Konstantinopel rissen die Kreuzfahrer auch hier die berühmten Schätze der Stadt an sich. Sie plünderten christliche Kirchen und Moscheen, Privathäuser und die Speicher auf den Docks. Das Ziel ihrer Mission hatten sie völlig vergessen. Als die Kreuzfahrer in Alexandria eindrangen, war der Kreuzzug schon beendet. Bald waren die Schiffe bis obenhin mit Kriegsbeute vollgestopft. Ungefähr 5000 Gefangene – Christen, Juden und Moslems – wanderten in die Sklaverei.

Wenn man dem Johanniterorden auch keine unmittelbare Schuld an der grausamen Eroberung von Alexandria geben darf, so kann man ihn doch nicht von allen Vorwürfen entlasten. (Schließlich waren auch Ordensritter an der Plünderung Konstantinopels beteiligt.) Andererseits hatten die Ritter an der verbrecherischen Disziplinlosigkeit und Unmenschlichkeit des Erobererheers vielleicht nicht mehr Schuld als König Peter. Sie und er hätten weitaus mehr gewonnen, wenn Alexandria eine christliche Festung geworden wäre, denn sie wollten den Krieg weiterführen: mit dem Ziel, zu guter Letzt das Heilige Land zurückzuerobern. Doch dazu kam es nicht mehr. Als die schwerbeladene Flotte in Zypern ankam, scheiterten alle Versuche, das Heer zusammenzuhalten und für das nächste Jahr einen Feldzug vorzubereiten. Die Kreuzfahrer drängte es danach, nach Europa zurückzukehren und ihren neuerworbenen Reichtum zur Schau zu stellen.

Die unmittelbare Folge der Eroberung und Plünderung von Alexandria war ein Wiederaufflackern des Christenhasses bei den Moslems. Diese Unternehmung verfehlte nicht nur ihren Zweck, sondern führte auch (wie schon im Fall Jerusalem) zu Gegenmaßnahmen, die die Sieger bitter zu spüren bekamen. Sechzig Jahre später überfielen die Moslems Zypern und verheerten es. Sie verschonten die Christen ebensowenig, wie sie selbst in Alexandria verschont worden waren. Der Untergang des letzten wichtigen lateinischen Königreichs des östlichen Mittelmeers kann fast direkt auf die Rachegelüste zurückgeführt werden, die durch das Massaker von Alexandria entstanden waren. König Peter und die Hospitaliter dürften die Zerstörung der Stadt aufrichtig bedauert haben. Die Venezianer waren ebenfalls betroffen, wenn auch aus völlig anderen Gründen. Sie hatten sich vorgestellt, daß sie mit dem Erwerb von Alexandria den Osthandel noch mehr ankurbeln und ihre Lagunenstadt noch reicher machen konnten. Ihre Hoffnungen waren dahin. Grund zur Freude hatten nur die Genueser. Sie hatten sich in weiser Voraussicht kaum an der Expedition beteiligt. Nun waren die Pläne ihrer großen Rivalin durchkreuzt, und ihre Nichtbeteiligung brachte ihnen eine gewisse Vertrauensstellung bei der islamischen Welt ein. Eine weitere Folge des Feldzugs von 1365 bestand darin, daß die Zufuhr orientalischer Luxusgüter und Gewürze nach Europa für einige Jahre zum Erliegen kam. Außer der Kriegsbeute brachte dieser Kreuzzug keinen wirklichen Gewinn. Der Papst und König Peter hatten ihn hoffnungsvoll als Beginn einer neuen Ära angesehen. Letzten Endes waren nicht nur die Moslems, sondern auch die Christen die Verlierer.

11. Der Wind und das Meer und die Schiffe

Die Ägäis war das Schlachtfeld, auf dem die Ritter vom hl. Johannes fast zwei Jahrhunderte lang den Feind bekriegten. Sie wurden ebenso mit dem Meer vertraut wie ihre Vorgänger mit dem Ödland von Syrien und den Berggegenden des Libanon. Im sturmdurchbrausten Winter sahen die Ritter die Ägäis nur von den Zinnen von Rhodos aus, denn das Segeljahr endete schlagartig im November, manchmal auch einen oder zwei Monate früher. Wie die Alten setzten sie im Winter die Galeeren auf Land, um sie zu überholen und zu reparieren, oder sie ließen sie sicher vertäut im geschützten Mandraccio liegen.

Im April oder Mai war es wieder soweit. Die Galeeren liefen zur Suche nach feindlichen Kauffahrteischiffen aus oder machten sich – als seien sie Raubinsekten, die statt der Beine Ruder hatten – an den Feind heran, wenn ein Signal aus Piskopi anzeigte, daß Schiffe die Durchfahrt passierten.

Das Meer, das derart wichtig für ihr Leben wurde (»Meer des Königreiches« nannten es die alten Griechen), ist so inselreich wie kein anderer Teil des Mittelmeers. Diese Tatsache hatte es den Menschen schon vor Jahrtausenden ermöglicht, die Kunst der Navigation zu entwickeln. Wenn sie zu einer Seereise ausliefen, brauchten sie sich nicht zu fürchten, denn sie hatten fast immer eine Insel in Sichtweite. Die Ägäis war auch der einzige Teil des Mittelmeers, wo im Sommer stete Winde wehten. Im Juli und August bliesen die starken und konstanten Etesien (vom griechischen *etos*, Jahr, sie traten nämlich alljährlich und regelmäßig auf) aus Nordwest bis Nordost. Bei Einbruch der Nacht gingen sie etwas zurück, begannen aber kurz nach Sonnenaufgang wieder verstärkt zu wehen und erreichten ihr Maximum am frühen Nachmittag. Jetzt konnten sich die Männer auf den Ruderbänken etwas Ruhe gönnen, während die rhodischen Seeleute die Lateinsegel aufhißten und die Galeere mit Höchstgeschwindigkeit das Wasser durchpflügte. Weil die Etesien in der Schönwetterzeit – *bel tempo* – wehten, wurden sie auch *Beltemp* genannt (später zu Meltem verfälscht, unter welchem Namen sie auch jetzt noch bekannt sind). In den Sommermonaten gab es nur leichten Morgendunst, aber keinen Nebel. Die Sicht war normalerweise völlig klar. Die Nordwinde reinigten die Atmosphäre. Sie schufen auch die ungewöhnliche Klarheit des Lichtes in griechischen Gewässern: Ein Gegenstand, der mehrere Kilometer entfernt ist, tritt so deutlich hervor, als handle es sich nur um ein paar Kabellängen*. In den Frühlings- und Herbstmonaten blies der Meltem nicht. Dann herrschte oft Flaute, und ein Dunst, den die Rhodier *calina* nannten, lag über der Wasseroberfläche wie eine rauchige Glasur. Die Berggipfel der Inseln, auf denen die Ritter ihre Beobachtungspunkte hatten, ragten über den Dunst hinaus, und so konnten die Wachen Masten und Rahen der Kauffahrteischiffe erspähen, die langsam die Durchfahrten zwischen den Inseln passierten. Dann wurde ein Signal gegeben oder ein Leuchtfeuer entzündet, und die auf der Lauer liegende Galeere konnte sich dem gegnerischen Schiff unbeobachtet nähern. Wenn die Mannschaft auf dem Deck des Feindes sah, daß ein schlanker Bug aus dem Dunst auftauchte, war es meistens schon zu spät.

Wie alle Seeleute im Mittelmeer brauchten sie sich nicht mit dem Gezeitenproblem herumzuschlagen. Man kann Ebbe und Flut vernachlässigen, da es sich immer nur um Tidenhube von Zentimetern handelt. Völlig anders lagen die Dinge dagegen bei den Strömungen. Die Lotsen, die mit den Inselgewässern schon von Kindestagen an vertraut waren, mußten genau wissen, welche Strömungen in den Durchfahrten zwischen den Inseln zu erwarten waren. Mit voller Ruderkraft konnte eine Galeere viereinhalb Knoten Höchstgeschwindigkeit laufen, bei günstigem Wind sogar sieben Knoten. Man mußte also Strömungen, die schneller als einen halben Knoten waren, durchaus mit einberechnen. Durch die Anwendung des Wissens über Richtung und Geschwindigkeit der Strömungen konnte ein guter Lotse dem Galeerenkapitän auch dann noch zur Kaperung eines Kauffahrteischiffs verhelfen, wenn es auf den ersten Blick so aussah, als könne es im letzten Augenblick entwischen. Bei den Dardanellen gab es eine starke Strömung, die in südwestlicher Richtung verlief. Doch hier, an der Verbindung von der Ägäis zum Schwarzen Meer, operierten die rhodischen Galeeren schon nicht mehr. Der Strom, der sie am meisten interessierte, wurde vom Meltem angetrieben und lief südlich an den Inseln, Landspitzen und Meerengen entlang. Da es im ganzen Mittelmeer eine rechtsläufige Strömung gibt, die zwar verschieden stark, aber fast immer spürbar ist, mußten die Lotsen darauf Rücksicht nehmen, wenn vor der Festlandsküste operiert wer-

* 1 Kabellänge = 608 Fuß = 185,3 m. (Anm. d Ü.)

den sollte. Dieser Strom fließt an Zypern vorbei, dreht an der Südküste der Türkei nach Westen und wendet sich nordwärts. Im Sommer kann die vom Meltem hervorgerufene Strömung diese Strömung ausgleichen oder gar aufheben, doch in den anderen Jahreszeiten mußte der Lotse mit ihr rechnen. Außerdem hatte er zu berücksichtigen, daß je nach Windrichtung auch noch zwischen den einzelnen Inseln Strömungen auftraten, die manchmal zwei Knoten Geschwindigkeit besaßen. Der Johanniterorden konnte sich zwar darauf verlassen, daß die Galeeren vorzüglich und die Ritter und Bewaffneten gute Kämpfer waren, aber trotzdem waren die rhodischen Lotsen bei der Bemeisterung dieser schwierigen Gewässer unentbehrlich. Kräftige Winde aus Süden, die bedeckten Himmel mit sich brachten (was während des Segeljahrs allerdings selten vorkam), konnten alle anderen Strömungen ausschalten und eine Nordströmung bis zu den Dardanellen und zum Bosporus bewirken.

Um Rhodos wehten die Etesien nicht aus Nordwesten, sondern drehten in Richtung aufs asiatische Festland bei und kamen nun fast genau aus Westen. Das war günstig, wenn man zu den nördlichen Inseln wie Kos und Leros oder nach Smyrna segeln wollte. Kreuzte man dagegen vor der Südküste von Anatolien, lief man in den Golf von Antalya ein oder fuhr man nach Zypern, so hatten die Galeeren guten Wind von achtern. In Rhodos wehten vor allem westliche Winde, die im Hochsommer mit kalten Nordwinden abwechseln konnten. Es gab auch Zeiten, wo ein tiefliegender Himmel über Asien das unerfreulichste Wetter für die Inseln ankündigte – unerfreulich allerdings nur für den Landbewohner, der Seemann konnte oft guten Gebrauch davon machen. Dann strömten über dem Festland Luftmassen von Osten her ein, was Temperatur und Luftfeuchtigkeit ansteigen ließ. Die Bürger von Rhodos schlossen die Fensterläden, um die schweißtreibende Hitze ein wenig abzuhalten, und ließen sich erschöpft auf ihre Betten fallen. Die Galeeren und Kauffahrteischiffe auf See konnten bei dieser Gelegenheit gute Ankergründe und windgeschützte Stellen an der Südostküste der Insel finden. Sie konnten den Sommerwind auch nutzen, um zu den Inseln im Westen zu segeln, beispielsweise nach Kreta. Die rhodischen Lotsen, Kapitäne und Seeleute mußten auch die typischen Inselböen kennen, die es in der Ägäis gibt. Starke Winde oder Stürme aus dem Norden riefen heftige Böen hervor, die die Berghänge hinunter und durch die Täler auf der Windschattenseite fegten. Dem Seemann, der die

Ägäis nicht kannte und in der Hoffnung, eine friedliche Zuflucht zu finden, an solchen Stellen ankerte, pfiffen furchtbare Windstöße entgegen, die sogar sein Schiff entmasten konnten.

Bis auf eine Stelle vor Kreta, wo man beträchtliche Tiefen vorfindet, ist die Ägäis ein vergleichsweise seichtes Meer. Das bedeutet, daß starke Winde das Wasser wesentlich schneller aufwühlen und es infolgedessen viel leichter eine unangenehm harte See gibt als in tiefen Gewässern. Unter diesen Umständen konnten die schmalen Galeeren mit ihrem relativ geringen Tiefgang kaum den Kurs halten, wenn der Wind direkt von der Seite blies. Wenn Seeraum vorhanden war, konnten sie jedoch beidrehen und vor dem Wind segeln. War das nicht möglich, so mußten sie gegen den Wind ansteuern, obwohl die Ruderer nur mit Mühe ihre rüttelnden und stoßenden Ruder betätigen konnten, um das Schiff wenigstens in der derzeitigen Lage zu halten. Die Geschwindigkeit der Galeere bei der Annäherung an andere Schiffe und beim Spurt vor dem Rammen und Entern hing von den Ruderern ab. Bevor man auf den Schiffen Geschütze mitführte, war die wichtigste Waffe der Galeere der Rammsporn. Man konnte auf zwei Arten von ihm Gebrauch machen: Entweder kam man von der Seite und zerschmetterte die Schiffswand des Gegners, oder man führte ein schnelles Manöver parallel zur Schiffswand aus, bei dem die Ruder des Gegners zerstört wurden. Damit war er unbeweglich und wehrlos. Schließlich legte man an der Schiffswand des Feindes an, hielt ihn durch Enterhaken fest und enterte. Wenn die Galeere angriff, eröffneten Bogen- und Armbrustschützen das Feuer aufs gegnerische Deck. Diese Vorbereitung sollte den eigenen Truppen das Entern erleichtern. Das Prisenkommando setzte sich aus Rittern und Bewaffneten zusammen, die auf einer Plattform vor dem Hauptmast stationiert waren. Später standen an dieser Stelle auch leichte Kanonen, die man ebenfalls dazu benutzte, das gegnerische Deck vor dem Entern freizuschießen.

Die menschliche »Maschinerie« plagte sich unter Deck bei fast unglaublich harten Bedingungen ab. Sie bestand aus abgeurteilten Verbrechern und in Gefangenschaft geratenen Mohammedanern. Später wurden die Ruderer noch durch die *buonavoglie* ergänzt. Das waren für gewöhnlich Männer, die dem Schuldgefängnis entgehen wollten, mit ihren Gläubigern zu einer Einigung gelangt waren und eine bestimmte Anzahl von Jahren auf den Galeeren arbeiteten, um ihre Schulden zu tilgen. Diese Männer wurden natürlich bezahlt, lebten unter besseren

Bedingungen als die Sklaven und Verbrecher und unterschieden sich von den letzteren durch einen kuriosen Haarschnitt, der dem Kopfputz der Irokesen ähnelte: Die Haare waren abrasiert, nur in der Mitte blieb ein Schopf stehen.

Das Leben der Galeerensklaven ist oft genug beschrieben worden, und die Wendung »schuften wie ein Galeerensklave« ist sogar in die Alltagssprache eingegangen. Eine der besten Schilderungen stammt von einem Franzosen, der, wenn auch Jahrhunderte später, selbst Galeerensträfling gewesen war. Trotz des zeitlichen Unterschieds hatten sich die Schiffe und das Leben der Ruderer nur wenig geändert:

»(Die Galeerensklaven) sind zu sechst an eine Bank gekettet, die etwas über einen Meter breit und mit wollegestopfter Sackleinwand bedeckt ist; darüber liegen Schaffelle, die bis zum Boden herabreichen. Der Offizier, der die Galeerensklaven befehligt, steht achtern in der Nähe des Kapitäns, von welchem er seine Anweisungen empfängt. Dann sind noch zwei Unteroffiziere eingesetzt, einer mitschiffs und einer vorn. Beide sind mit Peitschen bewehrt, mit denen sie auf die nackten Körper der Sklaven einschlagen. Wenn der Kapitän ›Rudern‹ befiehlt, gibt der Offizier mit einer silbernen Pfeife, die er an einer Schnur um den Hals trägt, das Signal. Das Signal wird von den Unteroffizieren wiederholt, und alsbald tauchen die fünfzig Ruder ins Wasser wie eines. Man male sich sechs an die Bank gekettete Männer aus, nackt, wie sie geboren wurden, einen Fuß auf dem Stemmbrett, den anderen hochgehoben und auf die Vorderbank gestützt, mit den Händen ein ungeheuer schweres Ruder haltend, wie sie die Leiber nach rückwärts legen, die Arme ausgestreckt, damit der Ruderstiel vom Rücken der vor ihnen Sitzenden abgehalten wird ... Manchmal rudern die Galeerensklaven zehn, zwölf, sogar zwanzig Stunden hintereinander, ohne die geringste Unterbrechung oder Ruhepause. Bei solchen Gelegenheiten geht der Offizier herum und steckt den unglücklichen Ruderern in Wein getauchte Brotbrocken in den Mund, um Schwächeanfälle zu verhüten. Dann befiehlt der Kapitän den Offizieren verdoppelte Schlagzahl, und wenn einer der Sklaven erschöpft über seinem Ruder zusammenbricht (was nicht ungewöhnlich ist), wird er gepeitscht, bis er tot zu sein scheint, und ohne weitere Umstände über Bord geworfen.«

Es nimmt nicht wunder, daß die Meutereien von Galeerensklaven unvorstellbar wild waren. Sie ereigneten sich meistens dann, wenn es zum Nahkampf oder zum Entern kam. Nahm der Feind ihre Galeere, so rasselten alle Sklaven mit ihren Ketten und flehten heulend um ihre Freiheit, denn auf den mohammedanischen Schiffen waren die Rudersklaven fast ausnahmslos Christen, auf den christlichen Schiffen dagegen fast ausnahmslos Mohammedaner. In erster Linie stellte der gefangene und besiegte Feind die Arbeitskräfte für die Galeeren. Die Verwendung von Galeerensklaven auf See führte zu weiteren Problemen, wenn die Schiffe im Hafen lagen. Da die Sklaven nicht dauernd an Bord leben konnten, mußten Gefängnisse für sie gebaut werden. Dazu brauchte man Wachen und ein Höchstmaß an Sicherheit, denn ein Sklavenaufstand konnte an Land noch verheerendere Auswirkungen haben als an Bord. In den Wintermonaten wurden die Galeeren überholt, und die Sklaven arbeiteten an den Hafen- und Verteidigungsanlagen. Viele der großen Mauern und Türme, die die Stadt Rhodos zieren, sind von Sklaven errichtet, rhodische Steinmetze gaben die Anweisungen; die Pläne stammten von italienischen Festungsbaumeistern. Es ist kaum verwunderlich, daß ein Italiener beim Anblick türkischer Galeerensklaven den Ausspruch tat: »Die Armen! Sie müssen sogar die Toten beneiden.« Doch die Christen, die den Moslems in die Hände fielen, erfuhren das gleiche Schicksal. Mancher Ritter des hl. Johannes beschloß seine Tage auf der Ruderbank oder mußte so lange Frondienst leisten, bis sein Lösegeld bezahlt wurde. Eine harte Welt bringt harte Männer hervor, und im Kampf zwischen Halbmond und Kreuz, der etwa fünfhundert Jahre lang im gesamten Mittelmeerraum tobte, lernte eine Generation nach der anderen diese Lebensbedingungen kennen.

Äußerlich gesehen waren die Galeeren geradezu schön zu nennen. In anmutigen Linien schwangen sie zum reichverzierten, bemalten Bug mit der Galionsfigur und zum ähnlich vergoldeten und geschmückten Heck aus. Hier hatten die Offiziere ihre Kajüten. Auf der typischen Galeere jener Zeit war der Kapitän ein Ordensritter. Ihm zur Seite stand ein rhodischer Segelmeister, der die rhodischen Seeleute unter sich hatte. Sie sorgten für die Besegelung und erledigten alle sonstigen Schiffsarbeiten. Der Stellvertreter des Kapitäns war ebenfalls ein Ritter. Außerdem befanden sich stets einige Novizen an Bord, die ihren einjährigen Dienst auf See ableisteten. Die Galeeren waren damals mit etwa 200 Ruderern, 50 bis 200 Soldaten und bis zu 50 Seeleuten bemannt. Zu den letzteren gehörten Schiffszimmerleute und Schiffsarbeiter, Köche, der Barbier des Kapitäns (gleichzeitig Wundarzt) und seine Helfer, ein Lotse oder mehrere Lotsen und rhodische Rudergänger. Es gab Karten, doch der Lotse hatte meist im Kopf, was man über die Kaps und Landzungen, Inseln, Buchten und Ankerplätze wissen mußte.

Die Galeere entwickelte sich aus dem byzantinischen *dromon* oder »Renner«, man findet sie jedoch schon bei den Phöniziern und den alten Griechen und Römern. Die großen venezianischen Galeeren konnten bis zu 60 Meter lang sein. Die rhodischen Galeeren waren aber meistens kleiner. In der Breite maßen sie meist nur sechs Meter. Ihr Tiefgang lag bei etwa zweieinhalb Metern. Selbst bei einer Länge von 60 Metern maß die Wasserlinie wahrscheinlich nicht mehr als um die 40 Meter, denn das Schiff war mit vorspringenden Bug- und Heckaufbauten versehen. Diese Schiffe waren schnell und beweglich konstruiert, aber nicht für Transportzwecke geeignet. Gut Luv halten konnten sie lediglich in den Sommermonaten. Sie hatten zwei, manchmal auch drei kurze Masten. Die Besegelung bestand aus dreieckigen Lateinsegeln. Die Lateinsegel stammten von den Römern und verschwanden dann vom Mittelmeer, bis die Araber, die sie auf dem Roten Meer und bei ihren Handelsfahrten nach Indien verwendeten, sie wieder einführten. Das Lateinsegel war bis zur Erfindung der Gaffeltakelage das beste Segel für nahezu alle Verwendungszwecke. Beim Heißen und Setzen waren nur wenige Leute erforderlich. Man konnte damit einigermaßen gut gegen den Wind segeln. Wenn man die beiden Hauptsegel ›gänseflügelförmig‹ setzte, hatte man eine gut ausbalancierte Segelfläche, um vor dem Wind zu fahren. Der andere wichtige Schiffstyp, dem man zu dieser Zeit auf See begegnete, war das »runde Schiff« oder Kauffahrteischiff – der Schiffstyp, auf den die Ritter Beutejagd machten. Seine Ursprünge reichen – wie die der Galeere – bis zu den Phöniziern zurück, die ihre Kauffahrteischiffe nach ihrer Form »Gaulos« oder »Zuber« nannten. Sie ähnelten ein wenig halbierten Walnußschalen. Die Kauffahrteischiffe waren für Transportzwecke konstruiert und zur Fortbewegung fast vollständig auf die Segel angewiesen. Sie waren breit, hatten hohe Schiffswände und wurden durch Rahsegel oder durch eine Kombination von Rah- und Lateinsegeln angetrieben. Zwar waren sie seetüchtiger als die Galeeren, aber schwerer zu handhaben und den Galeeren nur dann gewachsen, wenn eine flotte Brise von achtern wehte. Zwischen diesen beiden Schiffstypen stand die Galeasse, ein

Transportschiff, das vor allem auf Segel angewiesen war, aber auch Ruder hatte. In späteren Zeiten konnte sie recht viele Geschütze mitführen. Die Galeasse war eine Kombination aus Kauffahrteischiff und Galeere. Die Engländer, Dänen und Holländer entwickelten sie in ihren nördlichen Gewässern zu einem wirklich seetüchtigen Schiff weiter, das schließlich alle anderen an Wichtigkeit übertraf. Doch während der Zeit, die die Ritter auf Rhodos verbrachten, war die Galeere das mächtigste Schiff. Sie war von der Konstruktion her so vorzüglich, daß sie selbst noch im 18. Jahrhundert in den Gewässern ohne große Gezeitenunterschiede verwendet wurde. Die Galeere verschwand erst im 19. Jahrhundert völlig, als das Aufkommen des Dampfes als Antriebskraft das Gesicht der Meere veränderte.

Neben dem Senkblei zur Tiefenbestimmung in Lotsengewässern hatten die Galeerenkapitäne und ihre Navigatoren das *portulans* oder Lotsenbuch. Das wichtigste Navigationsinstrument war der Kompaß. Der Kompaß war seit dem 14. Jahrhundert allgemein in Gebrauch, wird aber bereits im 12. Jahrhundert erwähnt. Da das Hospital in Jerusalem ja von Kaufleuten aus Amalfi begründet wurde, ist es interessant zu wissen, daß man oft behauptete, der Kompaß stamme aus Amalfi. In Wirklichkeit lernten die Amalfiter den Kompaß wohl über ihren Handel mit dem Osten kennen. Die Araber verwendeten ihn lange vor den Europäern. Möglicherweise waren es aber die Amalfiter, die die Kompaßnadel an einer Windrose befestigten, um das Ablesen zu erleichtern. Davor machte man von der Kompaßnadel Verwendung, indem man sie erst einmal an einem Magneteisenstein rieb, die magnetisierte Nadel durch ein Röhrchen oder einen Holzspan steckte und in einem Wassergefäß schwimmen ließ, worin sie sich drehte und nach Norden ausrichtete. Diese Methode war natürlich nur bei gutem Wetter brauchbar. Wenn das Schiff stampfte oder schlingerte, konnte man kaum für genügend große Standfestigkeit des Wassergefäßes sorgen. Außerdem besaßen die Lotsen astronomische Kenntnisse und richteten sich nachts nach den Sternen. Der Polarstern wurde schon zu Homers Zeiten – und wahrscheinlich noch viel früher – als Navigationshilfe benutzt.

Wenn die Galeeren zu mehreren, beispielsweise zu viert, ausliefen, taktierten sie fast wie die Reiterei: Sie näherten sich dem Feind Seite an Seite in einer Linie. Sehr oft gingen jedoch nur zwei Galeeren auf Feindfahrt. Dabei bedienten sie sich einer ähnlichen Taktik wie Löwe und Löwenweibchen bei der Jagd.

Wenn gemeldet wurde, daß ein Kauffahrteischiff eine bestimmte Durchfahrt passieren würde, versuchte die schnellste Galeere ihm in den Rücken zu fallen. Der »Partner« lag an einem geeigneten Punkt auf der Lauer, zum Beispiel hinter einer Landzunge. Die erste Galeere trieb das Kauffahrteischiff in die gewünschte Richtung. Wenn es so aussah, als habe es den Verfolger abgeschüttelt und könne nunmehr sicher entkommen, fand es den Weg von der zweiten Galeere abgeschnitten, die ihr Versteck verlassen hatte, um den Kurs des Kauffahrteischiffs zu blockieren.

In der letzten Phase des Spurts gegen den Feind oder unmittelbar vor dem Entern konnten die Ritter auf eine weitere Waffe zurückgreifen: auf das griechische Feuer. Es war eine byzantinische Erfindung. Die Kreuzfahrer hatten es im Osten kennengelernt, wo man es bei der Verteidigung von Städten und Burgen gebrauchte. Griechisches Feuer war ein Gemisch aus Salpeter, pulverisiertem Schwefel, ungereinigtem Ammoniaksalz, Harz und Terpentin (es gab mehrere streng geheimgehaltene Formeln). Man konnte es in flüssiger Form verwenden – dabei trat es als fauchende Flamme aus Kupferrohren aus, ähnlich wie bei einem modernen Flammenwerfer – oder eine Sprengmischung für Handgranaten daraus herstellen. Die Mischung wurde in dünnwandige Tonkrüge gefüllt, die handgerecht waren und etwa 20 bis 30 Meter weit geworfen werden konnten. Die Öffnung des Kruges wurde mit einem Verschluß aus Leinwand oder starkem Papier versehen, den in Schwefel getauchte Schnüre festhielten. Die Schnüre hingen in den Topf hinein und wurden kurz vor dem Wurf angezündet. Wenn der Tonkrug zerplatzte, löste mindestens eine der Zündschnüre die Explosion aus. Auf leicht brennbaren Holzdecks oder im Gewirr von Segeltuch und Tauwerk konnte das griechische Feuer eine tödliche Waffe sein. Daneben lenkte es den Feind ab, wenn das Enterkommando auf sein Schiff kam. Es gibt keine Aufzeichnungen darüber, ob die Ritter das griechische Feuer auf ähnliche Weise verwendeten wie einst bei einer früheren Gelegenheit die Byzantiner: Sie schlugen eine Pisaner Flotte mit Flammenwerfern in die Flucht. »Am Bug eines jeden Schiffes ließ er (der byzantinische Admiral) das Haupt eines Löwen oder eines anderen Landtiers anbringen, das aus Messing oder Eisen bestand, ein weitaufgerissenes Maul hatte und mit Gold überzogen war, so daß allein der Anblick schon erschreckend wirkte. Und die Flammen, die durch Röhren gegen den Feind gerichtet wurden, kamen durch die Mäuler der Tiere, so daß es den Anschein hatte, die Löwen und anderen Ungeheuer spieen Feuer.«

Doch die Ritter beschränkten sich wahrscheinlich auf weniger raffinierte Mittel wie die Handgranate (bei der auf jeden Fall keine Gefahr bestand, daß sie ähnlich wie ein »Rohrkrepierer« aufs eigene Schiff zurückwirkte). Das Seegefecht war eigentlich ein Landgefecht, das auf Schiffsplanken ausgetragen wurde. Das Ziel bestand darin, zu entern und den Feind zu überwältigen. Erst nachdem die Kanone im Landkrieg Verwendung gefunden hatte, wurden Schiffe gebaut, die Seegefechte auch durch präzise und massierte Beschießung des Gegners gewinnen konnten. Pfeilhagel, Beschießung durch Armbrüste und Brandgranaten dienten nur dazu, den Feind zu zermürben. Letzten Endes wurde das Seegefecht durch die gepanzerten Ritter und die Gemeinen im Kettenwams entschieden, die sich über die Dollborde schwangen und die Gegner niederschlugen.

12. Wer Wind sät, wird Sturm ernten

Es war nicht zu erwarten, daß sich die Johanniter auf ihrer befestigten Insel immer in Sicherheit wiegen konnten. Sie waren den Moslems viel zu lästig. Wären sie in ihren kriegerischen Aktivitäten lasch gewesen – was die Feinde des Ordens in Europa gerne behaupteten –, so hätte man sie wohl in aller Ruhe über Rhodos herrschen lassen. Aber gerade ihrer zahlreichen Aktivitäten wegen forderten sie Vergeltungsmaßnahmen heraus. Ihre Aufzeichnungen aus dem 14. und 15. Jahrhundert sprechen für sich. Zwei Jahre nach der Plünderung Alexandrias segelten die Galeeren südwärts und griffen die syrische Küste an. Im ganzen Gebiet kam es zu Überfällen und Plünderungen. Als Kommandoüberfall war diese Aktion äußerst erfolgreich. Doch es trat dabei auch zutage, daß die Ritter unfähig waren, mehr als solche Blitzaktionen zustande zu bringen. Sie hatten nicht genügend Leute, um sich eine feste Ausgangsbasis in diesem Gebiet zu sichern.

Im Jahre 1396 machte sich wieder einmal ein Kreuzzug auf den Weg. Es galt die wachsende Macht der Türken einzudämmen. Eine große internationale Armee sammelte sich unter dem Kommando des ältesten Sohnes des Herzogs von Burgund. Die Streitmacht zählte etwa 100000 Mann und bestand hauptsächlich aus Franzosen, Burgundern und Deutschen. Dazu kam ein englisches Kontingent unter der Führung des Earl von Huntingdon, der ein Halbbruder von König Richard war. Marschziel war das unter türkischer Herrschaft stehende Gebiet jenseits der Donau. Die Kreuzfahrer hofften, die türkische Armee besiegen, dann durch Anatolien marschieren und schließlich die Erfolge des 1. Kreuzzugs wiederholen zu können. Der krönende Schlußpunkt sollte die abermalige Befreiung Jerusalems sein. Die Hospitaliter, Genueser und Venezianer stellten die Schiffe. Die Flotte unter dem Oberbefehl des Großmeisters Philibert von Naillac segelte nordwärts und lag im Schwarzen Meer vor dem Donaudelta in Bereitschaft. Nach einigen Anfangserfolgen rückte die Armee gegen Nikopolis vor, eine wichtige Festung an der Donau. Die Kreuzfahrer schlugen vor der Stadt ihr Lager auf. Nikopolis sollte ausgehungert werden. Die Flotte fuhr donauaufwärts, um den Nachschub auf dem Wasserweg zu unterbinden.

Die Kreuzfahrer hatten im Laufe der Jahrhunderte nur wenig gelernt. Sie brachten nicht einmal Belagerungsmaschinen mit, die geeignet waren, Breschen in die Mauern zu legen. Während sie sich ziemlich müßig im Lager aufhielten und die Hoffnung nährten, die Stadt werde ihnen in die Hände fallen, rückte die Armee des türkischen Sultans rasch gegen die belagerte Stadt vor. Die Armee bestand hauptsächlich aus leichter Reiterei, die der altmodischen Taktik der gepanzerten Ritter auf ihren schweren Gäulen überlegen war. Es kam zur Schlacht. Die Ritter mußten den Türken das Feld überlassen. Nur diejenigen von ihnen, die das ungeheure Lösegeld zahlen konnten, das der Sultan forderte, überlebten das Gemetzel nach der Schlacht. Die Hospitaliter hatten zwar keine so schweren Verluste wie die anderen, waren aber nichtsdestoweniger an der Niederlage beteiligt, einer Niederlage, die die Westeuropäer endgültig gegen weitere Kreuzzugsabenteuer einnahm. Dazu meint Runciman: »Der Kreuzzug von Nikopolis war die größte und auch die letzte der völkerumspannenden Kreuzzugsunternehmungen. Sein kläglicher Verlauf folgte mit betrüblicher Genauigkeit dem Muster der großen verhängnisvollen Kreuzzüge der Vergangenheit ...«

Doch es gab einen wesentlichen Unterschied: Der letzte Kreuzzug war in erster Linie defensiv. Der Feind sollte nicht im eigenen Lande getroffen, sondern am weiteren Vordringen nach Europa gehindert werden. Was zum Scheitern führte, waren hingegen dieselben unzureichenden Kampfesvorbereitungen, dieselben Meinungsverschiedenheiten zwischen rivalisierenden Heerführern und dieselbe vorschnelle Hitzigkeit im Felde. Als wichtigste Lehre zogen die Hospitaliter aus diesem Kreuzzug, daß sie von nun an auf sich gestellt waren. Es würde in Zukunft keine größeren Expeditionen von Europa aus mehr geben. Sie lernten auch, daß sie sich auf See leichter zurückziehen und weniger einfach gefangengenommen und niedergemacht werden konnten als die Landstreitkräfte. Es war eine Bestätigung der Erfahrungen, die sie in Rhodos gemacht hatten. Mit Ausnahme weniger Aktionen, die eher Überfälle vom Meer aus als Feldzüge auf dem Festland waren, blieben die Ritter jetzt fast vier Jahrhunderte lang auf die See beschränkt.

Trotz einer Reihe kleinerer Kämpfe war die Geschichte der nächsten Jahre vergleichsweise ruhig. Das ist vor allem darauf zurückzuführen, daß die Türken durch den Kampf gegen die Mongolen unter Timur dem Lahmen in Atem gehalten wurden.

Die Mongolen hatten große Teile des Ostens überrannt und im Jahre 1392 sogar Bagdad erobert, und die islamische Welt war viel zu sehr mit dem Einfall der Mongolen beschäftigt, als daß sie sich um die vergleichsweise bedeutungslosen christlichen Störenfriede auf Rhodos bekümmert hätte. Die allgemeine Verwirrung unter den Mohammedanern verhalf dem Orden im darauffolgenden Jahr zu einem diplomatischen Coup. Er schloß einen äußerst günstigen Vertrag mit den ägyptischen Mameluken ab, der ihnen das Recht gab, Konsulate in Jerusalem, Damiette und Ramleh zu unterhalten. Noch wichtiger war, daß die Ritter die Erlaubnis erhielten, ihr altes Hospital in Jerusalem wiederaufzubauen. Eine Klausel des Vertrages stimmte besonders die Rhodier glücklich. Sie sicherte ihnen nämlich die Vorzugsrechte im Handel mit Alexandria, Beirut, Damaskus, Damiette und Tripoli. Der Vertrag gewährte dem Orden und der Insel einen 83jährigen Waffenstillstand. Rhodos erlebte eine Blütezeit. Trotzdem wurden die Befestigungswerke nicht vernachlässigt, und die Galeeren liefen nach wie vor aus dem Mandraccio zu ihren Karawanen aus.

Timurs Invasion wirkte sich auf Anatolien hauptsächlich so aus, daß noch mehr tollkühne Reiter und Krieger ins Land strömten. Sie waren von den Türken kaum zu unterscheiden. Hätten die Söhne Timurs nicht um die Erbfolge gekämpft, so wäre der Angriff auf Konstantinopel wohl noch früher erfolgt als ohnehin. Während der Atempause, die durch diesen Bruderzwist eintrat, konnten die Byzantiner eine Reihe von Küstenstädten zurückerobern, die früher ihnen gehört hatten. In dieser Zeit baute der Johanniterorden eine mächtige Festung auf der kleinen Halbinsel, die direkt gegenüber von Kos ins Meer ragt. Diese Festung – St. Peter – steht heute noch. Ihr Name wurde zu Budrum verfälscht (von *Petros,* Peter). Sie war eine Zuflucht für die Christen, die in Anatolien aus der Sklaverei entwichen waren. Von St. Peter aus konnten sie zum sicheren Rhodos übergesetzt werden.

Im Jahre 1440 rief Papst Eugen IV. zu einem neuen Kreuzzug auf. Doch nur der albanische Häuptling Skanderberg, der Prinz von Serbien und die Ungarn erklärten den Türken den Krieg. Nach einigen Scharmützeln, die zu keiner Entscheidung führten, mußten sie einen auf zehn Jahre befristeten Waffenstillstand mit dem Feind schließen. Die westeuropäischen Mächte folgten dem Ruf des Papstes nicht; sie waren viel zu sehr mit ihren eigenen Angelegenheiten und nationalen Auseinandersetzungen beschäftigt. Für den Westen war die Zeit der Kreuzzüge vorbei. Die Johanniter errangen im selben Jahr, da zum Kreuzzug aufgerufen wurde, einen beachtlichen Sieg. Ihr Vertrag mit den Mamelucken war in die Brüche gegangen, und aus Ägypten wurde eine Flottille von siebzehn Schiffen entsandt, die Kastellorizo blockieren sollte, die Johanniterfestung an der türkischen Küste östlich von Rhodos. Die Ordensflotte bestand zu dieser Zeit, wie es scheint, aus vier Segelschiffen – vermutlich »runden Schiffen« zum Transport von Truppen und Frachtgut – und acht Galeeren. Im Kampf erwies sich, daß die Johanniter dem Feind bei weitem überlegen waren. Zwölf ägyptische Schiffe wurden mitsamt den Besatzungen gekapert. Zusätzlich nahm ein Trupp von Rittern und Soldaten den Kampf mit den Mamelucken auf, die die ägyptischen Schiffe gelandet hatten. Bei der Schlacht kamen 700 Mamelucken um. Die Überlebenden konnten nicht entkommen, weil ihre Schiffe zerstört waren, und gerieten in Gefangenschaft. War der Aufruf des Papstes auch anderswo auf taube Ohren gestoßen, der Orden hatte bewiesen, daß er im Kampf gegen den Islam so rührig war wie eh und je.

1444, vier Jahre später, versuchten sich die Ägypter erneut gegen die Ritter durchzusetzen. Diesmal landeten sie auf Rhodos und belagerten die Stadt. Doch ihre Bemühungen wurden durch ihre eigene Unfähigkeit zum Belagerungskrieg und durch die Stärke der Stadtbefestigungen vereitelt. Nach vierzigtägiger Belagerung zogen sich die Ägypter nach Alexandria zurück. Sie belästigten den Johanniterorden nie wieder. Nach einigen wenigen Jahren standen die Türken vor ihren eigenen Toren, und ihr Land wurde ein Teil des ottomanischen Reiches. Seit der Errichtung des Hospitals und der Erweiterung des Ordens durch den militärischen Zweig waren die Ritter im Laufe der Jahrhunderte mit nahezu allen mohammedanischen Mächten im Osten aneinandergeraten, obendrein auch noch mit den heidnischen Tataren. Die schwerste Prüfung stand ihnen noch bevor, denn die Türken und Turkomanen, die den Islam angenommen hatten, vereinten den religiösen Fanatismus der Sarazenen mit dem Wagemut und der Gewalttätigkeit der asiatischen Steppenvölker.

Die Aktivitäten der Ritter auf Rhodos bis zu dem Zeitpunkt, daß sie zum ersten Mal ernsthaft angegriffen wurden, waren (wiewohl das in Europa nicht anerkannt wurde) zum großen Teil dafür ausschlaggebend, daß die Türken als Seemacht nie besonders hervortraten. Wie die Araber fürchteten auch die

Türken das Meer. Sie könnten mit 'Amr, dem großen arabischen Eroberer von Alexandria, einer Meinung gewesen sein: »Wenn ein Schiff vor Anker liegt, so ist das ein herzzerreißendes Bild, wenn es aber in See sticht, eine furchterregende Vorstellung. An Bord vermindert sich die Macht des Menschen ständig, dafür vergößert sich das Unheil. Die Menschen auf dem Schiff gleichen Würmern in einem Stück Holz; und wenn es kentert, ertrinken sie.« Doch wie die Araber bewiesen auch die Türken, daß sie in relativ kurzer Zeit das Seemannshandwerk erlernen konnten. Hierbei sowie beim Schiffsbau halfen ihnen Griechen aus Kleinasien und erfahrene Schiffsbauer aus Konstantinopel. Denn im Jahre 1453 fiel die bedeutende Stadt, die von Konstantin dem Großen gegründet, von den Lateinern beim 4. Kreuzzug eingenommen und später von den Byzantinern zurückerobert worden war, dem siegreichen Sultan Mohammed II. in die Hand.

Mohammed, der Sohn des Sultans Murad, war eine der hervorragendsten Persönlichkeiten der türkischen Geschichte und wurde später der Schrecken Europas. Er ließ türkische Heere nach Europa vorrücken und wurde von seinem Volk als Eroberer Konstantinopels und Gründer des türkischen Reiches auf europäischem Boden gefeiert, war aber durchaus nicht rein türkischer Abstammung. Er selbst behauptete gern, seine Mutter sei eine Fränkin gewesen, und er hatte sicher griechisches und armenisches Blut in den Adern. Sein Aussehen war eher europäisch als türkisch. Das zeigt sich an dem berühmten Bildnis, das Bellini von ihm malte. Er war ein gutaussehender Mann mit stechenden Augen, gewölbten Augenbrauen, schmaler semitischer Nase und vollen roten Lippen. Mohammed war ein Intellektueller, besaß gründliche Kenntnisse in der griechischen und islamischen Literatur und war in den Naturwissenschaften und der Philosophie recht gut belesen. Seine Sprachgewandtheit war ungewöhnlich: Er beherrschte das Türkische, Arabische, Griechische, Lateinische, Hebräische und Persische. Sein sehnlichster Wunsch soll gewesen sein, es Alexander dem Großen gleichzutun. Doch im Gegensatz zu Alexander war er ein Mann von ungeheuerlicher Grausamkeit und unversöhnlich wie nur ein orientalischer Despot. Als sein Vater gestorben war und dessen Witwe kam, um Mohammed ihr Beileid auszudrücken und ihn zur Thronnachfolge zu beglückwünschen, wurde im selben Augenblick ihr kleiner Sohn auf Mohammeds Befehl in seinem Bad ertränkt. Wie viele Tyrannen hatte auch er gerne

Künstler und Gelehrte um sich. Seine ersten Worte, als er das eroberte Konstantinopel durchritt, wurden von dem persischen Dichter Sa'di folgendermaßen wiedergegeben:

> Nun webt die Spinne die Vorhänge
> im Palast der Cäsaren,
> nun kündet der Eule Schrei die Nachtwachen
> auf den Türmen von Afrasiab.

Entgegen den Vorschriften des Islam war er notorischer Weintrinker, am glücklichsten vielleicht, wenn er betrunken war. Was er mit vielen Türken gemeinsam hatte, war die Päderastie. Zu seiner Kriegsbeute aus Konstantinopel gehörte auch eine Anzahl gutaussehender griechischer Jünglinge. Dieser Mann, so seltsam tugendhaft und lasterhaft in einem, richtete den Blick von seiner neuen Hauptstadt aus nach Süden und plante die Zerstörung von Rhodos und die Vernichtung der Hospitaliter.

Der Großmeister, der dieser Herausforderung begegnen mußte, war ein Franzose aus der Zunge von Auvergne: Pierre d'Aubusson. Er war 1423 geboren und 57 Jahre alt, als Mohammed die Insel angriff. Mit 21 Jahren kam er als Novize nach Rhodos und erlebte einen raschen Aufstieg in der Ordenshierarchie. 1454 wurde er von Großmeister de Lastic für die delikate Mission ausgesucht, in Europa Geld und Kriegsausrüstung für den drohenden türkischen Angriff zu beschaffen. Nach seiner Ernennung zum Generalkapitän überwachte er die Erweiterung und Modernisierung der Verteidigungsanlagen. Als Prior der Auvergne, de facto auch als Oberhaupt des Ordens, denn der Großmeister war alt und krank, hatte d'Aubusson darauf gedrungen, die Stadt mit allen zur Verfügung stehenden Mitteln in möglichst kurzer Zeit uneinnehmbar zu machen, so gut es ging. Zum Schutz der seewärts gelegenen Zugänge zur Stadt ließ er eine große Mauer und drei neue Türme errichten. Auf der Landseite wurde der Wallgraben verbreitert und vertieft, außerdem baute man eine Hafensperre aus Schwimmbalken für den etwas verletzlichen Handelshafen. D'Aubusson scheint ein humoriger, feinfühliger und gescheiter Mann gewesen zu sein, ein Musterbeispiel für den »Ritter ohne Furcht und Tadel«.

Schon 1479 war dem Großmeister und seinem Rat klar, daß der Feind jetzt jeden Augenblick zuschlagen könne. D'Aubusson hatte sich bereits geweigert, dem Sultan Tribut zu zahlen oder von der Kaperung mohammedanischer Schiffe abzusehen.

Der Sultan wurde in seinen Absichten durch eine kleine Gruppe Abtrünniger aus Rhodos bestärkt. Sie teilten ihm mit, die Stadt Rhodos sei schwach und werde ohne weiteres an ihn fallen. Im Winter 1479 schickte Mohammed seinen Admiral Mesih-Pascha mit einer kleinen Streitmacht von Galeeren in die südliche Ägäis, um Rhodos auszukundschaften. Das Rekognoszierungskommando konnte keine größeren Erfolge aufweisen als die Brandschatzung einiger Weiler und wurde schließlich mit schweren Verlusten in die Flucht geschlagen. Mesih-Pascha zog sich nach Marmarice zurück, das knappe 30 Kilometer von Rhodos entfernt auf dem Festland lag. Hier wollte er überwintern und das Eintreffen von Mohammeds Flotte und Heer im nächsten Frühjahr abwarten. Zwischen Kreuz und Halbmond stand die erste wirklich folgenschwere Auseinandersetzung seit dem 13. Jahrhundert bevor.

13. Belagerung

Im Frühjahr 1480 marschierten die Truppen vom Hellespont aus auf dem Landwege nach Marmarice und sammelten sich dort unter dem Banner des Sultans. Alles war für den Angriff auf Rhodos bereit, »jene Bleibe der Söhne des Satans«. Mohammed versuchte, das Ziel der Expedition zu verschleiern, und ließ das Gerücht verbreiten, Heer und Flotte rüsteten sich zur Eroberung Alexandrias, aber Pierre d' Aubusson war viel zu gut unterrichtet, um auf dieses Täuschungsmanöver hereinzufallen. Ritter und Rhodier hatten ihre Anweisungen. Alle Ritter, die noch rechtzeitig zur Verteidigung von Rhodos eintrafen, hatten sich beim Konvent zu melden; die Rhodier sollten, sobald die Armada in Sicht kam, ihr Land verbrennen und sich samt Familie, Habe und Vieh zu den befestigten Punkten der Insel oder in die Stadt Rhodos selbst begeben.

Die Streitmacht, die gegen die Ritter antrat, wurde mit ungefähr 70000 Mann beziffert. Wie immer, wenn der Feind – gleichgültig, in welcher geschichtlichen Epoche – Schätzungen anstellt, muß man mit der Möglichkeit von Übertreibungen rechnen. Trotzdem war es für die damalige Zeit eine ungeheure Armee, und wenn man bedenkt, daß die türkische Flotte, die sie beförderte und eskortierte, 50 oder mehr Schiffe zählte, könnten die Schätzungen der Wahrheit recht nahe kommen. Der Streitmacht des türkischen Reiches stellten die Ritter ungefähr 600 Ordensmitglieder, darunter auch Bedienstete in Waffen, und 1500 bis 2000 ausländische Söldner und einheimische Milizsoldaten entgegen. Dazu kamen natürlich noch die Bürger der Stadt, die fast alle auf irgendeine Weise bei der Verteidigung mithelfen konnten. Es gibt keine Aufzeichnungen darüber, wie viele Sklaven sich zu dieser Zeit in der Stadt befanden, doch auch sie konnten mit Hand anlegen, indem sie unter strenger Überwachung Verteidigungsanlagen wiederherstellten und andere untergeordnete Arbeiten verrichteten.

Die Belagerung von Rhodos war durch starken Einsatz von Geschützen gekennzeichnet, was sich schon bei der Belagerung von Konstantinopel angekündigt hatte. Damals trug eine Kanone, die ein ungarischer Techniker für Mohammed konstruiert hatte, in entscheidendem Maße zum Fall der Stadt bei. Kanonen waren in Europa bereits seit einem Jahrhundert in Gebrauch, allerdings dienten sie hauptsächlich als Feldgeschütze zur Auflösung von Truppenverbänden. Sie hatten noch nicht die Größe für Kanonenkugeln erreicht, die eine Stadtmauer hätten ernstlich beschädigen können. Der Sultan interessierte sich jedoch lebhaft für Naturwissenschaft und Technik und glaubte schon seit längerem an die Wirksamkeit von Kanonen bei der Eroberung von Städten. Bereits zu Beginn seiner Regierungszeit befahl er seinen Gießereien, Versuche zur Herstellung größerer und durchschlagskräftigerer Waffen zu machen. Bei der Beschießung von Konstantinopel hatte die größte Kanone eine Rohrlänge von fast 9 Metern und feuerte eine Kugel mit einem Gewicht von etwa 550 Kilogramm ab. Bei der Belagerung von Rhodos erfahren wir von einer Batterie schwerer Geschütze, die aus drei »Basilisken« bestand. Sie hatten eine Rohrlänge von fast 6 Metern und feuerten Kanonenkugeln mit einem Umfang von etwa 2 Metern ab. Diese frühen Geschütze hatten allerdings einen entscheidenden Nachteil: Man konnte nur wenige Schüsse abgeben, weil das Kanonenrohr vor dem Nachladen immer wieder abkühlen mußte. Und so war es kaum möglich, mehr als einen Schuß pro Stunde abzufeuern.

Im Morgengrauen des 23. Mai sichtete man die Flotte. Sie hielt auf Akra Milos zu, den am weitesten nordwestlich gelegenen Punkt der Insel. Dann drehten die Schiffe bei und nahmen Kurs auf Marmarice, wo die Ausschiffung begann. Die ersten Truppen landeten noch am selben Tage kurz nach Sonnenuntergang in der Bucht von Trianda. Am nächsten Morgen begann der Angriff mit der Beschießung des St.-Nikolaus-Turms. Er stand auf der Spitze der Mole zwischen Mandraccio und Handelshafen. Die Mauern des Turmes waren 8 Meter dick. Wenn man ihn zerstören konnte, waren beide Häfen verwundbar. Nun begannen auch zahllose Kanonen verschiedener Größe mit dem Bombardement der Stadt. Dadurch sollte die Bevölkerung demoralisiert werden, die noch nie zuvor die Gewalt der modernen Kriegsführung hatte erfahren müssen. D'Aubusson hatte jedoch in kluger Voraussicht bereits Zufluchtsorte in geschützten Kellern einrichten lassen, wo Frauen und Kinder, Alte und Kranke Unterschlupf finden konnten.

St. Nikolaus war stark, konnte aber der Beschießung nicht standhalten und begann zu bröckeln. D'Aubusson wußte, wie sehr es auf die Erhaltung dieses Festungsturms ankam, und ließ den beschädigten Turm sofort umbauen. Er war nun nicht mehr so hoch, dafür wurde die Mauerdicke fast verdoppelt. Eines war klar: Wenn St. Nikolaus fiel, waren nicht nur die Häfen unhaltbar, sondern die Türken konnten obendrein die Mole stürmen und die beiden seewärts gelegenen Stadttore angreifen. In den folgenden Tagen und Nächten arbeiteten Sklaven, Soldaten und Stadtbewohner ununterbrochen, um Turm und Mole durch Vorwerke, Wall und Graben zu befestigen, so daß St. Nikolaus über die Wasser des Mandraccio hinweg den Türken Trotz bieten konnte.

Am 28. Mai sandte der Großmeister eine dringende Botschaft an alle Ordensmitglieder in Europa. Er bat sie inständig um Hilfe und wies erbost darauf hin, daß seine früheren Bitten und Ermahnungen von vielen Brüdern einfach nicht zur Kenntnis genommen worden seien. Bei einer solch kritischen Situation, sagte er, sei es unentschuldbar, wenn die Brüder nicht alles in ihrer Macht Stehende täten, um dem Orden zur Hilfe zu kommen. »Was ist gottgefälliger, als den Glauben zu verteidigen?« schloß er. »Was ist seliger, als für Christus zu kämpfen?« Doch in Wirklichkeit verhielt es sich so, daß in jenen Tagen der schlechten Nachrichtenverbindungen und der noch schlechteren Reisemöglichkeiten Rhodos für die meisten Ordensbrüder einfach zu weit entfernt war. Selbst wenn sie sich zusammengeschlossen und ein Schiff ausgerüstet hätten, wäre alles mehr oder minder schon vorbei gewesen, wenn sie die Insel erreichten. Außerdem schien Rhodos so gut wie abgeschlossen zu sein, und man mußte damit rechnen, daß Entsatztruppen keinerlei Aussichten hatten, die Blockade durch eine derart große Flotte zu durchbrechen. Überraschenderweise kam aber wenige Tage später tatsächlich ein Schiff durch die Sperre und legte im Handelshafen an. Es war eine Karacke aus Sizilien, die Korn und Verstärkungstruppen mitbrachte – was die Kampfmoral zu diesem Zeitpunkt der Belagerung sehr förderte.

Am selben Tag, da d'Aubusson seinen Brief an die abwesenden Brüder schrieb, bat ein merkwürdiger Überläufer um Einlaß in die Stadt. Es war kein anderer als Meister Georg, der große deutsche Artilleriefachmann, den man als wichtigsten Kopf bei der strategischen Plazierung der Geschütze und der Durchführung des Bombardements ansah. Wie viele, die in den türkischen Reihen dienten, war er Christ von Geburt. Im Gespräch mit d'Aubusson erklärte er, die mißliche Lage seiner Glaubensbrüder habe sein Herz bewegt, er wünsche sich ihnen anzuschließen und sich in den Dienst der heiligen Religion zu stellen. D'Aubusson empfing ihn mit aller Höflichkeit und nahm das Angebot an. Doch außerdem kommandierte er sechs Ritter als ständige Leibwache des Meister-Artilleristen ab und schärfte ihnen ein, ihn nie aus den Augen zu lassen und über alles zu berichten, was er tat. D'Aubusson war nicht töricht, und das Überlaufen eines so wichtigen Mannes aus dem Lager des Sultans schien ein wenig *zu* einfach. Das Bombardement ging mittlerweile weiter und konzentrierte sich nach wie vor auf den St.-Nikolaus-Turm. Es war klar, daß die Türken in nicht allzuferner Zeit angreifen würden.

Der Schlag fiel eines Junimorgens. Eigens umgebaute türkische Triremen umfuhren, aus der Bucht von Trianda kommend, Akra Milos und hielten durch den Morgendunst auf die Festung zu. Masten, Spieren und Takelage waren entfernt worden, dafür befanden sich am Bug Plattformen für die kämpfende Truppe. Sie waren mit Sipahis bemannt, Elitetruppen, die nur von den großartigen Janitscharen übertroffen wurden. Mit dem üblichen Getöse von Zimbeln, Trommeln, Pfeifen und Kriegsgeschrei, das die Türken stets begleitete, wenn sie in den Kampf zogen, steuerten sie auf ihr Ziel zu. Ritter und Soldaten standen bereit. Während die Schiffe beim Näherkommen unaufhörlich das Fort beschossen, wurde jetzt auch auf sie das Feuer eröffnet. Alle verfügbaren Kanonen wurden eingesetzt. Sie schossen vom Fort und vom Posten von Frankreich aus, jenem Teil der Stadtumwallung, der die Mole überblickte. Die Angreifer sprangen von den Plattformen ins flache Wasser und wateten auf den Strand zu. Sie waren tapfer, begingen aber den unverzeihlichen Fehler, eine Landung in unmittelbarer Nähe eines stark befestigten und für unerschütterlich gehaltenen Punktes zu versuchen. (Wenn die türkische Führung die Auswirkungen des Bombardements überschätzt und damit gerechnet hatte, auf keine Verteidigung mehr zu stoßen, so sah sie sich jetzt bitter enttäuscht.) Die ersten Sipahis, die an Land zu kommen versuchten, wurden mit einem vernichtenden Geschoßhagel von Armbrüsten, Hakenbüchsen und Langbogen empfangen. Und auf diejenigen, die sich bis zu den Palisaden um das Fort durchschlagen konnten, wartete das griechische Feuer. Außerdem standen hier wie eine Mauer aus Stahl die gepanzerten Männer, mit den Zweihändern bewehrt, die mit einem einzigen Schlag den Gegner vom Scheitel bis zum Beinschluß spalten konnten. Viele ertranken, andere fielen. Jedenfalls war der Angriff von Anfang an zum Scheitern verurteilt. Die Überlebenden wandten sich zur Flucht und wateten durchs flache Wasser eilig den sicheren Schiffen entgegen.

Doch auch hier gab es keine Sicherheit, denn wieder nahmen die Kanonen und kleineren Feuerwaffen des Forts die Beschießung auf. Ein Schiff flog in die Luft, und die übrigen waren zumeist so stark beschädigt, daß Zimmerleute und Schiffsarbeiter Tage brauchten, um sie wieder einsatzfähig zu machen.

Mitte Juni war das Bombardement so massiv geworden (d'Aubusson schätzte es auf fast 1000 Kanonenkugeln pro Tag), daß manche Teile der Stadtumwallung einzustürzen drohten. Am schlimmsten war der Abschnitt südlich vom Handelshafen betroffen. Dieser Teil der Stadtmauer schützte das Judenviertel und wurde von den Zungen von Auvergne und Italien verteidigt. Ununterbrochen trieben die Türken ihre überdachten Laufgräben voran, Nacht für Nacht rückten sie der äußeren Böschung des großen Wallgrabens näher, der die Stadt umgab. In der Nacht des 18. Juni begann ein zweiter Generalangriff gegen St. Nikolaus, den diesmal die Besten unter den türkischen Truppen vortrugen: die Janitscharen. Man hatte eine Laufbrükke gebaut, die den Janitscharen den Anmarsch erleichtern und im Schutze der Dunkelheit auf den bedrohten Turm zubugsiert werden sollte. Es war ein mutiger Versuch, zudem durchdachter als der erste Generalangriff bei Tage, aber die Verteidiger schliefen nicht. Aus allen Rohren feuerten sie auf die Laufbrükke, die Galeeren und sonstigen Begleitboote, die den Angriff der Janitscharen unterstützten. Jetzt war die Nacht nicht mehr dunkel. Lichtsignale, explodierende Granaten und flüssiges Feuer erhellten eine höllengleiche Szenerie. Im Wasser trieben die Leichen von Hunderten von Janitscharen. Als der nächste Tag dämmerte, war alles vorbei. Wieder hatte das Fort den Waffen des Islam getrotzt.

Wie in jeder belagerten Stadt gab es auch in Rhodos Menschen, die der Ansicht waren, es sei besser, seine Haut zu retten, als unter rauchenden Trümmern zu sterben. Zwei Verschwörungen gegen den Orden wurden entdeckt, die Verschwörer hingerichtet. Einmal sollte der Großmeister vergiftet werden. Der Abtrünnige, der dieses Komplott geschmiedet hatte, ein Dalmatier oder Italiener, wurde auf dem Weg zum Richtplatz von den Rhodiern in Stücke gerissen. Unbeschadet dieses Versuches und weiterer Versuche, die Rhodier zum Abfall zu bewegen oder die Stadt zu verraten, behielt d'Aubusson Meister Georg, den geheimnisvollen Deutschen, ständig im Auge. Wie viele Spione verriet sich Meister Georg dadurch, daß seine Informationen über die Pläne der Türken ungenau und seine Ratschläge zur Plazierung der Kanonen in der Stadt nicht gut genug waren. Schließlich hatte d'Aubusson genug. Der Deutsche wurde gefoltert und gab zu, daß er von Anfang bis Ende seinen türkischen Herren treu gewesen sei. Obwohl man Geständnissen auf der Folterbank mißtrauen muß, dürfte Meister Georg schuldig gewesen sein. Er wurde öffentlich gehenkt. Zu den türkischen Linien wurde eine Botschaft hinübergeschossen, die vom Tod ihres Meisterspions und Meisterartilleristen kündete.

In der dritten Juliwoche mußten die Verteidiger mit dem ersten Großangriff auf die Stadt rechnen. Die Mauer um das Judenviertel lag in Trümmern. Die Verteidiger hatten zwar dahinter eine zweite Mauer mit Wallgraben gebaut, aber dennoch gab es einen schwachen Punkt: Er lag am Turm von Italien, wo nur eine schmale und größtenteils zerstörte Kurtine die Stadt schützte. Am 27. Juli begann der Großangriff. Ihm war ein wochenlanges, ununterbrochenes Bombardement vorausgegangen. (Die Stadt muß in dieser Zeit ausgesehen haben wie ein Schiff, das inmitten eines Meers aus Rauch und Flammen schwimmt.) Die erste Angriffswelle bildeten die Baschi-Bozuken, Freischärler, viele darunter Christen von Geburt. Sie waren gewalttätig und beutegierig, der Abschaum des Ostens, und kämpften nur unter der türkischen Fahne, um zu plündern. Manche von ihnen waren zweifellos tapfer, aber im ganzen gesehen waren sie doch ein zügelloser Haufen. Die türkischen Herren sorgten dafür, daß ihr Kampfeseifer bei erbittertem Widerstand des Gegners nicht allzu schnell erlahmte. Hinter den Baschi-Bozuken gingen Türken mit Peitschen und Streitkolben her: Alles war zum besten bestellt, solange sie ihre Vorgesetzten mehr fürchteten als den Feind. Die Baschi-Bozuken waren nichts weiter als Mittel zum Zweck. Ihre Leichname würden den Graben füllen, und über sie hinweg konnten die Janitscharen zum Angriff übergehen.

Yeni çeri, »neue Soldaten«, lautete das türkische Wort für sie, und das traf genau zu, denn bei den Janitscharen handelte es sich um ein völlig neues Konzept. Sie waren meist Christen von Geburt und in Anbetracht ihrer Körperbeschaffenheit ausgewählt worden. Das geschah im Verlauf einer fünfjährigen Inspektion, die man im ganzen türkischen Reich angestellt hatte, um gesunde siebenjährige Knaben zu finden. Sie wurden für den Soldatenberuf bestimmt, ihren Eltern weggenommen, gründlich im Islam unterwiesen und in der Kriegskunst ausgebildet. W. H. Prescott schrieb über sie: »Diejenigen, welche die größte Kraft und Ausdauer versprachen, wurden an eigens vorbereitete Plätze in Kleinasien geschickt. Hier wurden sie einer strengen Ausbildung unterworfen, die Enthaltsamkeit, Entbehrungen aller Art und straffste Disziplin einschloß ... Man kann sagen, daß sie ihr ganzes Leben im Krieg oder mit Kriegsvorbereitungen zubrachten. Es war ihnen verboten zu heiraten, und somit hatten sie keine Familie, die sie gefühlsmäßig in Anspruch nahm; alle Gefühle konzentrierten sich – wie bei den Mönchen in den christlichen Ländern – auf ihren eigenen Orden.« Sie waren das mohammedanische Pendant zu den Rittern vom hl. Johannes. Beide Parteien sagten oft, daß sie gerne Seite an Seite kämpfen würden, wenn die Ritter nur Moslems beziehungsweise die Janitscharen nur Christen wären. Ihr gegenseitiger Respekt bezog sich auf das, was ihnen gemeinsam war: Tapferkeit, Fanatismus und der Glaube an die Gerechtigkeit ihrer Sache.

Mesih-Pascha, der Oberbefehlshaber, hatte angeordnet, daß kurz vor dem Hauptangriff ein vernichtendes Feuer auf den Bezirk um den Turm von Italien eröffnet werden sollte. Das diente nicht dazu, die Mauern zu zerstören – sie lagen bereits in Trümmern–, sondern dazu, die Verteidiger von ihren Posten zu vertreiben. Nachdem das Feuer eingestellt worden war, überrollten die Baschi-Bozuken wie eine Sturmflut die zertrümmerte Stadtmauer. Hinter ihnen kamen die Janitscharen. Bald sah der Großmeister die furchtbare Vorankündigung der Niederlage über dem zerstörten Turm von Italien flattern: die Fahne des Islam. Sie glühte in der blauen Sommerluft, wie sie schon über so vielen Städten von Konstantinopel bis Bagdad geglüht hatte.

Obwohl d'Aubusson noch durch eine Pfeilwunde im Oberschenkel entkräftet war, warf er sich an der Spitze der Verteidiger in die Bresche. Etwa ein Dutzend Ritter und drei Bannerträger folgten ihm. Auf einer Leiter kletterten sie auf die Mauerkrone. Im Plattenpanzer des 15. Jahrhunderts war der Ritter fast unverletzlich. Zwar konnten ihm die Bleikugeln der Hakenbüchsen etwas anhaben, aber trotzdem war er Dutzenden von Gegnern überlegen, wenn er auf einem schmalen Wehrgang stand. Allerdings konnte man nicht ausschließen, daß beim Nahkampf einzelne Stöße die »Nahtstellen« der Rüstung durchdrangen. D'Aubusson war schon drei- oder viermal verwundet, als ein Janitschare »von riesenhafter Gestalt« ihm einen Speerstoß beibrachte, der durch die Brustplatte ging und in die Lunge eindrang. Er wurde in Sicherheit gebracht, und das hätte das Ende des Kampfs um Rhodos sein können. Die ersten Feinde drangen in die Bresche ein, der Turm von Italien war schon in ihrer Hand, und immer mehr Angreifer strömten hinterdrein. Und eben dieser massierte Ansturm schlug dem Feind zum Nachteil aus. Als die ersten mit den Verteidigern aneinandergerieten, riefen die Nachdrängenden: vorwärts! und die in vorderster Linie riefen: zurück!

Der Kampfstil hatte sich seit der Antike nur wenig verändert. Die Krieger sahen sich einander direkt gegenübergestellt, und dabei zählte die Kampfmoral des einzelnen mehr als alles andere. Die Baschi-Bozuken wurden durch die Furcht vor ihren Offizieren und den Janitscharen hinter sich angetrieben und bangten natürlich auch vor dem Feind. Zudem lebten sie – wie auf etwas andere Weise auch die Christen – in einem Zeitalter, wo der Aberglaube blühte. Überall sah man Omen und Wunderzeichen, und wie in der Antike meinte man, die Götter griffen tätig ins Schlachtgeschehen ein. Die Banner der Johanniter hoben sich über dem Rauch und Tumult des Kampfes hell gegen den Himmel ab, die Moslems sahen sie und glaubten plötzlich, die christlichen Gottheiten seien vom Himmel herabgestiegen, um diejenigen zu schützen, die an sie glaubten. (Man darf nicht vergessen, daß sie fast alle schlichten Gemüts waren und aufgrund ihrer religiösen Vorschriften alle Götterbilder als fremd und unbegreiflich empfinden mußten.) Plötzlich wurden die am weitesten vorgedrungenen Baschi-Bozuken von Panik ergriffen. Sie flohen über die schmale, bröckelige Mauer, flohen vor diesen seltsam gepanzerten Männern, hinter denen farbenreiche und seltsame Bilder erglänzten, die sich im Wind der Schlacht hoben und bewegten. In ihren Augen verwandelten sich die Banner mit Johannes dem Täufer, der Heiligen Jungfrau und dem Kreuz des Johanniterordens in entsetzliche Djinns, Dämonen aus dem Abgrund.

Das ist eine Erklärung für die plötzliche Flucht der Türken, die immerhin schon eine scheinbar unerschütterliche Position auf den Festungswällen erlangt hatten und mühelos in die Stadt hätten eindringen können. Es gibt auch noch andere. Die christliche Version lautete so: Ein goldenes Kreuz sei am Himmel erschienen, daneben die Jungfrau Maria und Johannes der Täufer, in Ziegenfell gekleidet, hinter ihm eine lichte Schar himmlischer Streiter. Einfacher und prosaischer ist die folgende Erklärung: Zu viele Türken drängten sich auf zu engem Raum zusammen – und das führte zu ihrem Untergang. Als die in vorderster Linie stehenden Baschi-Bozuken auf die kleine Gruppe von Gegnern stießen, brach ihre Disziplin zusammen, sie wandten sich zur Flucht. Sie wurden von ihren Offizieren und den Janitscharen niedergemäht. Männer fielen von der Brustwehr, Trümmer stürzten und begruben andere unter sich, und niemand wußte, wie es eigentlich zu der Panik gekommen war. Im ohrenbetäubenden Schlachtenlärm, inmitten von beißendem Rauch und chaotischem Durcheinander konnte sich niemand mehr vernehmlich machen, um die Ordnung wiederherzustellen und den Vorteil auszunutzen, der bereits gewonnen war. Bei Kämpfen dieser Art sind fast immer die Verteidiger überlegen. Sie haben den eigenen Untergang vor Augen, wissen, daß nur Elend und Tod sie erwarten, und kämpfen mit dem Mut der Verzweiflung.

Das Schlachtenglück wendete sich, so unglaublich es auch scheinen mochte. Die Türken flohen Hals über Kopf vor den nachrückenden Rittern und Bewaffneten. Die Fliehenden zeichneten sich klar und deutlich auf der zerstörten Mauer der Zunge von Italien ab und wurden von Scharfschützen unter Beschuß genommen. »Wir haben sie abgeschlachtet wie Schweine«, heißt es in einem Bericht. Die Türken wurden bis zu ihrem Hauptlager am Fuße des St.-Stephans-Bergs im Westen der Stadt zurückgeworfen. Und selbst hier erlitten sie noch eine schwere Schlappe: Die Fahne des Sultans, das Banner des Großtürken, wurde von den siegreichen Christen erobert.

Die Zahl der Türken, die an diesem Tag fielen, wird auf 3500 bis 5000 geschätzt. Das ist möglicherweise übertrieben, aber die türkischen Verluste waren zweifellos hoch, jedenfalls schwer genug, um ihnen allen Mut zu diesem Kriegszug zu nehmen. Unter den Gefallenen befanden sich auch 300 Janitscharen, die das Judenviertel gestürmt hatten und bis auf den letzten Mann niedergemacht worden waren, während die anderen Streitkräfte flohen. In seiner Beschreibung der Belagerung, die noch im selben Jahr in mehreren europäischen Ländern als Flugschrift gedruckt wurde, schildert Caoursin, der Vizekanzler des Ordens, daß in der ganzen Stadt die Leichen türkischer Soldaten in Haufen lagen und von den Verteidigern verbrannt werden mußten, um das Ausbrechen einer Seuche zu verhindern. Die Verluste der Verteidiger waren relativ gering; allerdings sagt ein Chronist, daß allein beim Kampf im Judenviertel zehn Ritter getötet wurden. Was auch die korrekten Verlustziffern sein mögen, fest steht, daß das Heer Mohammeds nach dem gescheiterten Großangriff des 27. Juli nicht mehr versuchte, Rhodos zu zerstören. Innerhalb von zehn Tagen hatte das Heer seine Zelte abgebrochen und sich an der Bucht von Trianda versammelt, wo es vor drei Monaten in der Hoffnung auf einen schnellen Feldzug und mühelose Plünderung gelandet war. Doch selbst jetzt gab Mesih-Pascha noch nicht den Befehl zum Einschiffen. Die Armee blieb weitere elf Tage auf Rhodos. Zweifellos fürchtete er den Zorn des Sultans: Erfolglose Generäle wurden nicht mit allen Ehren an der Hohen Pforte verabschiedet, sondern enthauptet. Er kam allerdings glimpflich davon. In Konstantinopel drohte der Sultan zwar mit Hinrichtung, wurde aber schließlich milder und verbannte ihn nach Gallipoli.

Großmeister d'Aubusson genas von seinen Wunden, obwohl man anfangs nur wenig Hoffnung für sein Leben hatte. Auch er kam glimpflich davon und mit ihm die anderen Ritter und überhaupt alle, die bei dieser Belagerung und anderen Belagerungen für den Orden fochten, hatten die Johanniter doch die besten Ärzte und die besten medizinischen Mittel Europas. Sie besaßen hygienische Kenntnisse und zureichende hygienische Einrichtungen und verfügten über reines Trinkwasser. Damit waren die Johanniter jedem Feind überlegen, der unter unhygienischen Verhältnissen im Zeltlager kampierte und nur die elementarste ärztliche Versorgung hatte. Ein Heer im Felde erlitt damals und auch noch später fast immer mehr Verluste durch Krankheiten als durch den eigentlichen Kampf.

Rhodos und der Orden hatten überlebt, aber der Sieg war teuer erkauft. Die fruchtbare Insel sah aus, als seien Heuschrekken darüber hergefallen. Zerstörte Häuser und Höfe, Tierkadaver und verbrannte Weinstöcke zeigten, daß die Türken ebenso zerstörerisch waren wie die Tataren oder die Mongolen. Es dauerte zehn Jahre, bis die Nachwirkungen der Belagerung auf dem Land beseitigt waren. In der Stadt nahm der Wiederaufbau der zerstörten Mauern und Türme Monate in Anspruch. Wäre Mohammed selbst im Jahr darauf mit einem neuen Heer zurückgekommen, so hätte man das Ergebnis recht gut voraussagen können. Zu diesem Zeitpunkt hätte Rhodos keine zweite Belagerung verkraftet. Im Frühling 1481 stellte sich Mohammed, der große Eroberer, an die Spitze einer Armee, die erreichen sollte, was Mesih-Pascha nicht gelungen war: die Vertreibung der Ritter und die Zerschlagung »ihrer verdammenswerten Religion«. Auf dem Marsch durch Kleinasien erkrankte er an der Ruhr oder an einem Fieber und starb. Der Orden blieb durch Gottes Willen verschont.

Das wichtigste Ergebnis der Belagerung von 1480 war, daß die Ritter in ganz Europa nun wieder die Bedeutung hatten, die ihnen mit dem Verlust von Outremer verlorengegangen war. Ihre Überfälle auf Kleinasien und ihre erfolgreichen Aktionen gegen Ägypter und Türken waren den europäischen Mächten, die mit sich selbst genug zu tun hatten, reichlich nebensächlich erschienen. Doch seit dem Fall Konstantinopels und dem Vordringen der Türken richteten die Päpste, Herrscher und Fürsten ihre Augen auf den östlichen Teil des Kontinents. Die Insel Rhodos, so weitab gelegen in der Ägäis, so nahe an Kleinasien, als gehörte sie fast zur Türkei, war Europas letzte Hoffnung im Osten. Daß der unbesiegbare Sultan Mohammed II. vor Rhodos eine schwere Niederlage erlitten hatte, daß seine Flotte Verluste hinnehmen und fliehen mußte, ließ neue Hoffnungen aufkeimen. Vielleicht hatten die Türken doch keinen so festen Stand? Lange Zeit hatte es so ausgesehen, als sei dieser seltsame Kreuzfahrerorden nichts weiter als ein Anachronismus, aber vielleicht konnte er eine Bresche in die Mauer des türkischen Reiches legen? Jetzt sah man Rhodos und die Ritter als vorgeschobenen Posten. Sie dämmten die Flut der Feinde zurück, waren unbesiegbar und wüteten mit dem Schwert unter den Ungläubigen.

Eine weitere Folge von 1480 war, daß nun aus ganz Europa Geld und Kriegsmaterial nach Rhodos strömten. Als einer der letzten sicheren Häfen beim Handel mit dem Osten zog Rhodos Kaufleute und Händler, Handwerker und Schiffskapitäne an, daneben auch ganz gewöhnliche Freibeuter, die darauf brannten, in voller Legalität mohammedanische Schiffe zu kapern. Der Inselstaat erschien in einem neuen und vorteilhaften Licht, und d'Aubusson erkannte rasch, welchen Nutzen er daraus ziehen konnte. Auf jeden Fall brauchte er so viel Geld wie möglich zur Behebung der Zerstörungen, die die Besetzung und Belagerung durch die Türken angerichtet hatten. Türme und Umwallungen mußten wiederhergestellt werden, aber doppelt so stark wie zuvor und nach den Plänen der besten Militärarchitekten. Unter denen, die auf diplomatische Missionen gingen, befand sich auch Vizekanzler Caoursin, der Verfasser des Augenzeugenberichts über die Belagerung. Er sollte als Botschafter am päpstlichen Hof wirken und dafür sorgen, daß der Papst, seine Kardinäle und jedermann, der in dieser Umgebung etwas zählte, von der Tapferkeit der Ritter erfuhr, von dem furchtbaren Rückschlag für die Türken und von der Notwendigkeit, der Insel und Stadt Rhodos in jeder erdenklichen Weise zu helfen.

Vierzig Jahre lang erfreute sich der Orden einer bis dahin beispiellosen Prosperität. Er stand in besserem Ruf denn je. Dafür gab es aber neben der erfolgreichen Abwehr der Belagerung noch völlig andere Gründe. Überall machte sich ein neuer Optimismus bemerkbar, seit die Atlantikrouten zur Neuen Welt erschlossen waren; und das bedeutete für die Europäer den Zugang zu ungeheuren Reichtümern, die ihnen die Türken nicht streitig machen konnten. Die alten Handelsstraßen zum Fernen Osten waren zwar durch das ottomanische Reich blokkiert, das wie ein Krummsäbel über ganz Kleinasien und dem Nahen Osten lag, aber dank der Ritter hatte man jetzt wieder Hoffnung, daß man beide Gebiete wiedergewinnen und die türkische Macht brechen konnte. (Vielleicht wäre das auch möglich gewesen, wenn die europäischen Mächte die Ritter mit Soldaten, Geld und Materialien unterstützt hätten.) Der andere Haupteinfluß verbreitete sich, von Italien ausgehend, über ganz Europa: die Renaissance. Die Grundlagen dafür waren schon 1204 geschaffen worden, als nach der Eroberung Konstantinopels durch die Lateiner unzählige Kunstwerke, daneben auch Künstler und Handwerker in das siegreiche Venedig gelangt waren. Zur Kriegsbeute gehörten die Bronzepferde, die heute noch den Markusdom schmücken, die Emailarbeiten am Pala d'oro, dem berühmten Sarkophag des hl. Markus, und eine der schönsten byzantinischen Elfenbeinschnitzereien, die Veroli-Schatulle. Seitdem hatte der Einfluß der Antike langsam Europa durchdrungen, und im 15. Jahrhundert kam die Blüte der Naturwissenschaften und der Philosophie, der technischen und künstlerischen Leistungen. Menschen- und Weltbild wandelten sich. Auf Rhodos dürften diese Dinge relativ wenig Wirkung gezeitigt haben, denn die Ritter fühlten sich einem Gedankensystem und einer Lebensweise verbunden, die vom neuen Geist völlig verschieden waren. Trotzdem machte sich selbst hier die Renaissance – wenn auch indirekt – bemerkbar, besonders in der wissenschaftlichen Untersuchung der Militärarchitektur, in den großen Fortschritten beim Kanonengießen, in der Verbesserung der Waffentechnik und der Weiterentwicklung der Galeere zu einem Kunstwerk und zu einer noch wirkungsvolleren Kriegswaffe.

Doch was dem Johanniterorden in diesen Jahren vor allem die Möglichkeit verschaffte, den kleinen Staat fast in ein Modellkönigreich zu verwandeln, war der Erbfolgestreit nach dem Tod Mohammeds II. Der Sultan hatte drei Söhne. Der älteste wurde auf Befehl seines Vaters erdrosselt, weil er eine Frau seines Großwesirs verführt hatte. (Unzucht, Ehebruch und Homosexualität waren in der Türkei durchaus nicht unüblich, aber man mußte trotzdem selbst den eigenen Sohn opfern, wenn es galt, sich den Willen und die treuen Dienste eines wichtigen Verwaltungsbeamten zu sichern.) Nun stritten Bajazet, der zweitälteste, und Djem, der jüngste, um den Thron. Auf den ersten Blick mochte es scheinen, daß Djem nicht den geringsten Anspruch auf den Thron geltend machen konnte, doch er und seine Anhänger sagten, er sei geboren worden, als sein Vater schon Sultan war, während er den Thron noch nicht bestiegen hatte, als Bajazet zur Welt kam. Dies »Im-Purpur-geboren-Sein« war eine byzantinische Konzeption und von den Byzantinern übernommen, und man konnte spitzfindigerweise behaupten, es gelte nun einmal für den Thron von Konstantinopel. Doch es traf keineswegs auf alle Länder des ottomanischen Reiches zu, anderswo war der älteste Sohn der Nachfolger. Doch dank Djems Thronanspruch und dem Streit zwischen den beiden Brüdern vermochte d'Aubusson, der in den Listen der Diplomatie und den Künsten der Kriegsführung gleichermaßen bewandert war, dem Orden eine lange Atempause zu sichern, in der er sein Haus bestellen konnte.

Djem unterlag seinem Bruder 1482 in der Schlacht bei Bursa, der alten ottomanischen Hauptstadt vor der Eroberung Konstantinopels. Es floh nach Ägypten, wo es ihm aber nicht gelang, Unterstützung bei den Mamelucken zu finden. Nach einem zweiten verlorenen Waffengang gegen seinen Bruder wandte sich Djem bei der Suche nach Verbündeteten und Beschützern an den Großmeister des Johanniterordens. Das mag einem widersinnig vorkommen, aber Djem unterhielt zu d'Aubusson eine freundschaftliche Beziehung, seit ihn sein Vater zum Botschafter beim Orden bestellt hatte. Die Ritter waren jedenfalls die Hauptfeinde des Sultans, und der Sultan hieß Bajazet. Wenn Djem sich ihrer Hilfe versichern und sich zum Sultan machen konnte, würde er sich wohl dafür gewinnen lassen, Bedingungen zu vereinbaren, die ihm Sicherheit auf dem

Thron und den Rittern Sicherheit auf Rhodos garantierten. Thronprätendenten haben oft bei den Feinden ihres Landes Zuflucht gesucht.

Und so kam im Sommer 1482 der jüngste Sohn Mohammeds II. mit dem Flaggschiff des Ordens im Hafen von Rhodos an. Ein spezielles Aufgebot von Johanniterrittern begleitete ihn. Er wurde wie ein regierender Fürst empfangen. In der ganzen Stadt herrschte Feststimmung. Auf den Balkonen standen die rhodischen Schönen, die den Sohn des Mannes sehen wollten, der versucht hatte, ihre Stadt zu zerstören, und in den Straßen drängten sich Bürger, Seeleute und ausländische Besucher. Großmeister und Rat warteten hoch zu Roß, um ihren Gast zu empfangen. Djem war häßlich, schieläugig, klein und gedrungen und unansehnlich bis auf die Pracht seiner Gewänder und seinen juwelenbesetzten Turban. Trotzdem stellte er ein Symbol der Macht seines Vaters und des großen Reiches dar, das Mohammed überall zum Sieg geführt hatte – nur auf Rhodos nicht.

Djem war d'Aubussons persönlicher Gast. Der Großmeister bewirtete ihn mit allem, was die Insel zu bieten hatte, gab ihm zu Ehren Feste und Bankette, bei denen er wie sein Vater – entgegen dem Gebot des Propheten – eine recht auffällige Vorliebe für den Wein zeigte. Doch obwohl man ihn in jeder Hinsicht freundlich und rücksichtsvoll behandelte, war er ein Gefangener. Er wurde stets von einer kleinen Gruppe von Rittern überwacht, auch zu seiner eigenen Sicherheit, denn die Spitzel und Giftmischer des Sultans verstanden es, sich in die Städte ihrer Feinde einzuschleichen. Vielleicht kam d'Aubusson auch deshalb zu dem Schluß, daß man sich zu viel Verantwortung auflud, wenn Djem auf der Insel blieb. Die Feinde d'Aubussons und des Johanniterordens haben immer wieder behauptet, der unglückliche Djem sei zynisch als Strohmann benutzt und nur nach Europa geschickt worden, weil d'Aubusson meinte, dort sei er nützlicher, wenn man mit Sultan Bajazet verhandeln wollte.

Den wirklichen Tatbestand wird man wohl nie erfahren, aber es schien nur vernünftig, ihn an einen Ort zu schicken, wo er sicherer war als auf Rhodos. Und so segelte Djem im Herbst 1482 auf dem Flaggschiff des Ordens ab. Das Ziel war Frankreich, genauer gesagt, das Mutterhaus von d'Aubussons Zunge Auvergne. Unter den Dokumenten, die Djem zur Aufbewahrung im Ordensarchiv hinterließ, befand sich eines, das den

Orden autorisierte, mit Bajazet zu verhandeln und von ihm die Garantie zu erwerben, daß die finanziellen Mittel zur Verfügung gestellt wurden, die Djem einen Lebensstil ermöglichten, der einem Sohn Mohammeds angemessen war. Ein weiteres Schriftstück besagte, er habe Rhodos aus freien Stücken verlassen. Das dritte Dokument konnte nur dann in Kraft treten, wenn es Djem doch noch gelang, den Thron zu besteigen. Es verpflichtete ihn, seine Erben und sogar die künftigen Herrscher zu dauerhafter Freundschaft mit dem Johanniterorden.

Wenn Djem tatsächlich auf den Thron gelangte, hätte d'Aubusson einen wahren diplomatischen Triumph errungen. Doch es sah eher danach aus, daß Bajazet zu fest im Sattel saß, um gestürzt zu werden. Wollte man sich aber seines Wohlwollens dem Orden gegenüber versichern, so mußte man in der Politik einen anderen Weg einschlagen. Im Winter 1482 schlossen Bajazet und der Orden einen Vertrag. Bajazet erklärte sich bereit, jedes Jahr eine Ausgleichszahlung zu leisten, um den Schaden wiedergutzumachen, den die Insel während der Regierungszeit seines Vaters genommen hatte; außerdem wollte er dem Orden eine noch größere Summe zum Unterhalt seines Bruders in Europa zahlen.

Djems späteres Leben ist tragisch, hat aber wenig mit dem Orden auf Rhodos zu tun. Er konnte den König von Frankreich nicht dazu bewegen, ihm beim Kampf gegen Bajazet zu helfen, und traf – nach einem umfänglichen und umständlichen Briefwechsel zwischen d'Aubusson und Papst Innozenz – schließlich als Gast des Papstes in Rom ein. Hier blieb er ein Gefangener, auch nach dem Amtsantritt des Borgia-Papstes Alexander VI., aber man behandelte ihn gut und ließ ihm alle Hochachtung zukommen, die einem Manne seines Ranges zustand. Nach weiteren Ränkespielen wurde er als Unterpfand für das korrekte Verhalten Papst Alexanders an Karl VIII. von Frankreich ausgeliefert, der in Italien eingefallen war. Djem starb 1495 in Terracina.

Da die Borgias im Spiel waren, hieß es, er sei vergiftet worden. Das ist äußerst unwahrscheinlich, denn durch seinen Tod hatte niemand etwas zu gewinnen, am allerwenigsten d'Aubusson, von dem gerüchtweise verlautete, auch er sei an dem Komplott beteiligt gewesen. Solange Djem noch lebte, hatten die Hospitaliter, der Papst und die anderen europäischen Mächte eine wichtige Geisel in der Hand. Man konnte ihn immer als Strohmann gebrauchen, wenn sich die Gelegenheit ergab, seinen Bruder Bajazet zu entthronen. Man kann d'Aubusson nicht dafür tadeln, daß er Djem nach Frankreich schickte, höchstens dafür, daß er Djems Übersiedlung nach Rom zuließ, wodurch er Alexander VI. und dann Karl VIII. in die Hände geriet. Vom Vergiften wurde in jenen Tagen des öfteren gemunkelt. Man verstand nicht allzuviel von Medizin, außerdem war Terracina – in der Nähe der Pontinischen Sümpfe gelegen – nicht eben der gesündeste Aufenthaltsort. Djem kann ebensogut an Malaria oder Nahrungsmittelvergiftung zugrunde gegangen sein wie an den Ränkespielen der Borgias.

Der Orden hatte durch Djems Tod gar nichts zu gewinnen. Solange er lebte, war er bei Verhandlungen zwischen Rhodos und Konstantinopel nützlich. Als toter Mann war er wertlos. Ein Teil der Vorwürfe gegen d'Aubusson ergab sich daraus, daß man glaubte, der Großmeister benutze Djem als Marionette für seine Außenpolitik. Natürlich war d'Aubusson wie alle wirklich bedeutenden Großmeister ein *zoon politikon*. Das mußte er auch sein. Er war das Oberhaupt eines souveränen und – trotz seiner Winzigkeit – außerordentlich komplexen Staates. Der Orden war aufgrund seines völkerumspannenden Charakters ein Abbild Europas im Kleinen. Sein Großmeister regierte als einziger Europäer über eine Völkerfamilie, die Interessen und Anliegen einiger der reichsten und mächtigsten Familien aus vielen Nationen repräsentierte. Außerdem konnte er es sich nicht leisten, mit dem Papst zu brechen. Deshalb dürfte sich d'Aubusson, wenn auch widerwillig, einverstanden erklärt haben, Djem Papst Innozenz VIII. zu übergeben. Den Tod Djems konnte er nur als Beginn neuer Schwierigkeiten für den Orden sehen. Innerhalb eines Jahres schreibt der Großmeister nach Sizilien, um von den Schiffseignern und Kapitänen Hilfe zu erbitten, die bereit waren, ihre Schiffe nach Rhodos zu bringen und dem Orden im Kampf gegen die Ungläubigen beizustehen. Er bot den Privatleuten, die sich dabei an den mohammedanischen Handelsrouten bereichern wollten, sogar Kaperbriefe an.

Wäre in den Beziehungen zwischen den Türken und den Mamelucken in Ägypten nicht eine allgemeine Verschlechterung eingetreten, so hätte Bajazet wohl bald angegriffen – trotz aller Freundschaftsbeteuerungen, die er mit dem Orden ausgetauscht hatte. Die Atempause, die sich erst durch die »Affäre Djem« und dann durch den Krieg zwischen dem Sultan und Ägypten ergab, verschaffte d'Aubusson die Gelegenheit, die Befestigungen seiner Insel zu verbessern und neue Galeeren für die Ordensflotte zu bauen. Im letzten Jahr seiner Regierung errang der Orden gemeinsam mit einem päpstlichen Flottengeschwader in der Nähe der Insel Chios einen beachtlichen Sieg über die Türken. Etliche große und reichbeladene Schiffe wurden gekapert Auf dem Weg nach Süden trafen sie vor Samos auf ein türkisches Geschwader, das sich geschlossen ergab. Mit Ehren überhäuft starb Pierre d'Aubusson im Juni 1503 als achtzigjähriger Greis. Er gehörte zu den bemerkenswertesten Großmeistern des Johanniterordens. Er hatte den Großangriff von Mohammeds Heer erfolgreich abgewehrt, die Finanzen des Ordens aufgebessert, die Befestigungswerke von Rhodos wiederhergestellt und durch geschicktes diplomatisches Taktieren (sei es nun machiavellistisch gewesen oder nicht) seinem Inselkönigreich eine dringend notwendige Zeit der Ruhe beschert.

15. Auf Befehl des Sultans

Die Jahre nach dem Tode des Großmeisters d'Aubusson und die Regentschaft seines Nachfolgers Emeric d'Amboise aus der Zunge von Frankreich waren durch stetigen und unaufhaltsamen Aufstieg des Ordens gekennzeichnet. Im Jahre 1503 entsandten die Türken eine Streitmacht von sechzehn Galeeren gegen Rhodos und setzten Kommandotrupps an Land. Die kleine Ordensflotte nahm den Kampf gegen sie auf. Trotz ihrer zahlenmäßigen Überlegenheit mußten die Türken eine schwere Schlappe hinnehmen. Acht ihrer Schiffe wurden gekapert, zwei versenkt. Der Orden nahm nur dadurch Schaden, daß ein Pulverfaß explodierte und einer Galeere den Bug wegriß, was acht Rittern und einer Reihe von Matrosen das Leben kostete. Weitere Kämpfe im Lauf der Jahre bewiesen die Überlegenheit der Ordensflotte über die Türken. Das galt sowohl für das seemännische Können als auch für die Feuerkraft.

Das Flaggschiff des Ordens, eine Karacke von etwa 2000 Tonnen, stellte unter Beweis, daß nicht nur die Galeeren der Johanniter leistungsfähig waren. Vor Heraklion auf Kreta traf sie auf ein ägyptisches Schiff, das in ein Seegefecht verwickelt und völlig intakt gekapert wurde. Dies war die ergiebigste einzelne Prise, die dem Orden bis dahin zugefallen war. Das Schiff hatte verschiedene Kostbarkeiten sowie wertvolle Handelsgüter geladen; unter den Passagieren befanden sich mehrere Mamelucken gehobenen Standes, deren Lösegelder einen fast so hohen Wert darstellten wie die Schiffsladung selbst. Wenn die Kunde von solchen Erfolgen nach Europa drang, stieg natürlich das Ansehen des Ordens bei den dortigen Mächten; außerdem wurde dadurch erneut der Glaube bestätigt, daß der Orden unbesiegbar sei. Andererseits führte es zu einer gefährlichen Fehleinschätzung der tatsächlichen Lage: Der Orden war ein christlicher Vorposten inmitten des sich ständig ausdehnenden türkischen Reiches; darüber hinaus ein Vorposten, der aufgrund der türkischen Besetzung des griechischen Festlandes leicht in die Zange genommen werden konnte. Ein weiterer ruhmreicher Seesieg im Jahre 1510 wurde als zusätzlicher Beweis dafür angesehen, daß der Orden keiner Hilfe bedurfte. Der Kampf fand vor Laiazzo auf dem türkischen Festland nördlich von Zypern statt. Sultan Bajazet und der mameluckische Sultan

Qansuh al-Guri hatten ihre Geldmittel koordiniert und waren im Begriff, sich zusammenzutun, um dort eine riesige Flotte zu bauen. Sie sollte die Portugiesen vertreiben, die im Indischen Ozean den muselmanischen Gewürzhandel mit Ostindien empfindlich störten. Laiazzos Bedeutung bestand darin, daß es der Haupthafen für Bauholz aus Kleinasien war. Hier wurde das Holz für die neue Flotte gelagert und getrocknet. Als in Rhodos die Nachricht eintraf, ein großer Geleitzug unter dem Kommando eines Neffen des mameluckischen Sultans sei von Ägypten nach Laiazzo unterwegs, lief sofort die Ordensflotte aus. Sie hatte den Befehl, den Geleitzug abzufangen. Die Segelschiffe unterstanden einem Franzosen, der später einer der bedeutendsten Großmeister des Johanniterordens werden sollte: Philippe Villiers de L'Isle Adam, die Galeeren dem Portugiesen Andrea d'Amaral.

In jenen Tagen, da sich die Flotten aus zwei völlig verschiedenen Schiffstypen zusammensetzten, bestand das Hauptproblem darin, daß der eine Teil am besten mit vollen Segeln operieren konnte (vorausgesetzt, der Wind wehte von achtern), während der andere nur dann etwas leisten konnte, wenn ruhiges oder leicht windiges Wetter herrschte. Als sich die Flotte dem Hafen von Laiazzo näherte, wo die mameluckischen Schiffe vor Anker lagen, war es schwach windig – ideal für die Galeeren, aber gefährlich für die »runden Schiffe«, die bei solchem Wetter in Gefahr waren, blind zu liegen, und dann womöglich von den Küstenbatterien zusammengeschossen wurden. L'Isle Adam plädierte dementsprechend dafür, nicht in den Hafen einzulaufen, sondern die Mamelucken in die offenen Gewässer zu lokken. D'Amaral dagegen wollte die Geschwindigkeit und Mobilität der Galeeren voll ausnutzen und über die feindlichen Schiffe herfallen. Glücklicherweise trug L'Isle Adams kluge Zurückhaltung den Sieg über die ungestüme Angriffslust d'Amarals davon. Die Flotte blieb wie ein Köder vor der Hafeneinfahrt. Die Ägypter bauten auf ihre zahlenmäßige Überlegenheit und waren unbesonnen genug, aus dem sicheren Hafen auszulaufen und sich auf ein Seegefecht einzulassen. Und wieder zeigten sich die überlegenen nautischen und taktischen Fähigkeiten der Ritter und ihrer rhodischen Seeleute. Die Moslems unterlagen. Es war der alte Gegensatz von Qualität und Quantität, und auf See darf man von dem Axiom ausgehen, daß die Qualität ausschlaggebend ist – was den Rittern schon seit langem bekannt war. (Dagegen errangen die Türken ihre Siege zu Lande oft durch die

Übermacht ihrer Truppen. Dieses »Dampfwalzenprinzip« machte sie zu Herren über viele Städte und Länder). Bei der Seeschlacht kaperten die Johanniter fünfzehn Schiffe, elf davon gewaltige Segelschiffe – der Stolz der ägyptischen Flotte. Das Banner des Ordens wehte triumphal über dem Untergang der türkisch-ägyptischen Armada. Mittlerweile trieben die Kommandotrupps der Ritter die Garnison von Laiazzo landeinwärts und setzten dann die gigantischen Holzstapel in Brand, aus denen die Flotte hätte gebaut werden sollen. Sie lief nie vom Stapel. Die Ritter hatten einen überwältigenden Sieg errungen, der auch für Europa, das seine Gewürze nicht mehr wie früher von mohammedanischen Kaufleuten, sondern von den Portugiesen bezog, äußerst wichtig war. Und so stieg das Ansehen der Ritter in geradezu schwindelerregende Höhen. Es schien, als stünde das Kreuz des hl. Johannes in der Tat unter dem Schutz der himmlischen Mächte. Doch eben dieser Ruf der Unbesiegbarkeit erwies sich schließlich als fatal für den Orden. Daneben säte die Auseinandersetzung zwischen L'Isle Adam und d'Amaral (wobei sich die Ansicht L'Isle Adams als taktisch richtig herausstellte) den Keim einer Zwietracht, die eines Tages böse Früchte tragen sollte.

Im Jahre 1520 starb der ottomanische Sultan Selim der Grausame. Er war der Nachfolger Bajazets und hatte sein Reich durch die Einverleibung Ägyptens stark erweitert. Sein Tod kam gerade in dem Augenblick, da er eine Armee um sich sammelte, die das »christliche Vipern-Nest« zerstören sollte. Ihm folgte sein einziger Sohn Soliman, der größte Herrscher der türkischen Geschichte. Seine Untertanen feierten ihn als den »Gesetzgeber«, denn er hatte das türkische Recht erneuert und kodifiziert. In Europa wurde er gefürchtet, aber auch mit dem Namen »der Prächtige« geehrt. Bei der Thronbesteigung war er 26 Jahre alt. Seine Geburt fiel mit dem Beginn des 9. Jahrhunderts mohammedanischer Zeitrechnung zusammen. Er leitete eine Ära ein, die als ruhmreichste in der Geschichte des Islam beschrieben wurde. Unter Soliman, der ein brillanter Staatsmann und hervorragender Heerführer war, erreichte die Türkei den Höhepunkt ihrer politischen und militärischen Macht. Soliman war ein Dichter von eigenem Rang und – wie Mohammed II. – nicht nur ein bloßer Kriegsherr, sondern ein kultivierter und intelligenter Mann. Dieser Sultan – »Allahs Stellvertreter auf Erden, Herr der Herren dieser Welt, Herrscher über Menschenleben, König über Gläubige und Ungläubige, König der

Könige, Kaiser des Ostens und Westens« – blickte von seinem Palast über dem Goldenen Horn gen Süden und beschloß, daß das Banner der Heiligen Religion von seinen Meeren verschwinden sollte.

Ein Jahr nach Solimans Thronbesteigung (1521) wurde Philippe Villiers de L'Isle Adam Großmeister des Johanniterordens. Er folgte dem Italiener Fabrizio del Carretto nach, der seine Regierungszeit vor allem zur Erneuerung der Festungswerke von Rhodos und zur Vorbereitung auf die unumgängliche zweite Belagerung genutzt hatte. Del Carretto hatte einen der besten Militärarchitekten der damaligen Zeit – ebenfalls Italiener – dazu bestellt, die Befestigungen von Rhodos auf den Stand zu bringen, der für die neue Kriegführung mit Geschützen und Sprengwaffen erforderlich war. Die hohen Kurtinen waren überholt. Jetzt kam es auf massive Bollwerke an. Große vorspringende Türme ermöglichten flankierendes Feuer im Bereich der Mauern. Zu diesem Zweck waren die Schießscharten so ausgeschrägt, daß die Geschütze einen weiten Streuwinkel hatten. Die Stadt Rhodos, die L'Isle Adam jetzt übernahm, war kaum einer Festung der damaligen Welt an Stärke unterlegen.

Er wurde zum Großmeister gewählt, als er sich in Frankreich aufhielt. Leider gehörte zu den Bewerbern auch der Portugiese d'Amaral, der mit L'Isle Adams Entscheidung vor Laiazzo nicht einverstanden gewesen war. D'Amaral bekleidete das Amt des Kanzlers und hatte allzu sehr darauf vertraut, daß er der nächste Großmeister werden würde. Die Wahl von L'Isle Adam muß ein Schlag für ihn gewesen sein: D'Amaral war bekannt wegen seines Stolzes. L'Isle Adam war zum Zeitpunkt der Wahl 57 Jahre alt, Aristokrat bis in die Fingerspitzen, erfahrener Seemann, tiefgläubiger Christ und – wie sich später erweisen sollte – ein Diplomat, der sogar dann die Nerven behielt, wenn alles verloren zu sein schien. Seine Familie gehörte zu den vornehmsten Frankreichs. Zu seinen Verwandten zählte Anne de Montmorency, der Konnetabel* von Frankreich. Auf seiner Rückreise nach Rhodos wurde die große Karacke, mit der er fuhr, in der Straße von Malta vom Blitz getroffen. Später nahm man das als bedeutendes Vorzeichen, denn viele von der Schiffsbesatzung wurden getötet, L'Isle Adams Schwert soll dabei zu Staub zerfallen sein, während er überlebte. Da es unwahrscheinlich ist, daß er sein Schwert bei einem Sturm mit sich trug – zumal keine

* Der frühere militärische Oberbefehlshaber. (Anm. d. Ü.)

Auseinandersetzung mit dem Feind bevorstand –, kann man aus dieser Geschichte vielleicht den Willen eines späteren Historikers ersehen, in L'Isle Adams Biographie den Namen Malta einzuführen. L'Isle Adam und Malta – das sollte sich als eine geschichtsträchtige Verknüpfung erweisen. ...

Der Großmeister hatte kaum sein Amt angetreten, als er schon andeutungsweise von den Absichten des Sultans erfuhr. In einem Brief aus Konstantinopel, der von Soliman selbst unterzeichnet war, wurde er über dessen Erfolge im Jahre 1521 unterrichtet. Es handelt sich um einen sogenannten Siegesbrief, L'Isle Adam konnte ihn nur als unmittelbare Drohung gegen sein kleines Reich auslegen. Soliman berichtete über die Eroberung Belgrads und fuhr dann fort, er habe »viele weitere schöne und gut befestigte Städte erobert, die meisten Einwohner getötet und die übrigen in die Sklaverei geführt«. Herablassend schrieb er: »Als Meinen Freund fordere Ich Dich auf, Mir zu dem Siege Glück zu wünschen.« Der Großmeister antwortete eher direkt als diplomatisch. Er schrieb: »Den Sinn des Schreibens ... habe ich sehr wohl verstanden« und fuhr dann damit fort, sich seines Sieges über den berüchtigten mohammedanischen Piraten Curtogli zu rühmen. Dieser Mann hatte versucht, den Großmeister auf der Überfahrt von Frankreich nach Rhodos zu überfallen, was wohl auf Solimans Befehl erfolgt war. L'Isle Adam ließ sich nicht von Illusionen narren. Wie aus einem Brief an Franz I. von Frankreich hervorgeht, wußte er genau, daß die nächste christliche Stadt, die der Sultan erobern wollte, Rhodos hieß.

Bald erhielt der Großmeister die Botschaft, mit der er schon seit seiner Amtsübernahme gerechnet hatte: »Ich befehle Dir deshalb, die Insel und die Stadt Rhodos freiwillig aufzugeben. Du selbst kannst mit Deinem ganzen Hab und Gut frei abziehen.« Soliman machte ihm das Angebot, er könne sogar auf Rhodos bleiben, ohne ihm zu huldigen oder Tribut zu zahlen – vorausgesetzt, der Orden erklärte sich bereit, die Oberhoheit der Hohen Pforte anzuerkennen. L'Isle Adam antwortete kurz und unerschrocken.

So war nach 42 Jahren wieder der Punkt erreicht, da man den Johanniterorden als unerwünscht in der Ägäis betrachtete – und die Ägäis war jetzt Teil des ottomanischen Reiches. Es bestand kaum Hoffnung auf Verstärkung, denn fast alle europäischen Mächte lagen miteinander im Streit. In England hatte Heinrich VIII. bereits ein Auge auf die Besitzungen des Ordens geworfen. Hinsichtlich der Struktur des Ordens ist es bemerkenswert, daß trotz des Krieges, der zwischen Spanien und Frankreich tobte und Italien verwüstet zurückließ, die Ritter aus den Zungen dieser Länder in Einigkeit miteinander arbeiten konnten. Natürlich gab es auch einige Meinungsverschiedenheiten, aber trotzdem konnten sich die Ritter inmitten der erbitterten Kämpfe, die im 16. Jahrhundert zwischen den europäischen Mächten entbrannt waren, die völkerumspannenden Ideale erhalten, welche einst die Nationen Westeuropas zum Kampf gegen den muselmanischen Feind geeint hatten.

Noch im Jahre 1521 bereitete der Sultan seinen Großangriff auf Rhodos vor. Die Spionagesysteme beider Seiten arbeiteten auf Hochtouren. Für die Ritter war es nicht allzu schwierig, Informationen zu sammeln, denn in ganz Kleinasien, im europäischen Teil der Türkei und in der Levante wurde unübersehbar zum Krieg gerüstet. Der Sultan hatte es nicht ganz so leicht, konnte aber ebenfalls Erfolge aufweisen. Einer seiner Spione, ein jüdischer Arzt, der zum christlichen Glauben übergetreten war, arbeitete sogar im Hospital der Johanniter. Die Verteidigungsvorbereitungen konnten kaum verschleiert werden. Der Wallgraben wurde verbreitert, die neue Bastion der Auvergne* fertiggestellt, im Hafen herrschte ein ständiges Kommen und Gehen von Schiffen, die Waren, Versorgungsgüter und Kriegsmaterial heranschafften. Als der Frühling nahte, gürtete der Orden seine Lenden. Er wartete auf den Wind, den das Schwert des Sultans verbreitete.

* Die Johanniter teilten ihre Stadtmauern in einzelne Verteidigungsabschnitte auf, die jeweils einer bestimmten Zunge zugewiesen wurden. (Anm. d. Ü.).

Im Juni 1522 war Sultan Soliman bereit. Ein großer Teil seiner Flotte sammelte sich in Konstantinopel (einer Schätzung zufolge sollen es 700 Schiffe gewesen sein). Seine Armeen befanden sich bereits auf dem Marsch durch Kleinasien. Wieder war Marmarice der Stützpunkt, von dem sich die Truppen einschifften. Von den Außenwerken des Verteidigungssystems der Johanniter, den dodekanischen Inseln mit ihren Wachttürmen, liefen bald die ersten Meldungen ein. Ein Vortrupp griff die Insel Kos an und wurde zurückgeschlagen. Nichts aber konnte den Vormarsch der Hauptarmee aufhalten, die unter dem Befehl des Sultans und seines Schwagers Mustafa Pascha unterwegs war.

Am 26. Juni kreuzte die Vorhut der türkischen Flotte, insgesamt etwa 30 Schiffe, an Rhodos vorbei. Hinter ihr, über die blaue Ägäis verstreut, soweit das Auge reichte, näherte sich unerbittlich das Gros der türkischen Flotte. Trommeln wurden gerührt, schrill tönten die Bootsmannspfeifen, dumpf klatschten die Peitschen der Aufseher. Stabschef der Armada war der Pirat Curtogli, eben der Mann, der versucht hatte, L'Isle Adam auf der Überfahrt von Frankreich nach Rhodos gefangenzunehmen. In der Zwischenzeit war eine weitere Flotte von Syrien her unterwegs.

Alles in allem soll der Sultan für seinen Angriff auf Rhodos etwa 200000 Mann aufgeboten haben, aber auch bei dieser Schätzung muß man die Möglichkeit einer Übertreibung in Betracht ziehen. Jedenfalls handelte es sich – in Relation zu einer so kleinen Insel – um eine gewaltige Streitmacht.

Die Ritter hatten wahrscheinlich nicht mehr als 1500 Söldner und rhodische Truppen, die von etwa 500 Rittern und dienenden Brüdern befehligt wurden.* Außerdem standen ihnen natürlich die kampffähigen Bürger der Stadt Rhodos zur Seite. Die Chancen schienen in geradezu erdrückendem Ausmaß gegen sie zu sprechen, aber das wurde halbwegs durch die Festungswerke mit ihren Bastionen und Wallgräben, Böschungen und Gegenböschungen, Türmen und massiven Mauern ausgeglichen. Man

* Nach anderen Schätzungen waren es 600 Ritter und 4500 Söldner. (Anm. d. Ü.)

rechnete, daß der Orden genügend Vorräte und Munition hatte, um ein Jahr in Rhodos auszuhalten. Wenn sie bis zum Winter aushalten konnten, bestand die Möglichkeit, daß sich mit der Kälte und dem Regen Krankheiten bei den Truppen des Sultans verbreiteten und die Stürme seine Schiffe beschädigten.

Der Sultan brachte eine Unmenge von Geschützen der verschiedensten Bauart sowie technische Truppen mit, die in die Tausende gingen. Wenn Rhodos seiner Artillerie standhielt, so konnte es immer noch durch die Pioniere fallen, die die Stadtmauern untergruben.

Das Gros der Streitmacht ging in der Kalitheas-Bucht unterhalb des Berges Philerimos, ein Stück weit südlich von der Stadt, an Land. Am 28. Juli traf der Sultan ein, begleitet von einem ausgewählten Bataillon von Janitscharen. Der Donner der Salutschüsse, die Rufe und Schreie, das Getöse der Militärmusik verkündeten der Garnison und allen Bürgern von Rhodos, daß die Belagerung bald beginnen würde. Davor hatte es schon eine Reihe von Scharmützeln gegeben, dazu eine schwere, aber ziemlich wirkungslose Beschießung der Posten von England, Provence und Aragon. Die Türken lagerten sich um die Stadt, schlossen sie von einem Ende zum anderen ein, dem Halbmond des Islam gleich. Weitere Kanonen wurden aufgefahren – darunter riesige Bombarden, die Steinkugeln von drei Meter Umfang abfeuern konnten, Zweirohrgeschütze, Mörser und viele kleinere Kanonen. Unter starkem Feuerschutz begannen die Türken gegenüber dem Turm von Aragon eine gewaltige Feldschanze zu errichten, von deren höchstem Punkt aus sie direkt in die Stadt schießen wollten. Der St.-Nikolaus-Turm am Ende der Mole hatte schon bei der ersten großen Belagerung der Wucht des Angriffs standhalten müssen. Jetzt geriet er erneut unter Beschuß, war aber mittlerweile völlig umgestaltet worden und praktisch uneinnehmbar. Den ganzen August über – Belagerte und Belagerer schmachteten gleichermaßen in der Gluthitze – gingen die Artilleriegefechte weiter. Die Türken verschossen Tausende von Kanonenkugeln, um die dräuenden Mauern zu zerstören, über denen das Banner des hl. Johannes wehte.

Beide Seiten erlitten schwere Verluste, aber die Türken waren aufgrund ihrer ungeschützten Position weitaus schlimmer betroffen. Trotzdem zeigten sich gegen Ende August an einigen Punkten der Stadtumwallung die ersten Breschen. Der Festungsbau hatte sich seit 1480 ungeheuer entwickelt, aber ebenso verhielt es sich mit der Kunst des Kanonengießens und der

Artillerie im allgemeinen. Inzwischen war es trotz Curtoglis Blockade des Hafens einem Schiff aus Europa gelungen, durchzukommen. Es brachte Nachschub, mehrere Soldaten und vier Ritter nach Rhodos. Der Sultan geriet über das Versagen des Piraten außer sich und ließ ihm auf seinem Flaggschiff die Bastonade geben. Es empfahl sich nicht zu versagen, wenn man beim Großtürken in Diensten stand.

Während der Belagerung erwies es sich als hilfreich, daß L'Isle Adam einen der bedeutendsten europäischen Militärs, der gleichzeitig einer der glänzendsten Militärarchitekten der damaligen Zeit war, angestellt hatte: Gabriele Tadini. Tadini war in der Hauptsache für den Bau der Verschanzungen innerhalb des Festungsgürtels verantwortlich. Vor allem aber hatte er die Oberaufsicht über den Bau von Tunnels und den Einsatz von Gegenminen. Beides war nötig, weil die türkischen Sappeure unablässig versuchten, ihre unterirdischen Gänge unter die Mauern und Türme voranzutreiben und Sprengladungen zu zünden. Anfang September hatten sie einen beachtlichen Erfolg. Sie brachten unter der Bastion von England eine Sprengladung zur Explosion, die ein Loch von mehr als zehn Meter Breite in die Mauer riß. Die Türken schritten unverzüglich zum Angriff, stürmten über die rauchenden Trümmer und pflanzten ihre Fahnen direkt auf der Mauer auf. Die Engländer unternahmen einen Gegenangriff, an dem sich auch der Großmeister und Tadini beteiligten. Allmählich kamen die Reihen der Türken ins Wanken. Mustafa Pascha, der mit der zweiten Angriffswelle nachgerückt war, zwang sie – kraft seiner Persönlichkeit, seines Ranges und des freizügigen Gebrauchs seines Krummsäbels gegen die Fliehenden – in die Bresche zurück. Zwei Stunden tobte der Kampf um die Bastion. Schließlich waren die Kräfte der Türken verbraucht. Sie flohen zu ihren Gräben und ließen ihre Gefallenen und Verwundeten zurück. Auch die Johanniter hatten Verluste: Drei Ritter fielen; dazu kam eine nicht überlieferte Ziffer von toten und verwundeten Soldaten. Es war der bis dahin gefährlichste Moment der Belagerung.

Den ganzen September über hielten die Bombardements, das Minieren und Gegenminieren an. Rhodos schien sich wie ein rauchender Berg über der von Schüssen aufgewühlten Ägäis zu erheben. Immer wieder vereitelten Tadinis Können und Einfallsreichtum die Absichten des Feindes. Sobald sich die Türken vorgegraben hatten, explodierten die Gegenminen, und sie wurden unter den stürzenden Trümmern ihres Stollens begraben.

Unter den vielen neuen Erfindungen und Techniken, die Tadini verwandte, befand sich auch ein Gerät, mit dem man Sappeure aufspüren konnte. Vermittels einer straffgespannten Membran aus Pergament konnte man den geringsten Laut oder die leiseste Bewegung unter der Erde ausmachen. Wenn die Membran erschüttert wurde, begannen sofort mehrere winzige Glöckchen zu klingeln. Zu dieser Zeit – die Belagerung zog sich schon fast zwei Monate hin – wurde ein Spion entlarvt. Es war der zum christlichen Glauben übergetretene jüdische Arzt aus dem Hospital. Man ertappte ihn, als er eine Botschaft zu den türkischen Linien hinüberschoß. Unter der Folter gestand er, er habe die Türken ständig mit Informationen beliefert, schon vor Beginn der Belagerung. Er wurde zum Richtplatz geschleift, gehenkt und gevierteilt.

Im Morgengrauen des 24. September begann der erste Generalangriff auf die Posten von Aragon, England, Italien und der Provence. Nach dem bisher schwersten Bombardement der Belagerung wurden die türkischen Streitkräfte gegen den Halbkreis der rhodischen Befestigungen geworfen. Als erster Abschnitt fiel die Bastion von Aragon, gegen die sich der ganze Druck der Janitscharen richtete. Unter dem Kommando ihres Befehlshabers Bali Aga stürmten sie das Bollwerk. Bald wehten ihre Fahnen in der rauchgeschwängerten Luft. Die Männer, die sich mit dem Ausspruch brüsteten: »Der Körper des Janitscharen ist nur der Trittstein, über den sein Bruder in die Bresche dringt«, hatten wie auf so vielen Schlachtfeldern bewiesen, daß sie den Ehrentitel »Söhne des Sultans« verdienten. Doch ihr fanatischer Mut half ihnen nichts gegen die Geschütze der Zunge von Aragon, die ihre Reihen niedermähten; außerdem wurden sie von hinten durch einen Trupp des Ritters Jacques von Bourbon angegriffen. (Er schrieb eine Chronik der Belagerung, die vier Jahre später veröffentlicht wurde.) Soliman ließ – wie Xerxes bei der Schlacht von Salamis – seinen Thron auf ein Podest stellen, damit er Zeuge seines Triumphes werden konnte. Doch wie Xerxes wurde auch er enttäuscht. Die Woge der Krieger, die gegen die Wälle anbrandete, begann vor dem griechischen Feuer, vor den Kugeln und Granaten und den unbezähmbaren gepanzerten Männern zurückzuweichen, die sich überall, wo das Kampfgewühl am dichtesten war, in ihren schimmernden Rüstungen zeigten. Wenn die Flut der Angreifer die Verteidiger zu überrollen drohte, war L'Isle Adam zur Stelle, hinter ihm ein Fahnenträger mit einem Banner, auf dem die

Kreuzigung dargestellt war. Obwohl gerade das die Aufmerksamkeit der Türken auf den Mann lenkte, dem sie am innigsten den Tod wünschten, schien es, als stünde der Großmeister unter einem besonderen Schutz. Der Angriff verebbte allmählich, die feindlichen Horden wichen zu ihren Laufgräben zurück.

Soliman war so erbost über den Mißerfolg, daß er Mustafa Pascha zum Tode verurteilte. Der oberste seiner Wesire bat ihn, Mustafa zu verschonen – und sollte daraufhin ebenfalls sterben. Nur die dringenden Bitten sämtlicher Paschas, die darauf hinwiesen, daß nur die Christen den Nutzen davon hätten, wenn die Armee zwei wichtige Führer verlöre, bewogen Soliman schließlich zur Milde. Beide Seiten hatten hohe Verluste an diesem Tag. Bei den Türken gab es mehr Tote, was sie sich aber im Gegensatz zu den Rittern leisten konnten. Die türkische »Dampfwalzentaktik« begann die Johanniter bereits zu zermürben. Etwa zweihundert Verteidiger waren tot, weitere zweihundert schwer verletzt. Es bestand so gut wie keine Hoffnung auf Entsatz von Europa.

Eine kleine Weile später – es drang nicht nach Rhodos durch – sank das einzige Schiff mit Verstärkungstruppen für die Ritter im Golf von Biscaya. Alle Besatzungsmitglieder kamen um. Das Schiff war im Oktober von England aus entsandt worden, die Führung hatte Fra Thomas Newport. Es hätte durchaus eine wichtige Rolle spielen können – wenn es angekommen wäre.

Auch im Oktober versuchten die Türken, die Besatzung von Rhodos zu schwächen und die Verteidigungsanlagen zu zerstören. In diesem Monat ereigneten sich zwei wichtige Zwischenfälle. Der erste und folgenschwerste für die Verteidiger war der Ausfall Gabriele Tadinis. Er bekam einen Kopfschuß und überlebte zwar, war aber ungefähr sechs Wochen ans Bett gefesselt, ein schwerer Schlag, weil die Türken gerade zu dieser Zeit verstärkt die Wälle zu untergraben versuchten. Außerdem wurde ein Verräter in den eigenen Reihen überführt. Es handelte sich um einen Portugiesen im Dienste d'Amarals, den man dabei ertappte, wie er eine Botschaft zu den türkischen Linien hinüberschießen wollte. Darin hieß es, die Eingeschlossenen befänden sich in einer verzweifelten Lage; wenn die Türken die Belagerung noch länger ausdehnten, werde Rhodos sicher fallen. Unter der Folter gestand der Mann, daß er keineswegs zum ersten Mal Verbindung mit dem Feind aufgenommen habe, sondern ihn bereits vor Beginn der Belagerung auf dem laufenden gehalten hatte. Und dann rückte er mit dem Schlimmsten heraus: er habe nicht auf eigene Faust, sondern auf Betreiben seines Herren gehandelt. Andrea d'Amaral, Pilier von Kastilien und Großkanzler!

Prozeß und Hinrichtung d'Amarals waren Quellen endloser Auseinandersetzungen bei den Ordenshistorikern und denen, die die Geschichte des Ordens erforschten. D'Amaral war ein hochfahrender und äußerst unbeliebter Mann. Man wußte, daß er L'Isle Adam nicht nur wegen ihrer Meinungsverschiedenheit vor Laiazzo verabscheute, sondern auch deshalb, weil L'Isle Adam Großmeister geworden war und nicht er. Das dürfte ihn zwar verbittert haben – aber ging es wirklich so weit, daß er den Orden verraten wollte? Man wird die Wahrheit nie ergründen. D'Amaral stand seinen Prozeß und die Folter durch, sagte nichts, gestand nichts, verteidigte sich nicht. Mehrere Ritter brachten Beschuldigungen gegen ihn vor, darunter die, daß d'Amaral nach der Wahl von L'Isle Adam gesagt habe: »Das wird der letzte Großmeister von Rhodos sein.« Das konnte auch lediglich heißen, daß d'Amaral zu dem pessimistischen Schluß gekommen war, Rhodos werde eines nicht allzu fernen Tages gewiß an den Sultan fallen. Stolz bis zuletzt schwieg er auch auf dem Weg zum Richtplatz und verschmähte sogar die Tröstungen der Religion. L'Isle Adam war seinerseits sicher von dem Beweismaterial überzeugt, das gegen den Großkanzler vorgebracht wurde. An seinen Neffen, den Marschall von Frankreich, schrieb er: »Ich muß Dir sagen, Neffe, daß ich nicht nur mit den Türken, sondern auch mit einem der wichtigsten Mitglieder unseres Rates im Kriege lag, der aus Neid und Machtlust lange Zeit verschwörerisch tätig war, um den Türken hierherzuholen und ihm die Stadt zuzuspielen.«

Mittlerweile hatte naßkaltes Wetter eingesetzt. Die schadhaften Umwallungen waren schlüpfrig und schmutzig. Zerstörung und Verlassenheit schlichen durch die Straßen der einst so glanzvollen Stadt Rhodos. Aber die Türken im Zeltlager und in den Laufgräben waren in einer ebenso üblen Lage wie die Eingeschlossenen. Es schien immer noch ein wenig Hoffnung darauf zu bestehen, daß der Feind abziehen würde, wenn Rhodos noch ein wenig länger aushielt. Das Eintreffen eines oder zweier Schiffe, die zwar wenig Männer, aber dafür ziemlich viele frische Lebensmittel und Wein heranschafften, bestärkte sie in ihrer Hoffnung. Im Dezember erhielten die Ritter mehrere Angebote, in denen ihnen faire und ehrenhafte Friedensbedingungen zugesichert wurden, wenn sie Rhodos freiwillig übergaben.

Diese Angebote gaben zu allerhand Meinungsverschiedenheiten Anlaß; viele Rhodier waren von der scheinbar ewigen Belagerung erschöpft; selbst einige Ritter plädierten dafür, das Angebot anzunehmen, solange der Ehre Genüge getan würde.

L'Isle Adam blieb hart. Er verkörperte den alten Kreuzfahrergeist: besser, sie stürben alle unter den Trümmern von Rhodos, als daß sich der Orden auf Kompromisse mit den Moslems einließe. Doch in Wirklichkeit hatte sich der Orden ja des öfteren auf Kompromisse mit den Moslems eingelassen – er hatte mit ihnen Handel getrieben und auch vernünftige Beziehungen zu ihnen aufgebaut. Schließlich sagten die Rhodier, sie würden ihren eigenen Frieden aushandeln, wenn die Ritter es nicht täten. Die Friedenspartei hatte gewonnen.

Am Weihnachtsabend machte Soliman dem Großmeister klar, daß er einen ehrenvollen Frieden anbot. Die Ritter und jene Bürger von Rhodos, die sich ihnen anschließen wollten, durften die Stadt ungehindert verlassen. Er zollte ihrem erstaunlichen Widerstand Anerkennung und sagte ihnen sogar Schiffe zu, falls ihre eignen nicht ausreichten oder aufgrund von Schäden nicht mehr seetüchtig waren.

L'Isle Adam hatte schon zweimal mit dem Sultan gesprochen, bevor er sich am 26. Dezember zu ihm begab, um formell zu kapitulieren. Soliman soll ihn höflich und respektvoll behandelt haben. Man berichtete sogar, er habe, zu seinem Großwesir Ibrahim Pascha gewandt, die folgenden Worte gesagt: »Es betrübt mich, daß ich gezwungen bin, diesen tapferen alten Mann aus seiner Heimat zu vertreiben.« Es ist nicht unwahrscheinlich, daß dieser Ausspruch stimmt. Wie zur Zeit Saladins konnten auch damals noch Ritterlichkeit und Höflichkeit die Härten des Krieges mildern.

»Nichts ging in der Welt so glanzvoll verloren wie Rhodos«, sagte Kaiser Karl V., als er vom Fall der Insel erfuhr. Es war in der Tat verblüffend, daß eine Handvoll Männer so lange gegen die riesige Armee des Sultans ausgehalten hatte. Doch dies ist auch den Militärarchitekten zu danken, die jene Mauern und Bastionen konstruierten, deren Überreste heute noch zu den baulichen Wundern des Mittelmeers gehören. Und die Rhodier (sie hatten es schon bei der anderen berühmten Belagerung im 4. Jahrhundert v. Chr. bewiesen, als sie den makedonischen König Demetrius Poliorketes zurückschlugen) waren zu Lande ebenso tapfer wie zu Wasser.

Doch so großartig der Widerstand auch war, wie tapfer auch

gekämpft wurde – die Ritter hatten nun keine Heimstatt mehr. Ihre Zeit auf Rhodos währte 213 Jahre. Sie hatten die Inseln nicht nur durch die Schönheit und Großartigkeit der Stadt Rhodos geziert, sondern auch mit Land- und Jagdhäusern, mit Gärten, Straßen, Häfen und hohen Türmen geschmückt. Und all das fiel nun an den Sultan, der mit seinen triumphierenden Truppen die Stadt und die Insel der Heiligen Religion besetzte.

Schnee lag auf den Gipfeln der Berge des kleinasiatischen Festlands, und das Meer dunkelte, als die Sonne hinter Rhodos in die Fluten sank. Es war ein kalter Wintertag, der 1. Januar 1523. Die Überlebenden der Belagerung mußten ihrer Inselheimat endgültig Lebewohl sagen. Ihr Ziel war Chania auf Kreta, wo sie Wasser und Lebensmittel an Bord nehmen und den Verwundeten eine Ruhepause zur Erholung vom Stampfen und Schlingern der Schiffe gewähren wollten, bevor sie Messina anliefen. L'Isle Adam fuhr mit der großen Karacke ›Santa Maria‹, die der Engländer Sir William Weston befehligte. Sie wurde von den Galeeren ›San Giovanni‹ und ›Santa Caterina‹ sowie von der Bark ›Perla‹ begleitet. Es war in der Tat eine winzige Flotte, die von den Jahren in Rhodos und den vielen Siegen auf See Zeugnis ablegte. Sie hatten nur wenig mit sich nehmen können, durften jedoch ihre Waffen – mit Ausnahme der Kanonen – behalten. Zu ihrer verbleibenden Habe gehörten weiterhin die Reliquien, die der Religion so teuer waren, darunter die rechte Hand des hl. Johannes in ihrem juwelenbesetzten Schrein sowie das kostbare Archiv des Ordens. (Die Aufzeichnungen über die jahrhundertelange Ordensgeschichte und die Reliquien begleiteten sie auch zu ihrer nächsten Inselheimat. Zu den letzteren gehörten Kreuzespartikel, der heilige Dorn, der Leichnam der hl. Euphemia und die Ikone Unserer Lieben Frau von Philerimos.) »Unter den Überlebenden, die sich mit dem Großmeister einschifften« – so Eric Brockman –, »befand sich auch ein junger Provenzale namens Jean Parisot de la Valette. Als dreiundvierzig Jahre später der Rest der türkischen Armee von der Belagerung Maltas nach Konstantinopel zurückkehrte, geschlagen und gedemütigt von Großmeister La Valette, sollte Soliman es bereuen, daß er in jugendlicher Großzügigkeit diesen verfluchten Christenhund hatte lebend entkommen lassen.«

Erst im April erreichten die Schiffe Messina, den Hafen, von dem vor vielen Monaten die Entsatzflotte hätte auslaufen müssen, wenn ihnen die europäischen Mächte zu Hilfe gekommen wären. Das zukünftige Geschick des Ordens hing in erster Linie von L'Isle Adam und seinen diplomatischen Fähigkeiten ab. Glücklicherweise waren sie fast ebenso ausgeprägt wie seine Kenntnisse der Kriegskunst. Aber dennoch hatte er eine schwere Aufgabe vor sich. In Europa herrschten die üblichen verworrenen Zustände; der Orden schien nur noch ein Anachronismus zu sein. Martin Luther und seine Anhänger hatten ein neues Kapitel in der Weltgeschichte begonnen und bedrohten das Papsttum, ein Papsttum, das auf so schwankendem Boden stand, daß Rom selbst im Jahre 1527 sogar von den deutschen protestantischen Truppen Karls V. geplündert werden konnte. Das Überleben des Ordens war vor allem L'Isle Adams starker Persönlichkeit zu verdanken. Unablässig dachten die Ritter an Rhodos. Erinnerungen suchten sie heim, sie sahen ihre anmutige Stadt vor sich, die Straße der Aubergen, den Ausblick über die Meerenge zu jenem Festland, von dem ihr Feind gekommen war, die angenehmen Weingärten, die bewaldeten Hänge und die schmetterlingshellen Täler.

In diesen Jahren des Exils hatte der Orden zwei Sitze, den ersten in Viterbo nördlich von Rom, den zweiten in Nizza. L'Isle Adam war ständig von einem europäischen Hof zum andern unterwegs und versuchte, Hilfe zu erlangen, doch auch sein diplomatischer Charme brachte in dieser turbulenten Zeit wenig zuwege. Die Renaissance, der neue Geist, die Infragestellung der Autoritäten und die nationalen Streitigkeiten bestimmten das Bild des Tages. Der Orden galt als mittelalterlich, als überlebt. Er gehörte zu einer toten und vergessenen Welt. Einer der wenigen Herrscher, die auf L'Isle Adams Bitten eingingen, war seltsamerweise Heinrich VIII. von England. Er schenkte ihm wertvolle Bronzekanonen – als Ersatz für die zurückgelassenen Geschütze – sowie Waffen und Rüstungen. Einige Jahre später vergaß Heinrich seine frühere Sympathie für den Orden; er lag mit dem Papst im Streit, war auf der Suche nach Geld und bemächtigte sich sämtlicher englischen Besitzungen der Johanniter. Doch bevor es dazu kam, hatte der Orden schon eine neue Heimat gefunden.

Sie hatten um sizilische, korsische und sardische Halbinseln gebeten, sogar um die Insel Elba, um jeden kleinen Streifen Land, wo sie von neuem schaffen konnten, was ihnen verloren gegangen war. Doch die Herrscher betrachteten sie mit Argwohn. Denn war es nicht möglich, daß sie ihr Gelübde vernachlässigten, nur die Ungläubigen zu bekämpfen, und sich mit ihrer Flotte in den Dienst einer europäischen Macht stellten, die gegen andere europäische Mächte kämpfte? Im Jahre 1530 wurde Karl V. von Spanien von Papst Klemens VII. in Bologna zum Kaiser gekrönt. Zu dem riesigen Besitz, der unter seine Herrschaft gelangte, gehörte auch Malta. Malta und seine beiden Nachbarinseln waren bei den Johannitern schon einmal im Gespräch gewesen, aber die drei französischen Zungen hatten sich heftig dagegen gesträubt (vielleicht weil die Inseln unfruchtbar waren und nicht so aussahen, als würde dort guter Wein wachsen). Die deutsche Zunge und die beiden spanischen Zungen fanden die Wahl recht günstig. Sie waren vor allem davon beeindruckt, daß die Hauptinsel Malta mehrere vorzügliche Häfen aufzuweisen hatte. Andererseits kann man die Franzosen verstehen, wenn man den Bericht der acht Köpfe zählenden Kommission liest, die im Jahre 1524 zu den Inseln entsandt wurde.

»Die Insel Malta«, hieß es darin, »ist nichts weiter als ein Felsen aus weichem Sandstein, Tuff genannt« – in Wirklichkeit war es Kalkstein – »ungefähr sechs oder sieben Meilen lang und drei oder vier Meilen breit; der Felsboden ist von kaum mehr als drei oder vier Fuß Erdreich bedeckt. Auch dieses ist steinig und äußerst ungeeignet zum Getreideanbau. Es bringt jedoch reichlich Feigen, Melonen und andere Früchte hervor. Der Handel der Insel besteht in der Hauptsache aus Honig, Baumwolle und Kreuzkümmelsamen. Dagegen tauschen die Einwohner Getreide ein. Bis auf ein paar Quellen im Landesinneren gibt es kein fließendes Wasser, nicht einmal Brunnen, so daß die Einwohner sich mit Zisternen behelfen müssen, in denen sie Regenwasser auffangen. Holz ist so knapp, daß es pfundweise verkauft wird, und um ihr Essen zu erwärmen, müssen die Bewohner gedörrten Kuhdung oder Disteln verwenden.«

Das klang freilich nicht ermutigend. Weiter hieß es: »Die Hauptstadt Città Notabile liegt auf einer Anhöhe im Inneren der Insel. Die meisten ihrer Häuser sind unbewohnt ... An der Westküste gibt es weder kleinere noch größere Buchten, der Strand ist äußerst felsig. An der Ostküste hingegen befinden sich viele Landzungen, kleinere sowie größere Buchten und zwei besonders schöne große Häfen, geräumig genug, um eine Flotte beliebigen Umfangs aufzunehmen.«

Und das gab den Ausschlag. Erstklassige Mittelmeerhäfen waren selten genug, und da die Ritter auf See operierten, wollten sie natürlich, daß ihre Schiffe gut untergebracht waren. Und so schickte der Johanniterorden Botschafter zum Kaiser und ließ anfragen, ob er gütigst in Erwägung ziehen wolle, den Rittern die Insel Malta zu überlassen. Karl V. und seine Berater dachten gründlich über das Ersuchen nach und kamen zu dem Schluß, daß es hinsichtlich des Schutzes seiner Besitzungen im allgemeinen und Siziliens im besonderen günstig sei, die Ritter nach Malta zu holen. Malta konnte als vorgeschobenes Bollwerk und Horchposten gegen die Türken und die Piraten der Berberküste dienen. Karl gab den Rittern – gegen eine rein formale Jahresabgabe in Form eines Falken – Malta zu Lehen. Allerdings enthielt die Lehensurkunde den unangenehmen Zusatz, die Ritter hätten auch die Garnison von Tripolis an der nordafrikanischen Küste zu stellen. Das war in der Tat ein Danaergeschenk, denn Tripolis lag über dreihundert Kilometer von Malta entfernt inmitten feindlicher mohammedanischer Staaten. Es war bereits ein Problem, die Stadt zu bemannen, erst recht, sie zu halten. Die verzweifelte Lage des Ordens erhellt schon daraus, daß er dem Angebot des Kaisers zustimmte.

Im Herbst 1530 stachen die Ritter vom hl. Johannes von Jerusalem (und nun auch von Rhodos) von Sizilien aus in See. Sie fuhren südwärts, ihrer neuen Heimat entgegen. Sie waren keineswegs glücklich über das, was sie vorfanden. Die Kommission hatte sie gewarnt: die Insel sei felsig und öde, doch sie dürften sich nicht vorgestellt haben, wie abweisend, geradezu wüstenhaft, die Inseln gegen Ende des Sommers aussahen, bevor der erste Regen gefallen war und das Land wieder auflebte. Wo immer sie entlangfuhren – erst an der zerklüfteten Insel Gozo, dann an dem Eiland Comino vorbei und schließlich auf Malta zu –, überall sahen sie eine kahle Mondlandschaft aus schroffen Sandsteinklippen und -felsen. Sofern Johannisbrotbäume ein wenig Schatten gewährten, leuchtete hie und da ein mattes Fleckchen Grün. Abweisend und feindlich stellte sich die Insel ihren neuen Besitzern dar.

Die Inselbewohner sprachen, wie die Kommission berichtet hatte, einen arabischen Dialekt; nur einige wenige Kaufleute und der ortsansässige Adel waren des Französischen, Spanischen oder Italienischen mächtig. Der Adel, der mit den wichtigsten Familien von Aragon und Sizilien verwandt war, hatte gewiß keinerlei Veranlassung, freundliche Gefühle für die Neuankömmlinge zu hegen. Sie waren nun Herren eines Gebiets, aus dem der Adel traditionellerweise seine Abgaben und Tribute von der Landbevölkerung bezog. Mit Bestürzung, ja Entsetzen sahen sich die Ritter um: nach den denkgewandten, gewitzten Griechen von Rhodos eine Landbevölkerung von etwa 12000 Seelen, die völlig ungebildet und ohne besondere Fähig-

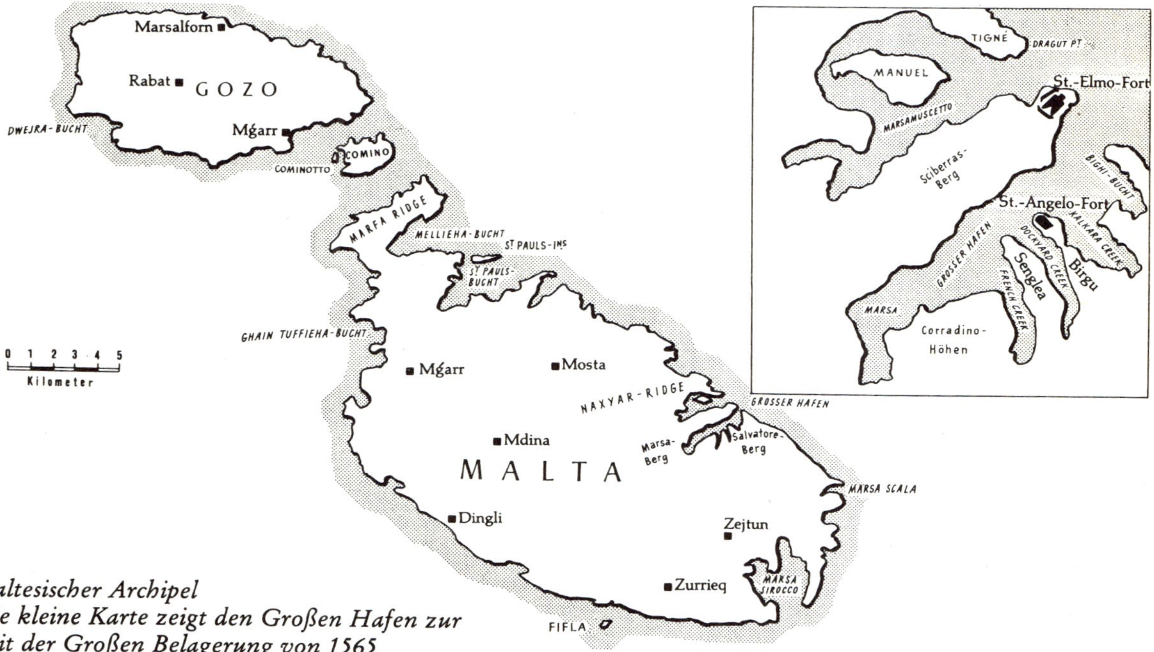

Maltesischer Archipel
Die kleine Karte zeigt den Großen Hafen zur Zeit der Großen Belagerung von 1565

keiten war. Città Notabile oder Mdina, wie es die Malteser nannten, lag zwar günstig, war aber nahezu verlassen. Nur die Häfen konnten sie trösten, vor allem der eine an der Ostküste, der heute noch den Namen Grand Harbour – Großer Hafen – trägt. Er bot Raum für eine Flotte, die an Größe alles übertraf, was sich selbst ein europäischer Monarch hätte leisten können. Doch wieder erwachten die Zweifel: Der Hafen war dürftig geschützt. Man mußte eine ungeheure Bautätigkeit entfalten, bevor er einem Piratenüberfall oder gar einem Angriff von Solimans Flotte gewachsen war.

Zur Erleichterung des Adels beschlossen die Ritter, sich auf einer kleinen Halbinsel anzusiedeln, die von Süden her in den Großen Hafen hineinragte. Hier fanden sie ein erbärmliches Fischerdorf vor, das Birgu hieß. An der Spitze der Halbinsel stand ein kleines verfallenes Fort. So wenig attraktiv all das auch sein mochte, der Hafen mit seinen vielen Buchten im Süd- und Westteil entschädigte sie ein wenig und machte Malta erträglicher. Dennoch gab es im Orden noch monate- und jahrelang eine Partei, die auf der Rückeroberung von Rhodos bestand. Für den Augenblick reichte Malta aus, als letzte Zuflucht sozusagen, doch als sie die Insel im verdämmernden Licht dieses Herbsttages betrachteten, »weinten sie im Gedenken an Rhodos«.

Die einfachen Leute von Malta begafften die Ritter, als seien sie Besucher von einem anderen Stern. Sie führten ein hartes Leben, bearbeiteten mit qualvoll gekrümmtem Rücken den dürftigen Boden im gleißenden Sonnenlicht und waren mit diesen gepanzerten Männern von seltsamem Aussehen und Gebaren in keiner Weise vertraut. Ebensowenig waren sie an ihren bunten Putz und ihre Fahnen, an ihre Pagen und Knappen, an die Soldaten, die griechischen Handwerker, Seeleute und Lotsen gewohnt, ganz zu schweigen von den kunstvollen Galeeren und Segelschiffen mit den verzierten Bug- und Heckteilen. Daneben bot sich ihnen der fremdartige Anblick gefesselter mohammedanischer Sklaven, die streng bewacht in ihre Landquartiere geführt wurden. Das dürfte die Malteser ein wenig getröstet haben, denn Malta und Gozo wurden ständig von den Piraten und Sklavenhändlern der Berberküste überfallen.

Jedenfalls waren die neuen Herren, diese Johanniter, ebenso gute katholische Christen wie sie selbst. Man sah, daß sie Feinde der Mauren waren, ließen sie sie doch als Galeerensklaven arbeiten – bis dahin hatten die Inselbewohner gedacht, dieses

Schicksal sei jenen Maltesern vorbehalten, die gefangen und auf dem großen Markt von Tunis verkauft wurden.

Ansonsten waren die Malteser über die Ankunft der Ritter nicht sehr erbaut. Dazu schreibt der maltesische Historiker Sir Themistocles Zammit: »Als die Ritter nach Malta kamen, war das religiöse Element ihrer Stiftung bereits im Verfall begriffen. Die mönchischen Gelübde betrachteten sie für gewöhnlich als reine Formsache, und sie fielen durch ihr hochmütiges Gebaren und ihre weltlichen Neigungen auf. Die Malteser, die gewohnt waren, als Freie behandelt zu werden, vermerkten es übel, daß sie der politischen Freiheiten verlustig gingen, die man ihnen eingeräumt hatte ... Es ist daher nicht verwunderlich, daß die Malteser nur wenig für ihre neuen Herrscher übrig hatten.« Das Bild, das hier von den Rittern entworfen wird, ist etwas überzeichnet; für das 17. und 18. Jahrhundert mag es zutreffen, es stimmt aber kaum für die Zeit, da sie sich auf Malta niederließen (1530). Der Standpunkt des Adels, der in seinen alten Palästen in Mdina saß, wurde korrekt von Elizabeth Schermerhorn wiedergegeben. Sie geht von den Kommentaren seiner heutigen Nachfahren aus und meint dazu:

»Für den gebildeten adligen Malteser, der über die lokale Geschichte gut unterrichtet ist, kommt es einfach nicht in Frage, den herrischen Orden, der ihnen ihre Ständevertretung und ihre freien Institutionen wegnahm, die geheiligten Privilegien ihres Bistums beschnitt und Söhnen aus Familien, deren Adelsprädikate weiter zurückreichten als das Datum der Besetzung von Rhodos, hochmütigerweise die Ordenszugehörigkeit verweigerte, ins Gespräch zu bringen oder gar zu verteidigen.«

Doch der »herrische Orden« hatte auch seine Probleme. Birgu mußte so umgestaltet werden, daß es wenigstens entfernt an ihre alte Heimat Rhodos erinnerte. Die zwei Jahrhunderte streng geregelten Lebens innerhalb der Mauern von Rhodos hatten die Ritter geprägt: Sie konnten sich kein anderes Dasein vorstellen als auf dem Wasser oder dicht beim Wasser, ihre Schiffe und Galeeren direkt vor Augen und dahinter den Ausblick aufs offene Meer. Birgu kam diesen Anforderungen entgegen. L'Isle Adam jedoch konnte die völlige Umgestaltung Birgus nicht mehr erreichen. Er hatte den Orden durch die Belagerung von Rhodos geleitet, ihn in den Jahren des Exils zusammengehalten und eine neue Heimat für ihn gefunden. Dazu meint Quentin Hughes: »L'Isle Adam ergänzte die dürftigen Verteidigungsanlagen (von Birgu), wo immer der Boden es erlaubte, durch Außenwerke, ließ die Mauern des Forts St. Angelo (an der Spitze der Halbinsel) ausbessern ... hielt sich aber ansonsten zurück; er plante nämlich, Rhodos zurückzuerobern, und betrachtete den Aufenthalt auf Malta nur als Übergangslösung. Zu diesem Ende wurde die Ordensflotte nach Südgriechenland entsandt, um zur Vorbereitung erst einmal Modon einzunehmen. Bei diesem Versuch erlitten die Schiffe eine schwere Niederlage, und der Plan, Rhodos wieder zu besetzen, mußte aufgegeben werden.«

L'Isle Adams letzte Jahre wurden durch Streit und Aufsässigkeit bei den jungen Rittern verdüstert. Sie fanden Malta langweilig und reizlos und waren zu jung, um zu erkennen, daß der Orden froh darum sein mußte, überhaupt eine Heimstatt zu haben. L'Isle Adam starb 1534 in der alten Hauptstadt Mdina, vier Jahre nachdem sich der Orden auf Malta niedergelassen hatte. Er war ein brillanter und kühner Großmeister, einer der bedeutendsten in der langen Ordensgeschichte.

Der wichtigste unter seinen unmittelbaren Nachfolgern war der spanische Großmeister Juan de Homedes, der von 1536 bis 1553 regierte. Unter Homedes begannen die Bollwerke von Birgu allmählich Gestalt anzunehmen. Der italienische Festungsbaumeister Antoni Ferramolino wurde von Karl V. nach Malta geschickt, um die Ritter bei der Umgestaltung des alten Fischerdorfs und besonders bei der Verbesserung der Verteidigungsanlagen zu beraten. Das gesamte Gebiet war niedrig gelegen und wurde von einem Bergrücken aus Kalkstein, dem Monte Sciberras, beherrscht, der die Nordflanke des Großen Hafens bildete. Ferramolino empfahl Homedes, den Konvent auf diese Höhe zu verlegen und dort eine völlig neue Stadt zu errichten.

Der Großmeister dürfte erkannt haben, daß dies ein kluger Rat war, konnte ihn jedoch nicht befolgen, weil zu diesem Zeitpunkt die Baukosten für eine neue Stadt die Ordensfinanzen bei weitem überstiegen hätten. Und so mußte man sich damit zufriedengeben, daß Ferramolino die Befestigungswerke um Birgu verstärkte. Zuallererst wurde St. Angelo ausgebaut. Es war nun eine starke Festung. Oberhalb davon errichtete Ferramolino einen großen Cavalier, auf dem man Geschütze aufstellen konnte, die die Einfahrt zum Großen Hafen deckten und außerdem die Stelle erreichten, wo der Monte Sciberras ins Meer abfiel. Zur weiteren Lageverbesserung wurde die Festung von der dahinter liegenden Stadt durch einen Wallgraben getrennt. St. Angelo war jetzt nur noch über eine Zugbrücke zugänglich. Daneben war der Graben zur Anlage eines Hafens für die Galeeren geeignet, der im kleinen ein wenig an den Mandraccio erinnerte. Die späteren Ergänzungen zu den Bollwerken, die den großen Hafen schützten, wurden von dem spanischen Festungsbaumeister Pietro Pardo und von Graf Strozzi, dem Prior von Capua, initiiert. Dazu gehörte ein sternförmiges Fort auf der Spitze der benachbarten Halbinsel, die L'Isla (die Insel) und später Senglea hieß – nach dem Großmeister de la Sengle. Dies nach St. Michael benannte Fort beherrschte mit seinen Geschützen ebenfalls den Großen Hafen und verstärkte das Feuer von St. Angelo.

Die wichtigste Entwicklung dieser Jahre war der Bau eines weiteren sternförmigen Forts an der Spitze des Monte Sciberras. Es beherrschte die Einfahrt zum Großen Hafen und die Einfahrt zum zweiten wichtigen Hafen, dem Marsamuscetto, der auf der anderen Seite der Halbinsel lag. Das Fort wurde nach St. Elmo, dem Schutzheiligen der Seeleute, benannt. An seiner Stelle hatte sich früher ein kleiner Wachtturm erhoben, und vermutlich hatte es hier seit den Zeiten der Griechen und Römer eine Art Leuchtturm gegeben. (Der maltesische Name Sciberras bedeutet wörtlich »Das Licht auf der Landspitze«.) Im Verlauf der zwanzig Jahre, während deren die Ritter alle diese neuen Arbeiten in Angriff nahmen, entdeckten sie doch eine unerwartete Fähigkeit bei den Inselbewohnern: Sie besaßen ein beachtliches Geschick als Steinmetze. Die Verteidigungsanlagen wurden von Festungsbaumeistern entworfen, das mühsame Heranschleppen der Steine besorgten in erster Linie Galeerensklaven, aber die Hauptarbeit taten die Malteser. Da sie seit Jahrhunderten auf ihren öden Felseninseln lebten, wo die Verwendung von Holz beim Bauen unmöglich war, hatten sie sich zu Maurern und Steinmetzen entwickelt, die in der damaligen Welt ihresgleichen suchten. Als hilfreich erwies es sich, daß der Kalkstein meistens weich war und daher recht leicht zu Blöcken behauen werden konnte, die eine dicke, harte Kruste entwickelten, wenn sie mehrere Jahre lang der salzigen Meeresluft ausgesetzt waren. Außerdem gab es eine zweite, sehr harte Art von Kalkstein. Er bot sich als Material für die Bollwerke an, die direkt dem Angriff ausgesetzt sein würden, als glatte, ableitende Oberfläche gegen den Anprall von Kanonenkugeln.

Angesichts der erschöpften Finanzen war es nur natürlich, daß die Ritter sehr schnell ihre »Karawanen« wiedereinführten. Sie fanden zu ihrem Entzücken, daß die mohammedanischen Schiffahrtsrouten, wenngleich von Malta etwas weiter entfernt als von Rhodos, reiche Beute versprachen. Außerdem waren die Muselmanen jetzt so lange von Angriffen verschont geblieben, daß ihre Kauffahrteischiffe für das plötzliche, raubvogelgleiche Herannahen der Ordensgaleeren kaum gerüstet waren. Die Johanniter operierten hauptsächlich von Malta, daneben auch von Tripolis aus und konnten bald reiche Gewinne einstreichen, die die Ordenskasse aufbesserten und nicht nur den Bau der Befestigungen, sondern auch die Errichtung eines neuen Hospitals und der Aubergen für die verschiedenen Zungen vorantrieben.

Die Seestreitmacht des Ordens war zwar klein, aber nach wie vor die leistungsfähigste des Mittelmeers. Die Ritter hatten Glück. Einige rhodische Seeleute und Navigatoren hatten sie begleitet, und daneben fanden sie Ersatz bei den Maltesern. Diese waren durch die Araber, die zwei Jahrhunderte lang ihre Inseln beherrscht hatten, mit dem Lateinsegel vertraut und konnten hervorragend mit kleineren Booten umgehen, denn sie mußten Küstenfischerei betreiben, um die mageren Fleischvorräte zu ergänzen, die ihnen Malta und Gozo boten. Die kurzbeinigen, stämmigen, abgehärteten und ausdauernden Malteser sollten sich für die See- und Landstreitmacht des Ordens als ebenso große Hilfe erweisen wie die Rhodier.

Die Flotte wurde durch die Große Karacke verstärkt, eines der mächtigsten Schiffe der damaligen Zeit und vielleicht das gewaltigste Kriegsschiff des Mittelmeers. Sie war in Nizza gebaut worden. Es handelte sich um ein Schiff, das schon das Ende der Galeeren und die Heraufkunft des Kriegers anzeigte, der ganz auf den Antrieb durch Segel und auf die Feuerkraft seines Schiffes angewiesen war. Deshalb lohnt es sich vielleicht, sie etwas eingehender zu beschreiben. Die nachfolgende Schilderung stammt aus J. Taafes ›History of the Order‹ von 1852: »Sie glich unseren Rettungsbooten insofern, als sie selbst mit zahlreichen Lecks und einer Menge Wasser im Schiff nicht untergehen konnte. Als in Nizza die Pest wütete und so viele Menschen starben, daß die Vögel vom Gestank der verdorbenen Luft tot zu Boden fielen, gab es an Bord keinen einzigen Kranken, was man vor allem den vielen Feuern zuschrieb, die von den Handwerkern zur Herstellung der benötigten Schrauben, Nägel und anderen Eisenteile unterhalten wurden ... (Sie) hatte acht Decks oder Stockwerke und so viel Raum für Speicher und Magazine, daß sie sechs Monate lang auf See bleiben konnte, ohne zur Aufnahme von Vorräten oder Wasser einen Hafen anzulaufen, denn sie hatte für diese ganze Zeit einen ungeheuren Vorrat des frischesten und klarsten Wassers. Die Besatzung aß keinen Schiffszwieback, sondern ausgezeichnetes Weißbrot, das täglich frisch gebacken wurde. Das dafür nötige Getreide wurde in einer Unzahl von Handmühlen gemahlen, das Brot in einem Ofen gebacken, der so groß war, daß er 2000 Laib faßte. Das Schiff war mit sechs Metallschichten beschlagen, von denen zwei unter der Wasserlinie mit Bronzeschrauben befestigt waren, da sie das zum Löten verwendete Blei nicht zerstören wie Eisenschrauben. Das Schiff war mit so vollendeter Kunst gebaut, daß es nicht sinken konnte und keine menschliche Macht es zu versenken vermochte. Es hatte prächtige Räume und eine Rüstkammer für 500 Mann. Von der stattlichen Zahl an Kanonen aller Art braucht nicht mehr gesagt zu werden, als daß fünfzig von ihnen ungewöhnlich groß waren. Doch was dies alles krönte, war die unvergleichliche Schnelligkeit und Wendigkeit dieses gewaltigen Schiffes. Zudem konnte man die Segel erstaunlich leicht bedienen; es bedurfte geringer Mühe, sie zu setzen oder zu reffen und alle nautischen Manöver durchzuführen. Von der kämpfenden Truppe an Bord abgesehen, belief sich schon die Zahl der Seeleute auf 300. Zu der Karacke gehörten zwei Galeeren zu je fünfzehn Ruderbänken, deren eine im Schlepptau gezogen wurde; die andere befand sich an Bord; nicht zu reden von den vielen Booten verschiedener Größe, die ebenfalls an Bord genommen wurden. Die Seitenbeplankung war so stark, daß, obwohl sie oft im Gefecht gewesen und von vielen Kanonenkugeln getroffen worden war, kein Geschoß die Bordwände oder die Aufbauten durchschlug.« Die Moslems fanden bald heraus, daß die Gewässer vor der Berberküste – die so lange ihr alleiniges Revier waren – nunmehr gefährlich wurden, verfügte der Orden doch über ein so gewaltiges Schlachtschiff und dazu über die wendigen Galeeren. Malta, inmitten der Seewege des Mittelmeers gelegen, verdiente die homerische Bezeichnung »Nabel der See«. Die Johanniter entdeckten schließlich, daß ihre neue Inselheimat – obwohl sie Rhodos nie aus ihrem Herzen verdrängen konnte – der ideale Stützpunkt für ihren unablässigen Kampf gegen die Feinde des Kreuzes war.

In den ersten dreißig Jahren auf Malta gerieten die Ritter immer wieder mit den Piraten der Berberküste aneinander. Dieses Gebiet erstreckte sich vom heutigen Libyen bis nach Algier und zur Straße von Gibraltar. Die wichtigsten Gründer dieser Gruppe von Staaten oder staatsähnlichen Gebilden waren die beiden Brüder Chair-ed-Din und Aruj »Barbarossa« (oder »Rotbart« – so nannten sie die Christen). Obwohl leidenschaftliche Moslems, waren die Brüder Söhne einer Griechin christlichen Glaubens, Gattin eines Janitscharen, den der Sultan auf Lesbos angesiedelt hatte – zur Belohnung für seine Dienste bei der Eroberung dieser Insel. Vermutlich hatten die beiden Brüder nicht einmal türkisches Blut in den Adern.

Sie operierten grundsätzlich von Tunis aus, waren der Schrekken des westlichen Mittelmeers und kämpften oft mit den Schiffen und den Männern des spanischen Königs. Aruj, der ältere, starb recht früh (1518) bei einem Gefecht mit den Spaniern in der Nähe von Oran. Sein Bruder Chair-ed-Din (Hüter des Glaubens) folgte ihm als Führer der nordafrikanischen Muslime. Er war politisch ebenso fähig wie als Kommandeur zu Wasser und zu Lande. Chair-ed-Din oder Barbarossa (die Europäer nannten jetzt nur noch ihn so) war ein Feind aller Christen – aber ein achtbarer Feind.

Barbarossa wurde so berühmt als Seeheld, daß der Sultan ihn kurz nach dem Tode seines Bruders nach Konstantinopel berief und ihn zum Großadmiral der türkischen Flotte ernannte. Er setzte es durch, daß sich bei den Ottomanen nun eine rege Tätigkeit im Schiffsbau entfaltete. Den Kapitänen des Sultans führte er eine Reihe von Männern seines Schlages zu und machte die türkische Flotte in jeder Hinsicht zur leistungsfähigsten Seestreitmacht des Mittelmeers. Bald sicherte er Tunis samt seiner Umgebung für den Sultan, und bald lagen die Truppen des spanischen Herrschers jahrzehntelang mit diesem ehemaligen Piraten im Streit.

Über die Lage im Mittelmeer in den Jahren, da Barbarossa Nordafrika beherrschte, während die Ritter damit beschäftigt waren, sich in Malta einzurichten, kann man eine gewisse Vorstellung aus dem Bericht des Abtes Diego de Haedo in seiner ›Geschichte von Algier‹ (1612) gewinnen. Sie entstand zwar zu einem wesentlich späteren Zeitpunkt, aber der Abt war mit Algier aus persönlicher Anschauung vertraut und konnte sich obendrein auf eine Reihe von Moslems berufen, die in jungen Jahren Chair-ed-Din Barbarossa gekannt hatten. Eins geht sofort daraus hervor: Auf dem Mittelmeer galt kein Gesetz mehr, kein christliches Schiff, keine Küstenstadt war sicher – die Piraten beherrschten alles. In den folgenden Jahrhunderten kontrollierte der Johanniterorden die Seewege und tat sein Bestes, um die Piraten aus dem Feld zu schlagen.

Der Abt schreibt: »Während die Christen Müßiggang treiben, die Galeeren untätig vor Anker liegen und die Drommeten im Hafen erschallen lassen und sich in aller Gemächlichkeit ergötzen, Tag und Nacht mit Schmausen, Karten- und Würfelspiel hinbringen, durchfahren die Corsaren nach Herzenslust und ohne die mindeste Furcht oder Scheu das östliche und westliche Meer, als freie und uneingeschränkte Herren desselben. Sie durchstreifen es nicht anders als Leute, die zu ihrer Zerstreuung auf die Jagd nach Hasen gehen. Hier erhaschen sie ein Schiff, das mit Gold und Silber aus Indien beladen ist, dort gewinnen sie eines mit reicher Fracht aus Flandern; einmal bringen sie ein Schiff aus England auf, ein andermal ein Schiff aus Portugal; hier kapern sie eines aus Venedig und führen es mit sich fort, dort eines von Sizilien, und ein Stück weiter überfallen sie andere Schiffe aus Neapel, Livorno oder Genua, welche allesamt im Überfluß mit großen und wunderbaren Schätzen beladen sind. Bei anderen Gelegenheiten haben sie als Führer Renegaten mit sich (deren es in Algier eine stattliche Anzahl aus allen christlichen Ländern gibt, ja sogar die Generalität der Corsaren besteht aus Renegaten, die samt und sonders aufs beste mit Küsten und Ländern der Christenheit vertraut sind), gehen keck an Land, selbst bei hellem Tageslicht oder wann immer es ihnen gefällt, und marschieren ohne die mindeste Furcht weiter, stoßen zehn, fünfzehn und mehr Meilen ins Landesinnere vor; und die armen Christen, die sich sicher wähnten, sehen sich plötzlich überrascht; viele Städte, Dörfer und Gehöfte werden geplündert; unzählige Seelen – Männer, Frauen, Kinder und Säuglinge an der Mutterbrust – werden in eine erbärmliche Gefangenschaft verschleppt. Mit diesen armen, zugrunde gerichteten Leuten, beladen mit allem, was dieselben an wertvoller Habe besaßen, ihre Augen voll Lachens und Zufriedenheit, ziehen sich die Piraten ohne Eile zu ihren Schiffen zurück. Man weiß wohl, daß sie auf diese Weise Sardinien, Korsika, Sizilien, Kalabrien, die

Umgebung von Neapel, Rom und Genua, die Balearen und die Küste von Spanien gänzlich zugrunde gerichtet und verheert haben; in Spanien tun sie sich nach Herzenslust gütlich, denn die Mauren, die daselbst wohnen, sind größere Eiferer im Islam als die Mauren, die in der Berberei geboren sind, sie empfangen die letzteren und nehmen sie willig auf und geben ihnen von allem Kunde, was sie zu wissen begehren. Deshalb kehren die Corsaren, ehe sie länger als zwanzig oder dreißig Tage von ihren Schlupfwinkeln abwesend waren, reich heim; ihre Schiffe sind übervoll mit Gefangenen und sinken schier unter der Last ihrer Schätze; im Nu ernten sie fast ohne Mühe alle die Früchte, welche die habsüchtigen Mexikaner und die gierigen Peruaner aus dem Inneren der Erde zutage geschürft haben und nach welchen es den Kaufmann gelüstete, der sie unter offenkundigen Gefahren in langer Zeit zusammentrug und, sie aus dem Osten oder Westen zu holen, unter unsäglicher Gefahr und Mühsal viele tausend Meilen fuhr. So haben sie die meisten Häuser und Lagerspeicher sowie alle Läden mit Gold, Silber, Perlen, Bernstein, Gewürzen, Arzeneien, Seidenstoffen, Tuchen, Samt etc. vollgehäuft; wodurch sie die Stadt (Algier) zur reichsten der Welt machten; dergestalt, daß die Türken sie nicht ohne Grund ihr Indien, ihr Mexiko, ihr Peru nennen.«

Spätere Kritiker des Ordens haben ihm – in Anbetracht seines Niedergangs im 17. und 18. Jahrhundert – immer wieder vorgeworfen, er sei auch nicht besser gewesen als die mohammedanischen Piraten. Doch die Wahrheit lautet ganz anders. Der Johanniterorden kaperte zwar mohammedanische Schiffe, hauptsächlich war es ihm aber um die Stabilisierung des Handelsrouten im westlichen Mittelmeer zu tun. Außerdem sorgte er für ein wenig Recht und Ordnung in einem völlig gesetzlos gewordenen Meer.

Karl V. war fest entschlossen, die mohammedanische Gefahr, die seinem Königreich drohte, zu beseitigen, und konnte Barbarossa und seine Leute schließlich aus Tunis vertreiben. Durch diesen Erfolg übermütig geworden, versuchte er, als nächstes Algier anzugreifen, das noch näher an Spanien gelegen war und Spaniens Verbindungswege zu seinen Besitzungen in der Neuen Welt noch stärker gefährdete. Karl wollte die Piraten auch aus Algier vertreiben, damit alle nordafrikanischen Häfen von Algier bis Tripolis den Christen in die Hand fielen. Und Großmeister Homedes erinnerte ihn immer wieder daran, daß es mit Tripolis nicht zum besten stand. Die Stadt, auf Treibsand gebaut und von feindlichen Stämmen umgeben, erwies sich als schwere Belastung der Ordensfinanzen. Dem waren die Johanniter nicht gewachsen, denn zu dieser Zeit verwandten sie alles Geld, das sie aufbringen konnten, zur Sicherung Maltas. Auf eine weitere Bitte, er möge entweder zusätzliche Gelder zum Ausbau der Bollwerke von Tripolis zur Verfügung stellen oder aber den Rittern erlauben, die Stadt zu verlassen, antwortete Karl V., er sei im Begriff, eine Expedition gegen Algier vorzubereiten. Wenn die Riiter ihm bei der Beseitigung des Hauptübels behilflich seien, rechne er fest damit, daß Tripolis gehalten werden könne.

Die Expedition, die 1519 – dem ersten Jahr von Barbarossas Herrschaft in Algier – in Angriff genommen wurde, war ein beachtliches Beispiel für europäische Zusammenarbeit. Mit Ausnahme Frankreichs, das zu fast allen Nachbarländern ein gespanntes Verhältnis hatte, lieferten nahezu alle Staaten, die Interesse am Mittelmeer hatten, einen Beitrag in Form ihrer gesamten Seestreitmacht oder zumindest eines Teils davon. Fünfzig Galeeren bildeten die Angriffsspitze; zum Truppentransport standen weitere 300 bis 400 Schiffe bereit. Der Papst, Neapel, Monaco und Spanien entsandten je ein Geschwader Galeeren, Fernando de Gonzaga und Andrea Doria brachten zusätzlich zwanzig Schiffe mit. Der Orden schickte ein Kontingent von 500 Rittern, dazu 1000 Gefolgsleute, eine Elitetruppe, die beim Angriff auf Algier die Vorhut stellen sollte. Wie so oft in jenen Tagen, da man logistische Probleme erst unvollkommen erfaßte, lief die Armada viel später aus als geplant und ging erst am 24. August, dem Bartholomäustag, in der Bucht von Algier vor Anker.

Was nun folgte, war eine Katastrophe größten Ausmaßes. Zwei Tage später kam ein starker Wind auf, der in diesem Teil der Welt fast immer ein Schlechtwetterbote ist. Ihm folgte einer der verheerenden Nordstürme, für welche die nordafrikanische Küste immer berüchtigt war. Sie galt als Schiffsfriedhof seit den Tagen, da die Phönizier die Handelsrouten zum Westen erschlossen.

Karl V. besaß unglücklicherweise nicht das meteorologische Wissen, über das heutige Navigatoren verfügen: »Vor der Küste von Algerien setzen im allgemeinen (bei Durchzug eines Tiefs) westliche Winde ein, die bei Durchzug der Kaltfront Windstärken über 8 erreichen, wobei die Winde auf Nordwest oder Nordnordwest umspringen; in solchen Gebieten geht den Stürmen oft ein böiges Auffrischen des von Norden wehenden Windes voraus. Das Einsetzen der Stürme wird von der charakteristischen Kaltwetterfrontbewölkung und Gewittern mit schweren Niederschlägen begleitet. Wenn sich der Sturm etwas gelegt hat, drehen die nordwestlichen Winde manchmal nach Westen bei. Nähern sich dann weitere Kaltfronten, so beginnt der Sturm von neuem.«

Karls Expedition wurde durch eine solche Wetterlage ruiniert. Anker dreggten, Ankertaue rissen, Schiffe trieben auf die Küste zu, kollidierten miteinander, und die schweren Transporter, die schon bei gutem Wetter schwer zu bedienen waren, gingen unter oder strandeten. Mehr als zwanzig Schiffe wurden völlig zerstört; die Menschen ertranken zu Hunderten. Die Johanniter, welche die Vorhut bilden durften – sie hatten gehofft, bald ihr achtzackiges Kreuz über den Wällen von Algier flattern zu sehen –, wurden nun mit einer ehrenvollen, aber traurigen Aufgabe betraut: Sie stellten die Nachhut und deckten den Rückzug. Dabei erlitten sie schwere Verluste. Man schätzte, daß nicht einmal die Hälfte der Ritter, die gegen Algier gezogen waren, nach Malta zurückkehrte.

Die Katastrophe von Algier und die empfindlichen Verluste des Ordens machten die Lage von Tripolis kritischer denn je. Es war nur eine Frage der Zeit, daß die Stadt fiel, zumal Karl V. nach der Schlappe bei Algier nicht in der Lage war, den Rittern in nächster Zukunft wirksame Hilfe bei der Bemannung dieses isolierten Vorpostens zu leisten. Doch bis zum Fall von Tripolis verstrichen noch einige Jahre, in denen die Ritter sich auf Malta konsolidierten, während die ottomanische Flotte unter Barbarossa das Mittelmeer praktisch zu einem türkischen Binnengewässer machte.

Im Herbst 1538 fand eine Seeschlacht statt, die die unangefochtene Position der Türken im Mittelmeer unter Beweis stellte. Von diesem Zeitpunkt an gerechnet hatte der Halbmond im ganzen Mittelmeer das Übergewicht über das Kreuz – bis zur Belagerung Maltas im Jahre 1565. Allerdings mußten die Moslems vor Malta und Kreta (das von den Venezianern beherrscht wurde) vorsichtig operieren. Ansonsten herrschte überall auf dem Mittelmeer die reine Anarchie. Um die Piraten – wenigstens versuchsweise – zu vertreiben und die Sicherheit der christlichen Gebiete zu gewährleisten, übertrug Karl V. dem hervorragenden Seemann und Kondottiere Andrea Doria den Oberbefehl über die kaiserliche Kriegsflotte. Die Venezianer, um die Sicherheit Kretas und ihrer Handelsrouten zum Osten besorgt, stellten Galeeren und Segelschiffe zur Verfügung, insgesamt einundachtzig Stück. Aus Spanien kamen dreißig Galeeren; dazu ein päpstliches Geschwader und die kleine Seestreitmacht der Johanniter. Man wollte Barbarossa Einhalt gebieten und die türkische Flotte ein für allemal vernichten oder ihr wenigstens eine so vernichtende Niederlage beibringen, daß sie sich von da an auf die Ägäis und den Osten beschränkte.

Zur Schlacht kam es in der Nähe der Straße von Preveza nördlich von der Insel Levkas im Ionischen Meer, an derselben Stelle – Actium –, wo die Streitkräfte von Antonius und Kleopatra im Jahre 31 v. Chr. von Octavian besiegt wurden. Barbarossa suchte gerade die Inseln der Ägäis nach Beutegut und Sklaven ab. Als er hörte, daß sich die christliche Flotte im Hafen von Korfu sammelte, brach er unverzüglich nach Norden auf. Wie viele Jahrhunderte vor ihm Antonius, wollte er nicht zulassen, daß der Feind ungehindert einen Schlag gegen die Westküste von Griechenland führen konnte. Also segelte er mit seiner Flotte in Richtung Preveza und ankerte – abermals wie Antonius – im Golf von Ambracia. Allerdings war Barbarossa ein fähigerer Seestratege als sein berühmter Vorgänger und legte es darauf an, sich bei einem eventuellen Rückzug keinesfalls den Weg abschneiden zu lassen. Er legte sich nur auf die Lauer, um in Erfahrung zu bringen, was der Feind im Schild führte. Falls er sich nach Süden wandte, würde er sich ihm entgegenstellen und den Kampf mit ihm aufnehmen, bevor er das Territorium des Sultans angreifen konnte.

Es kam zum Kampf. Er dauerte vom 25. bis zum 28. September und war ziemlich ergebnislos, wenngleich Barbarossa einen leichten Vorteil hatte. (Sicherlich wurde dies später in Konstantinopel als Triumph ersten Ranges gefeiert.)

Der Hauptgrund für die Erfolglosigkeit der christlichen Streitkräfte unter Andrea Doria war darin zu suchen, daß seine Flotte zu fast gleichen Teilen aus großen Segelschiffen – Galeonen – und Galeeren bestand. L'Isle Adam hatte vor etlichen Jahren bei Laiazzo entdeckt, daß Manöver mit einer derart zusammengesetzten Flotte äußerst schwierig waren, denn die eine Schiffsart war am leistungsfähigsten bei Wind, die andere bei Windstille. Nach einem unergiebigen Gefecht vor der Straße von Preveza fuhr Dorias Flotte südwärts, an der Insel Levkas vorbei, um die griechischen Besitzungen des Sultans zu überfallen. Barbarossa kam sofort aus seinem Schlupfwinkel heraus und verfolgte die gegnerische Flotte.

Das wichtigste Gefecht fand in der Nähe von Levkas statt. Barbarossa konnte zwei venezianische Galeeren, eine päpstliche Galeere und fünf spanische Segelschiffe kapern. Doria hingegen gelang es nicht, auch nur ein einziges türkisches Schiff aufzubringen oder zu versenken. Immerhin waren mehrere von Barbarossas Galeeren beschädigt und mußten sich aus dem Kampf zurückziehen. Sie wurden kampfunfähig geschossen von der großen Galeone von Venedig, dem Flaggschiff der venezianischen Flotte. Das Kommando führte Alessandro Condalmeiro, der fähigste Seemann, den die Venezianer damals hatten. Die Galeone von Venedig war in mancher Hinsicht ähnlich konstruiert wie die Große Karacke von Rhodos; ein gewaltiges Schiff mit Metallverkleidung unter der Wasserlinie und einer stattlichen Stückzahl von Geschützen an Bord. Sie und die Große Karacke leiteten das Ende der Galeeren ein.

Galeeren waren zwar noch bis zum Ausgang des 18. Jahrhunderts in Gebrauch – der Orden hatte bis zu seinen letzten Tagen auf Malta zwei Galeeren in gebrauchsfähigem Zustand –, aber als die starken Schiffe aufkamen, die schwerste Batterien von Geschützen tragen konnten, waren die Galeeren, diese schlanken Windhunde, die seit der Frühzeit das gezeitenlose Mittelmeer beherrscht hatten, veraltet. Die Schlacht von Lepanto (1571) war das letzte Seegefecht, bei dem die Galeeren das Übergewicht hatten. Sie blieben zwar bis zum Beginn des Dampfzeitalters die leistungsfähigsten Schiffe für das Mittelmeer mit seinen lang andauernden Flauten, aber aufgrund der Beschränkungen, die sich aus der Antriebsmethode ergaben, war es unmöglich, Galeeren zu bauen, die groß genug für Geschützdecks waren. Die Ritter hatten schon auf Rhodos zu den ersten gehört, die das wahrnahmen. Sie bauten zwar weiterhin Galeeren für ihre Karawanen gegen die Moslems, aber nun wurden in zunehmendem Maße Fregatten und Galeonen die tragenden Kräfte ihrer Flotte.

Zwölf Jahre nach der Schlacht von Preveza, die sich den europäischen Mächten als belanglos darstellen mochte, in Wirklichkeit aber ein Sieg für die Türken war (denn sie blieben weiterhin unangefochten als Herrscher des Mittelmeers), entschloß sich Karl V. zu einer neuen Aktion, die die Schlappe von Algier wettmachen und dem Orden helfen sollte, Tripolis zu halten. Diesmal war das Ziel die Stadt Mehadia, ein Hafen zwischen

Tunis und Tripolis am Golf von Gabes, der insofern gefährlich ist, als jeder Wind die See gewaltig aufwühlt. Mehadia wurde durch Dünen aus Treibsand und durch unberechenbare Strömungen geschützt und war daher ein idealer Schlupfwinkel für die Piraten. Von hier aus bedrohten sie Tunis und Tripolis, von hier aus wandten sie sich nordwärts gegen Sizilien und die Hauptverkehrsader des Osthandels, die durch das westliche Mittelmeer verlief. Für Großmeister Homedes und seinen Rat lag es auf der Hand, daß man, solange Mehadia noch bestand, von Malta aus recht wenig für den Schutz der christlichen Seefahrt leisten konnte, ganz zu schweigen von einer Nachschubroute zwischen Malta und Tripolis.

Wieder wurde das Oberkommando Andrea Doria anvertraut. Der Johanniterorden entsandte eine Elitetruppe, die aus Rittern, dienenden Brüdern und Söldnern bestand. Im Sommer 1550 wurde Mehadia angegriffen. Trotz der komplizierten Beschaffenheit des Angriffsziels war die Operation ein voller Erfolg. Dragut, der Nachfolger Barbarossas (Barbarossa war 1546 in Konstantinopel gestorben), hatte sich allzusehr auf die Uneinnehmbarkeit seines Stützpunktes verlassen. Mehadia fiel den Christen in die Hände. Da man die Stadt nicht ausreichend bemannen konnte, wurde sie samt ihrem Hafen zerstört. Bei der Belagerung und bei der Plünderung hatten die Ritter den Löwenanteil. Die Teilnahme an der Expedition schien ihnen im Moment den Besitz von Tripolis zu sichern, führte aber in Wirklichkeit zum Verlust dieser Stadt. Das mögen die Ritter vielleicht beklagt haben, doch es war das Beste, was ihnen widerfahren konnte.

Dragut sann auf Rache. Ein Jahr später, im Juli 1551, steuerte die Flotte unter seinem Kommando Malta an, ankerte im Hafen von Marsamuscetto und traf Vorbereitungen, die Insel zu verwüsten. Überrascht von der Stärke Birgus und Sengleas, der beiden Festungsdörfer der Ritter, ließ Dragut das Gelände um den Großen Hafen auskundschaften und kam zu dem Schluß, daß die Ritter durchaus vertrieben werden konnten, allerdings durch eine stärkere Truppe. Er hatte momentan nicht genügend Männer zur Verfügung. So wandte er sich gegen Westen und belagerte die alte Stadt Mdina. Doch selbst hier sah er seine Pläne durchkreuzt. Die Bollwerke Mdinas waren zwar schwach, aber die Lage der Stadt – sie lag auf einem steilen Felsen – erforderte mehr Männer und Waffen, als er aufbieten konnte. Gleichzeitig wurde er durch die Falschmeldung alarmiert, Andrea Doria mache sich zum Entsatz der Insel bereit; und so beschloß Dragut, von Mdina und dem restlichen Malta abzulassen und auf die nächste günstige Gelegenheit zu warten.

Er setzte zur Nachbarinsel Gozo über und plünderte sie. Gozo war schlecht befestigt und konnte kaum mehr als einen gelegentlichen Piratenüberfall verkraften. Dragut hatte leichtes Spiel. Die Einwohner Gozos wurden fast ausnahmslos in die Sklaverei verschleppt.

Doch Dragut war mit diesem Erfolg noch nicht zufrieden. Er wußte, daß die Ritter vollends mit dem Ausbau ihrer Festungswerke auf Malta beschäftigt waren. Nun wandte er sich gegen Tripolis. Die Christen hatten ihm seinen Stützpunkt Mehadia weggenommen, und jetzt wollte er sich eine neue Flottenbasis an der nordafrikanischen Küste beschaffen, von der aus er dem Johanniterorden möglichst viel Schaden zufügen konnte. Der Statthalter von Tripolis war damals der Marschall des Ordens, ein Franzose namens Gaspard la Vallier. Trotz der Unzulänglichkeit der Festungswerke und des so kleinen Häufleins von Rittern unter seinem Kommando war er nicht bereit, mit diesem türkischen »Piraten« zu verhandeln. Er hätte die Unbequemlichkeit, eine heroische Haltung einzunehmen, durchaus vermeiden können. Tripolis wurde von einer gewaltigen Streitmacht belagert, es bestand keine Hoffnung auf Entsatz von Malta, und somit war der Ausgang von vornherein klar. Tripolis fiel an Dragut. Jetzt hatten die Mohammedaner südlich von Malta festen Fuß gefaßt. Die Überlebenden der Belagerung erhielten freien Abzug und warfen zum letzten Mal einen Blick auf die Sandküste, die von Skorpionen wimmelte und im Frühling und Herbst von den verwünschten Südwinden heimgesucht wurde. Sie machten sich auf den Weg nach Norden, zur letzten Heimstatt, die der Heiligen Religion und dem Orden des hl. Johannes von Rhodos blieb. Bald würde man sie als Stützpunkt der Malteserritter kennen.

Jean Parisot de La Valette, der im Jahre 1557 Großmeister wurde, war seinen Vorgängern L'Isle Adam und d'Aubusson ebenbürtig. »Er war durch und durch Franzose und Gaskogner«, so beschrieb ihn der Abbé de Brantôme, »ein äußerst stattlicher Mann, der sieben Sprachen fließend beherrschte, darunter Italienisch, Spanisch, Griechisch, Arabisch und Türkisch.« Er wurde 1494 geboren und kämpfte mit 28 Jahren bei der letzten Belagerung von Rhodos mit. Als Zwanzigjähriger trat er in den Konvent ein, und von diesem Tag an blieb er bis zu seinem Tode dem Orden treu ergeben. Soviel man weiß, besuchte er nach seinem Eintritt in den Orden nie wieder die Besitzungen seiner Familie in Toulouse, nicht einmal zu der Zeit, da der exilierte Orden seinen Sitz in Nizza hatte. Er war ein Christ, in dem noch der alte Kreuzfahrergeist nachklang, und duldete bei seinen Rittern keine Abweichung vom Glauben. In der Religionsausübung war er ebenso feurig wie auf dem Schlachtfeld. Zeitweise bekleidete er das Amt des Admirals der Ordensflotte. Das alleine bedeutete schon eine Auszeichnung, denn der Admiral kam meist aus der Zunge von Italien – dies hatte Karl V. gefordert, als er den Rittern Malta zu Lehen gab. Ein ganzes Jahr lang mußte La Valette Frondienste als Galeerensklave leisten. Die Ordensgaleere, auf der er fuhr, wurde von einem türkischen Piraten gekapert (es gehört in den Bereich der Sage, daß die Ritter bei ihren Aktionen gegen die Türken stets erfolgreich waren). Auf dem Mittelmeer geriet man damals leicht in die Sklaverei – doch manchmal konnte der Sieger schon nach Stunden wieder Besiegter sein und umgekehrt. Gewöhnlich entkam man der Ruderbank nur dann, wenn Familienangehörige oder Freunde das Lösegeld bezahlten. Manchmal wurde das Schiff, auf dem der Gefangene als Sklave schmachtete, schon nach kurzer Zeit von der eignen Seite gekapert, manchmal tauschten Christen und Moslems auch Gefangene aus. La Valette war 63 Jahre alt, als er Großmeister wurde, ein Mann von bester Gesundheit und eiserner Entschlußkraft. Beides brauchte er auch, denn eine große Bewährungsprobe stand ihm bevor: Sultan Soliman beschloß, »diese Hundesöhne, die ich schon einmal besiegt habe und die vor 43 Jahren in Rhodos nur durch meine Milde verschont wurden«, aus dem Mittelmeer zu jagen. Bis dahin würden La Valette und der Sultan siebzig Jahre alt sein. Doch während der Sultan in den duftenden Gärten Konstantinopels sitzen konnte, würde La Valette in vorderster Linie kämpfen.

Draguts Überfall auf Malta (1551) hatte gezeigt, woher der Wind wehte. Er nahm die Bewohner von Gozo gefangen, um sich dafür zu rechtfertigen, daß es ihm nicht gelungen war, auf Malta etwas von Belang zu vollbringen, doch dem Sultan dürfte die Rekognoszierung des Inselinneren und der Festungsanlagen wichtiger gewesen sein. Dragut berichtete über das, was er gesehen hatte: über die Umgestaltung von Birgu, über die verstärkten Bollwerke von St. Angelo, über das neue Fort St. Michael und das neue sternförmige Fort, das die Einfahrt zum Hafen beherrschte.

La Valette gab sich keinen Illusionen hin. Er konnte sich noch an seine Jugend in Rhodos erinnern und wußte, daß auch hier bald der Schlag gegen die Inselheimat des Ordens fallen würde. Der Mann, von dem es hieß: »Er konnte einen Protestanten bekehren oder ein Königreich regieren«, eignete sich gut für die Aufgabe, die vor ihm lag. Wie d'Aubusson mußte er, soweit es die Finanzen des Ordens erlaubten, dafür sorgen, daß die Verteidigungsanlagen der Insel den letzten Schliff bekamen. So benötigte das Fort St. Elmo Verstärkung, vor allem auf der zum Marsamuscetto gelegenen Nordseite. Ein neuer Ravelin wurde errichtet (eine Vorschanze außerhalb des eigentlichen Forts). Wegen des Zeitmangels konnte man nicht mit Stein, sondern nur mit Erde und Faschinen bauen. (Faschinen sind durch Bänder zusammengehaltene Strauchbündel, die man u.a. zur Verstärkung von Feldschanzen verwandte). Wie knapp Erde und Holz auf Malta waren, zeigt sich daran, daß beides eigens aus Sizilien eingeführt werden mußte. Der Ravelin war gerade fertig, als die Türken im Jahre 1565 mit ihrem Großangriff auf Malta begannen.

Was den Sultan schließlich zur Belagerung Maltas bewog, war die Tatsache, daß die Ritter ein großes Handelsschiff kaperten, das Kustir Aga gehörte, dem Obereunuchen des Harems. In der Serailpolitik Konstantinopels zählte der Obereunuch zu den wichtigsten Personen bei Hofe; außerdem hatte er eine Reihe von Haremsdamen dazu überredet, in sein Schiff zu investieren. (Der spanische Glücksritter Balbi, der bei der Belagerung mitkämpfte, schätzte den Wert der Fracht auf 80000 Dukaten.) Unter den Gefangenen befanden sich auch die Amme von Solimans Tochter Mirmah, die das Kind seiner aus Rußland stammenden Lieblingsfrau Roxellane war, und der Sandschak-Beg* von Alexandria. Von allen Seiten erinnerte man den Sultan daran, daß »die Insel überquillt von Sklaven, von Rechtgläubigen!« Der Sultan wurde alt und wußte mit der Zeit – wie die meisten Menschen, deren Leben sich dem Ende zuneigt – ein wenig Ruhe und Frieden zu schätzen. Doch nun fand er sich von weinenden Frauen und flehenden Höflingen umringt, die darauf drangen, er solle nicht dulden, daß die »Christenhunde« das größte Reich und den größten Herrscher auf Erden, den »Pfau der Welt«, verhöhnten. Schließlich griff sogar der Imam der Großen Moschee ein (zweifellos auf Veranlassung von Kustir Aga und anderen Hofleuten). Er gemahnte den Sultan an das Schicksal, das seine Untertanen erleiden mußten, Untertanen, die in den Sklavenquartieren von Malta darbten oder auf den Galeerenbänken zur Arbeit gepeitscht wurden. »Einzig dein unbesiegbares Schwert«, rief der Imam, »kann die Ketten dieser bedauernswerten Geschöpfe zerhauen, die deine Untertanen sind und deren Schreie gen Himmel dringen und das Ohr des Propheten beleidigen. Der Sohn ruft nach seinem Vater, das Weib nach ihrem Manne und ihren Kindern, und sie alle warten auf dich, auf deine Gerechtigkeit und Macht, warten darauf, daß du an ihren Feinden Rache übst, an ihren unversöhnlichen Feinden, die auch deine Feinde sind!«

Im Herbst 1564 führte Sultan Soliman der Prächtige den Vorsitz bei einem Diwan, einer offiziellen Staatsratssitzung, in seinem Palast über dem Goldenen Horn. Die Diskussionspunkte waren das nächste Jahr und die militärischen Projekte zu Wasser und zu Lande, die vom Generalstab und den ihm untergeordneten Stellen in den Wintermonaten vorbereitet werden mußten. Man debattierte auch darüber, ob man Malta angreifen solle, aber viele waren dagegen und sagten, das sei nur ein unbedeutendes Felsennest. »Weitaus größere Siege«, hieß es, »sind dem Krummsäbel des Sultans zugefallen als die Gefangennahme einer Handvoll Männer auf einem winzigen und schwach befestigten Eiland.« Der Sultan war anderer Meinung. Seine Armeen standen kurz vor Westeuropa, und er war scharfsinnig genug zu sehen, daß sich Malta mit seinen hervorragenden Häfen als Sprungbrett für Angriffe gegen Sizilien und Italien gebrauchen

* Statthalter eines Sandschaks, d.h. eines früheren türkischen Verwaltungsbezirks. (Anm. d. Ü.)

ließ. Mit Hilfe dieses »nicht ganz unerquicklichen Felsens« konnte er die Falle zuschnappen lassen und Italien in die Zange nehmen: Von Norden rückte sein Landheer vor, von Süden näherte sich seine Flotte. Und darum lautete sein Edikt: »Diese Söhne des Satans sollen zur Strafe für ihr andauerndes Piratenunwesen und ihre Unverschämtheit ein für allemal zerschmettert und vernichtet werden!«

Auch ohne das ausgezeichnete Spionagenetz, das der Orden in Konstantinopel unterhielt, erfuhren La Valette und sein Rat durch Kaufleute von den regen Tätigkeiten, die sich nun in den Werften des Feindes entfalteten. Botschaften ergingen an die Brüder in Europa. Man traf Vorkehrungen dafür, daß zusätzliches Getreide aus Sizilien herangeschafft wurde, und versuchte, möglichst viel Kriegsmaterial und Munition zu besorgen.

La Valette befand sich seinem Vorgänger L'Isle Adam gegenüber im Vorteil. Er wußte nämlich, daß der Orden verteidigt werden konnte, schließlich hatte er es schon einmal selbst erlebt, und er wußte ebensogut, daß sie diesmal von keinem europäischen Monarchen auch nur ein Stückchen Land bekommen würden. Malta war die letzte Zuflucht; und hier mußte auch die Entscheidungsschlacht zwischen Kreuz und Halbmond geschlagen werden.

Den Winter über fegten die Nordostwinde über die Insel hin, bei den plötzlich aufziehenden schweren Gewittern fiel der Regen wie eine dichte Decke und strömte gurgelnd in die Zisternen unter den Häusern und Festungen, und den Winter über mühten sich die Bewohner von Malta, die türkischen Sklaven, die Ritter und dienenden Brüder mit ihren vielen Arbeiten ab. Unendlich viel mußte in kürzester Zeit getan werden. Sie wohnten jetzt etwas länger als dreißig Jahre auf Malta. In Rhodos waren ihnen zweihundert Jahre geblieben, um sich auf Großangriff und Belagerung vorzubereiten.

Immerhin hatten sie einen erheblichen Vorteil, der ihnen vorher verborgen geblieben war: die Kahlheit der Insel. Auf Rhodos konnten die Türken Nachschub von Marmarice auf dem kleinasiatischen Festland beziehen, außerdem lieferte die fruchtbare Insel Nahrungsmittel für ihre Truppen. Auf Malta lagen die Dinge anders. Es gab nur wenig Getreide, das schon im Frühjahr geerntet wurde und damit vor der Zeit, wo man mit einem Angriff rechnen konnte. Wasser war äußerst knapp. Größere Wasservorkommen fand man in der Nähe des Großen Hafens nur in der Marsa, einem tiefliegenden Gebiet an dessen anderem Ende. Dahinter befanden sich Hügel, wo sich im Kalkstein Regenwasser sammelte. Der Großmeister gab Anweisung, im Falle eines Angriffs die Wasserstellen der Marsa durch Kot, Tierkadaver und bittere Kräuter zu vergiften – möglicherweise führte das dazu, daß beim Feind Seuchen ausbrachen.

Neben der Beschaffenheit des Geländes – es war für eine riesige Belagerungsarmee denkbar ungeeignet – bedeutete allein die geographische Lage Maltas einen ungeheuren Vorteil gegenüber Rhodos. Es lag fast 760 Kilometer vom Peloponnes entfernt, und zur Hauptstadt des Sultans war es noch einmal so weit. Die Flotte mußte also über 1500 Kilometer auf dem Seeweg zurücklegen. Man konnte zwar etwas Nachschub aus Nordafrika beziehen, aber der größte Teil mußte über das Ionische Meer und die windige Ägäis transportiert werden. Die Türken mußten praktisch alles mitbringen, was sie brauchten: Geschütze, Schießpulver, Soldaten, aber auch Materialien zum Reparieren von Segeln und zum Zeltmachen, sogar Feuerholz zum Kochen und Holz zur Anlage der Laufgräben, was durch den harten und schwer zu bearbeitenden Boden ohnehin schon erschwert wurde. Malta verfügte zwar nicht über Verteidigungsanlagen, die im Laufe von Jahrhunderten gewachsen waren, aber dafür war es in sich eine natürliche Festung.

Philipp II. saß jetzt auf dem spanischen Thron, und da Malta ein spanisches Lehen und eine Dependenz des spanischen Sizilien war, wurde er als erster auf Veranlassung von La Valette durch Don Garcia de Toledo, den Vizekönig von Sizilien, von dem bevorstehenden Angriff in Kenntnis gesetzt. Im April 1565 fuhr Don Garcia mit einer Flotte von 27 Galeeren nach Malta, doch wenn der Orden daraufhin gehofft hatte, Verstärkung zu bekommen, sah er sich gründlich enttäuscht. Außer Versprechungen hatte der Vizekönig kaum etwas zu bieten. Schließlich war es nötig, daß er sich um seine eigene, weitaus wichtigere Insel kümmerte. Malta mußte als Vorposten möglichst lange aushalten, damit Sizilien – zweifellos das nächste Angriffsziel des Sultans – Zeit genug hatte, um sich in Kampfbereitschaft zu versetzen. Don Garcias Handlungsweise in den darauffolgenden Monaten wurde von den Ordenshistorikern fast immer dahingehend interpretiert, daß er ein schwacher oder gar übelwollender Mann gewesen sei, dem daran gelegen war, den Orden zur Bedeutungslosigkeit herabzumindern. Doch in Wirklichkeit zwang ihn seine Position dazu, in erster Linie an Sizilien zu denken. Er hatte Philipp II. sogar schon um 25000 Fußsoldaten gebeten. Daß dieses Truppenkontingent niemals eintraf, war kaum Don Garcias Schuld.

Als die Belagerung begann, hatte der Johanniterorden ungefähr 540 Ritter und dienende Brüder zur Verfügung, die sich auf die drei wichtigsten Stellungen verteilten: auf Birgu und St. Angelo, Senglea und St. Michael und das Fort St. Elmo. Daneben befehligte La Valette etwa 1000 spanische Fußsoldaten und Arkebusiere sowie 3000 bis 4000 Mann maltesische Miliz und irreguläre Truppen. Die letzteren bildeten den harten Kern des Widerstands und dürfen – unterstützt von der Stadtbevölkerung und den Bauern (die in die befestigten Plätze strömten, sobald die Belagerung begann) – einen großen Anteil des Verdienstes an jenem Sieg für sich beanspruchen, der ihre Insel so berühmt machte wie keine zweite im Mittelmeer. Voltaire schrieb später: »Nichts ist bekannter als die Belagerung von Malta.« Das war darauf zurückzuführen, daß Malta so nahe an Europa lag und für die europäischen Mächte wesentlich wichtiger war als das weit entfernte Rhodos, das man gar nicht einmal für eigentlich »europäisch« ansah. Man hatte die Ägäis als Teil des bzantinischen Reiches abgeschrieben, der zeitweise latinisiert worden war, aber schließlich an die Türken verlorenging. Von Malta dagegen war es nicht weit bis Sizilien, hier kreuzten sich die Handelsstraßen des westlichen Mittelmeers, also verhielt sich alles ganz anders. Westeuropa war trotz seiner internen Auseinandersetzungen in Furcht vor dem ottomanischen Reich geeint, das nun den Höhepunkt seiner Macht erreicht hatte. Es erstreckte sich vom Persischen Golf bis nach Österreich, und man wußte – mochten die strategischen Konzepte des 16. Jahrhunderts auch noch so dürftig sein –, daß der Verlust Maltas den Verlust Italiens nach sich ziehen konnte. Und was hinderte die Türken dann noch daran, ganz Europa zu besetzen? Aus all diesen Gründen wurde die Belagerung von Malta zum berühmten, zum historischen Ereignis, das noch in Balladen und Liedern und im Volkstum nachklang, als andere Belagerungen längst vergessen waren.

Über die Armee, die der alternde Sultan gegen Malta werfen wollte, liegen verschiedene Schätzungen vor, die sich zwischen 30000 und 40000 Mann bewegen. Das Gros bildeten Sipahis und Janitscharen. Eine weitere furchterregende Truppe waren die etwa 4000 Iayalaren, religiöse Fanatiker, denen nicht viel am Leben lag und die deshalb als Angriffsspitze dienten. Hinter ihnen rückten die regulären Truppen nach. Den Transport übernahm eine Flotte von mehr als 200 Schiffen. Sie zählte 130 Galeeren, 30 Galeassen, elf Kauffahrteischiffe des größten Typs und eine Unmenge kleinerer Segelschiffe: Fregatten, Barken und dergleichen. Außerdem fuhren zahlreiche kleine private Schiffe mit, von Piraten, Renegaten und Kaufleuten ausgerüstet, die auf Gewinn bedacht waren. Etwas an Umfang und Stärke Vergleichbares sah man erst wieder auf See, als die spanische Armada im Jahre 1588 gegen England segelte. Die gewaltigste Streitmacht, die das ottomanische Reich aufbieten konnte – jenes Reich, das sich »auf ständig expandierende Eroberungen gründete« –, steuerte in ruhigem Aprilwetter durch die Ägäis nach Süden in Richtung Malta.

Mustafa Pascha (der Mann, der in Rhodos gegen die Ritter versagt hatte) befehligte das Heer. Er hatte seine Schlappe durch Siege in den Kriegszügen gegen Ungarn und Persien wettgemacht. Der Sultan wollte ihm zweifellos die Chance geben, Rache an den Rittern zu nehmen. Piali Pascha, berühmt dafür, daß er den Spaniern die nordafrikanische Insel Djerba entrissen hatte, war Flottenadmiral. Als weitere bedeutende Befehlshaber sind zu nennen: die Statthalter von Alexandria und Algier und der berüchtigte Pirat und Renegat Ali Fartax. Er war Dominikanerbruder gewesen und, bevor er in die Dienste des Sultans trat, als unbarmherzigster Pirat der ganzen Ägäis gefürchtet. Später traf Dragut oder Torghoud Rais ein, der größte mohammedanische Seemann der damaligen Zeit. Ein französischer Admiral schrieb später über ihn: »Er war eine wandelnde Seekarte des Mittelmeers und verknüpfte Wissen mit Kühnheit. Es gab keine Bucht, die er nicht gekannt, keine Meerenge, die er nicht durchfahren hätte. Einfallsreich im Auffinden von Mitteln und Wegen, wenn um ihn herum alles verzweifelte, bestach er vor allem dadurch, daß er vermittels unerwarteter Methoden den gefährlichsten Situationen entkam. Er war ein unvergleichlicher Navigator ... hatte die Härten der Gefangenschaft an sich selbst erfahren und verhielt sich seinen eigenen Gefangenen gegenüber menschlich. Man mußte ihn in jeder Hinsicht als Charakter bezeichnen, und keiner war würdiger als er, den Namen ›König‹ zu tragen.«

Sultan Soliman hatte aus seinem Riesenreich die besten Schiffe und Seeleute, die vorzüglichsten Truppen und Befehlshaber aufgeboten. Sie alle sollten gegen eine Insel gesandt werden, die 27 Kilometer in der Länge und 14 Kilometer in der Breite maß, unzureichend bemannt und behelfsmäßig befestigt war.

Am Freitag, dem 18. Mai 1565, wurde die Flotte des Großtürken von den Wachtposten in Fort St. Elmo und St. Angelo gesichtet: ein Mastenwald, der sich auf die Südseite der Insel zubewegte. La Valette schickte den Chevalier de Romégas, den Admiral der Galeeren, mit vier Schiffen zur Rekognoszierung. Natürlich war es ausgeschlossen, daß diese Schiffe auch nur den Versuch unternahmen, den Kampf mit der ungeheuren Flotte zu beginnen, die jetzt die Küste der Insel passierte – obwohl Romégas, einer der besten Kapitäne, die der Orden je besaß, sich wohl gerne ein paar Nachzügler vorgenommen hätte. Anfangs vermutete man selbstverständlich, daß die Türken im Marsasirocco, dem »Südwindhafen«, vor Anker gehen wollten. Doch die Flotte fuhr weiter, die Westküste entlang, um eine kleine Bucht unterhalb des Dorfes Mġarr am Nordwestzipfel von Malta anzulaufen. Das könnte eine Kriegslist gewesen sein. Vielleicht wollten die Türken aber auch feststellen, ob es an der zerklüfteten Westküste Häfen gab, die sie noch nicht kannten. Der Großmeister sandte sofort ein kleines Boot nach Sizilien mit folgender Botschaft: »Die Belagerung hat begonnen. Die türkische Flotte ist ungefähr 200 Schiffe stark. Wir erwarten Eure Hilfe.« Es sollte noch Monate dauern, bis Hilfe kam.

Nach zwölf Stunden stand fest, daß die Türken zu dem Schluß gekommen waren, der Südhafen sei für ihre Zwecke am besten geeignet, denn ein Geschwader nach dem anderen fuhr wieder zurück, passierte das kleine Eiland Filfla und lief in den geschützten Marsasirocco ein. Dabei folgten sie, ohne es zu wissen, dem Beispiel der phönizischen Seeleute, die 2000 Jahre vor ihnen den Marsasirocco zum Ausgangspunkt ihrer Fahrten nach Sizilien gemacht hatten. Wie der Name schon andeutet, öffnete sich der Hafen nach Süden. Da der Südwind, der Schirokko, im Sommer nur selten wehte, wäre dies während des gesamten Feldzugs die geeignetste Flottenbasis für die Türken gewesen. Doch beim türkischen Oberkommando waren die Meinungen geteilt – man wollte einen Hafen, der von allen Seiten geschützt schien. Innerhalb weniger Tage war das Gros der Armee an Land gegangen. Es kam zu ersten Zusammenstößen zwischen berittenen Spähtrupps der Ritter und der Vorhut der türkischen Armee. Wie bei den Belagerungen von Rhodos wurde nicht einmal der Versuch unternommen, die Invasoren daran zu hindern, an Land zu gehen. Manche Historiker fanden das verwunderlich, aber die schlichte Tatsache ist, daß die Ritter mit ihrer kleinen Kavallerie und den wenigen dienenden Brüdern einfach nicht dazu imstande waren. Der Feind wäre ihnen immer wieder in die Flanke gefallen. Ihre kleine Streitmacht war zum Kampf innerhalb der Umwallungen bestimmt. Der zahlenmäßig überlegene Feind sollte sich verausgaben bei dem Versuch, Breschen in die Mauern zu legen. Einzig aus diesem Grunde baute man ja Burgen, darauf beruhte die Theorie der Verteidigung von Festungen gegen eine Übermacht.

Im Gegensatz zu Rhodos, wo sich als Angriffsziel nur eine befestigte Stadt darbot, waren die Türken auf Malta dazu gezwungen, an mehreren Punkten anzusetzen. Es gab nicht nur St. Elmo am vorderen Ende des Monte Sciberras, sondern auch noch die beiden Halbinseln mit Birgu und Senglea, und einige Kilometer weiter nördlich erhob sich auf einem Hügelkamm in alter Pracht die frühere Hauptstadt Mdina. Keines dieser Angriffsziele verfügte über ähnlich starke Befestigungen wie Rhodos. Doch das wurde dadurch ausgeglichen, daß sie an verschiedenen Punkten der Insel lagen; unmittelbar benachbart waren nur Birgu und Senglea, etwa 800 Meter voneinander entfernt. Das türkische Oberkommando beging einen entscheidenden Fehler, indem es sich nicht zuallererst auf die alte und schlecht befestigte Stadt Mdina konzentrierte. Im Verlauf der Belagerung trat das immer deutlicher hervor. Mdina hatte eine sehr kleine Garnison und diente den Rittern vor allem als Kavalleriestützpunkt. Von hier aus unternahmen sie Ausfälle, um umherstreifenden türkischen Truppen den Rückzug abzuschneiden. Hätten sich die Türken erst Mdina vorgenommen, so wäre die Verbindung der Hauptpositionen um den Großen Hafen mit dem Norden abgeschnitten gewesen, und das hieß vor allem, die Verbindung nach Sizilien. Doch so konnte La Valette während der Belagerung stets Boten an Mdina vorbei nach Gozo schleusen. Von dort stachen sie mit kleinen offenen Booten in See. Syrakus war nur 100 Kilometer entfernt. Der ununterbrochene Kontakt mit Sizilien hatte zwar lange Zeit keine größere Wirkung als die Entsendung einer kleinen Verstärkungstruppe, war aber in hohem Maße der Kampfmoral dienlich. In Rhodos hatte es ausgesehen, als ob Europa und die Freunde des Ordens fast aus der Welt seien, aber jetzt wußten die Ritter, daß sie nur ein paar Segelstunden entfernt zumindest potentielle Hilfe finden konnten. Außerdem gab es in der Umgebung von Mdina Quellen; das Land um die Zitadelle gehörte zu den fruchtbarsten Gebieten Maltas – zwei Dinge, die sich die Angreifer durchaus hätten zunutze machen können.

Der erste türkische Angriff richtete sich gegen den Posten von Kastilien an der Landseite von Birgu. Dieser Punkt bot sich besonders für Attacken an und zählte deshalb zu den Verteidigungsabschnitten, die am stärksten ausgebaut waren. Daß Mustafa Pascha beschloß, seinen ersten Versuch an dieser Stelle zu unternehmen, war der Tapferkeit eines Ritters zu verdanken, der bei einem früheren Geplänkel in türkische Gefangenschaft geraten war. Dieser Mann hieß Adrien de la Rivière und kam aus der Zunge von Frankreich. Als er gefoltert wurde, schrie er schließlich, wenn Mustafa einen schnellen Sieg wolle, müsse er Kastilien angreifen, denn hier läge der schwächste Punkt der Verteidigungsanlagen. Nach dem Scheitern des ersten Angriffs, der Hunderten seiner besten Soldaten das Leben kostete, war es für Mustafa offenkundig, daß Rivière gelogen hatte. Er wurde zu Tode geprügelt. Der Angriff auf Kastilien wurde abgeblasen. Die Türken zogen sich in ihr Feldlager zurück, während die Befehlshaber darüber berieten, wie man die Belagerung am besten fortsetzte.

Die flachen Landzungen, auf denen Birgu und Senglea standen, konnten von dem höhergelegenen Gebiet im Süden leicht unter Feuer genommen werden. Außerdem bot sich die Möglichkeit, Birgu von der Nachbarinsel im Osten (wo der Hügel Santa Margherita das ganze Gebiet beherrschte) zu beschießen. Es wäre also logisch gewesen, Artillerie und Truppen an diesen beiden Punkten zu massieren. Schließlich hatten die Ritter hier ihre wichtigsten Stellungen; nur hier konnte man sie schlagen. Die Türken hielten sich jedoch nicht an diese Strategie, welche die vernünftigste gewesen wäre, nachdem sie schon versäumt hatten, Mdina zu erobern und den Nordteil der Insel zu besetzen. Der Grund dafür war in der offenen Feindseligkeit zwischen den beiden Oberbefehlshabern Mustafa Pascha (Heer) und Piali Pascha (Flotte) zu suchen.

Mustafa wollte, daß er Malta als einen persönlichen Triumph verbuchen konnte, als Ehrenrettung seiner Führerqualitäten und als Rache für seine Niederlage vor Rhodos und für den Zorn des Sultans, den er danach auf sich geladen hatte. Piali, der Jüngere, vom Sultan mit dem Stolz seines Reiches betraut – mit der größten Armada, die je aus dem Goldenen Horn ausgelaufen war –, bestand darauf, daß diese Flotte an einer Stelle ankerte, die hundertprozentige Sicherheit versprach. Da der Große Hafen wegen der beiden Forts St. Elmo und St. Angelo von vornherein nicht in Frage kam, hatte er sich für den Marsamuscetto im Norden des Monte Sciberras entschieden. Seine Gründe waren vernünftig, sein Gedankengang nicht. Er wußte nämlich nicht mit den Wetterbedingungen Bescheid, die in den Sommermonaten um Malta herrschten, und rechnete mit ähnlichen Verhältnissen wie in der Ägäis. Wenn ihm bekannt gewesen wäre, daß bis September kaum mehr zu erwarten war als mäßiger Wind aus Nord oder Nordwest, so hätte er die Flotte dort belassen, wo sie war. Doch zum Glück für die Ritter und Malteser versteifte er sich darauf, den Marsamuscetto anzulaufen. Das hieß, daß zuerst einmal Fort St. Elmo erobert werden mußte.

Das türkische Lager wurde nun in der Marsa aufgeschlagen. Dort gab es Frischwasser (das aber auf La Valettes Befehl bereits verunreinigt worden war). Die Marsa lag von Birgu und Senglea etwa gleich weit entfernt und schien der beste Standort zu sein, wenn man gegen diese beiden Ziele operieren wollte. Von den Hängen um die Marsa hatte man den Großen Hafen in seiner Gesamtheit im Auge. Mustafa Pascha schickte Pioniere, die ihm einen Bericht über die Lage und die Festungswerke von St. Elmo bringen sollten. Was er zu hören bekam, ermutigte ihn. »Es ist ein sternförmiges Fort«, hieß es, »mit vier vorspringenden Zacken. Die Front, die wir stürmen müssen, ist bastionsartig gebrochen. Der seewärts gelegene Cavalier ist durch einen Wallgraben vom Fort getrennt. Daneben gibt es noch einen kleinen Ravelin. Beide Außenwerke sind mit dem Hauptfort verbunden, das eine durch eine Zugbrücke, das andere durch eine feste Brücke.« Es handelte sich um einen einfachen und zudem veralteten Festungstyp. Die Truppen des Sultans hatten in Europa schon viele Forts dieser Art erobert.

Man traf sofort Vorbereitungen, das Gros der Artillerie auf dem Kamm des Sciberras in Stellung zu bringen (dort erhebt sich heute die Stadt Valetta). Was den Türken in dieser Phase am meisten zu schaffen machte, war das Ausheben von Laufgräben zum Schutze der Truppen und der Bau von Geschützstellungen. Auf der Halbinsel fand man kaum Erde, und so bewegte sich ein nicht abreißender Strom von Menschen ameisengleich von der Marsa den Monte Sciberras hinauf, um Erde und Faschinen herbeizutransportieren. Ein Großteil der türkischen

Streitkräfte wurde also vor dem eigentlichen Angriff von anderen Aufgaben in Anspruch genommen, was La Valette Gelegenheit gab, die Verteidigungsanlagen zusätzlich zu verbessern, Bomben mit griechischem Feuer herzustellen und verstärkte Sicherheitsvorkehrungen für Birgu und Senglea zu treffen. Er muß gewußt haben, daß St. Elmo der massiven Beschießung der türkischen Artillerie und dem Anprall des Heeres nicht lange standhalten konnte. Durch die Entscheidung des türkischen Oberkommandos, zuerst das vereinzelt daliegende Fort St. Elmo anzugreifen, erhielten alle anderen Verteidiger der Insel eine höchst nützliche Atempause. Auf dem Cavalier von St. Angelo wurde zusätzlich ein hoher Wall errichtet, damit man zwei besonders schwere Geschütze auffahren konnte, die die türkischen Stellungen auf dem Monte Sciberras unter Beschuß nahmen. Tag und Nacht arbeiteten Sklaven, Soldaten und Malteser daran, die schwachen Abschnitte der Umwallungen zu verstärken. In den Kellern standen die Pulvermühlen nicht mehr still, und aus den Arsenalen wurden Kanonenkugeln geholt und neben den Geschützen aufgestapelt. St. Elmo war der Schlüssel zu Malta. Je länger es ausharren konnte, desto größer war die Aussicht, daß die Insel und die Garnison überlebten. Der Mai ging zu Ende, die Sommerhitze setzte ein. Unaufhörlich grollte der Donner der Geschütze, die das kleine sternförmige Fort beschossen, unter dem das Mittelmeer schimmerte. Die ganze Nacht lang bewegten sich flackernde Lichter bei der Marsa hangaufwärts und hangabwärts und zeigten an, woher die Kanoniere ihren Nachschub an Munition bezogen, wo Gräben ausgehoben wurden und wo sich die Sappeure und Mineure auf die Einkreisung des Forts und die allmähliche Zerstörung seiner Mauern vorbereiteten. Die türkische Artillerie arbeitete mit mathematischer Genauigkeit. Die Kanonenkugeln, die aus Eisen, Marmor oder Stein bestanden, wurden stets gegen einen Punkt oder einen vorspringenden Winkel verschossen. An die Stelle des wahllosen Bombardements früherer Zeiten waren Präzision und Akkuratesse getreten.

Es nimmt nicht wunder, daß gegen Ende Mai die Mauern auf der Landseite von St. Elmo teilweise einzustürzen begannen. Um diese Zeit erhielt La Valette im Beratungssaal von St. Angelo eines Nachts überraschenden und nicht eben erfreulichen Besuch. Eine Abordnung von Rittern war unbemerkt von St. Elmo herübergekommen, um ihm mitzuteilen, daß die Lage unhaltbar sei. La Valette dachte an Rhodos. Er muß geglaubt haben, daß die Jüngeren ihren Vätern nicht ebenbürtig waren. Vor seiner eisigen Verachtung wandelte sich der Wankelmut der Ritter in Scham. Als er sagte, sie brauchten nicht nach St. Elmo zurückzukehren, er und eine ausgewählte Truppe würden sie ablösen, baten sie um Erlaubnis, sich wieder zu ihrem Posten begeben zu dürfen. Nach ihrem Weggang teilte der Großmeister seinem Rat mit, er wisse genau, daß das Fort dem Untergang geweiht sei, doch je länger es aushalten könne, desto größere Hoffnung bestünde für den Orden. Um die geschwächte und ausgelaugte Garnison kampffähig zu erhalten, ließ er Nacht für Nacht frische Truppen auf kleinen Booten übersetzen, die auf dem Rückweg die Verwundeten zum Hospital in Birgu brachten. Ohne diese ständige Verstärkung wäre St. Elmo noch viel früher gefallen.

Im heißen Mittagslicht von Rauchwolken umhüllt und nachts von einem Feuerkreis umgeben, sah St. Elmo aus wie ein Vulkan, der sich über dem zackigen Kalkstein erhob. Es schien unbegreiflich, daß ein so winziges Fort mit einer derart kleinen Garnison so lange aushalten konnte. St. Elmos letzte Stunde hatte geschlagen, als der große Dragut, der Herrscher von Tripolis, mit einem weiteren Geschwader von Schiffen und einem Korps von Elitesoldaten eintraf. Wie alle, die etwas von der Sache verstanden, schätzte er Qualität höher ein als Quantität. Mit Draguts Ankunft änderte sich die gesamte Strategie der Türken. Der Sultan hatte Mustafa und Piali angewiesen, in allen Dingen Draguts Ratschläge zu befolgen. Er war de facto Oberbefehlshaber, obwohl ihn Soliman nicht dazu ernannt hatte. Außerdem war er Mustafa und Piali gegenüber im Vorteil, denn er kannte Malta bereits, ebenso das westliche Mittelmeer. Und er verachtete die Generalstäbler, die, Scherbet trinkend, vom Schatten ihrer Zelte aus den Kampf leiteten. Er machte kein Geheimnis aus seiner Meinung über die bisherige Strategie: Man hätte erst den Nordteil der Insel einnehmen und sich dann auf die befestigten Plätze Birgu und Senglea konzentrieren müssen. St. Elmo hätte man vernachlässigen können. Doch da man sich nun einmal auf diese völlig unnötige Belagerung eingelassen habe, sei es schlecht für die Kampfmoral, wenn man sich jetzt zurückzöge. Er nahm alles in die Hand, schlug sein Quartier auf dem Monte Sciberras auf, inmitten von Soldaten und Kanonieren, und dirigierte die Aufstellung weiterer Batterien an nördlich und südlich von St. Elmo gelegenen Punkten. Bald wurde das Fort von drei Seiten gleichzeitig beschossen.

Draguts Gegenwart zeitigte prompte Wirkungen. Schon nach drei Tagen stand fest, daß das Fort in Kürze fallen mußte. Anfang Juni waren Ravelin und Kontereskarpe in türkischer Hand. Die Janitscharen hatten schon einen ersten Angriff auf die Hauptbefestigungen unternommen und trotz schwerer Verluste die Mauern sturmreif gemacht. Dennoch reichte der Heldenmut der Verteidiger und die Stärke des Forts hin, weitere drei Wochen eine Stellung zu halten, von der selbst Dragut mit all seiner Erfahrung gedacht hatte, sie müsse nach wenigen Tagen aufgegeben werden. St. Elmos Ende wurde nicht nur durch die Umstellung der Batterien beschleunigt, sondern auch durch Draguts Entdeckung, daß sich das Fort nur halten konnte, solange es allnächtlich von St. Angelo aus mit neuen Truppen versorgt wurde. Auf seinen Befehl durchfuhren von nun an in der Nacht türkische Patrouillenboote den Großen Hafen. Damit war St. Elmo vom Nachschub abgeschnitten.

Am 21. Juni begingen die Johanniter in gewohnter Weise das Fronleichnamsfest. Durch die Straßen von Birgu bewegte sich eine feierliche Prozession zur Konventskirche. In Festkleidung »nahmen die Großmeister und alle verfügbaren Ritter mitsamt den Laien und geistlichen Würdenträgern daran teil, die Monstranz durch die Straßen zu begleiten, welche von der andächtigen Bevölkerung gesäumt wurden ... Als die Prozession den Rückweg einschlug, knieten alle nieder und flehten zum gnädigen Gott, er möge nicht zulassen, daß ihre Brüder in St. Elmo dem erbarmungslosen Schwert der Ungläubigen anheimfielen und zugrunde gingen.«

Am Tag darauf begannen die Türken einen Großangriff gegen das Fort. Er wurde durch ein Bombardement eingeleitet, das so schwer war, daß die ganze Insel zu erbeben schien. Dann traten die Iayalaren zum Sturm an, gefolgt von den Janitscharen. St. Elmo verschwand hinter einer Wolke aus Rauch und Staub. Doch zur Überraschung der Wachtposten von St. Angelo und St. Michael und zur Verblüffung der Türken hielt das Fort selbst nach stundenlangem Bombardement noch aus. Über den Ruinen wehte nach wie vor das Banner mit dem Kreuz des hl. Johannes. La Valette war von der Ausdauer der Garnison so tief beeindruckt, daß er noch in letzter Minute versuchte, im Schutze der Dunkelheit Entsatztruppen zu schicken, obwohl er wußte, daß es hoffnungslos sein mußte. Die Türken hatten mittlerweile den Großen Hafen unter Kontrolle, und die Boote von St.

Angelo mußten umkehren. St. Elmo blieb seinem Schicksal überlassen.

Am 23. Juni näherte sich die türkische Flotte in den frühen Morgenstunden der Halbinsel. Die ersten Schiffe liefen in den Marsamuscetto ein, den Hafen, dessentwegen das türkische Heer einen ganzen Monat lang St. Elmo belagert hatte. Auf ein Signal hin eröffneten die Schiffe das Feuer. Gleichzeitig begannen die Batterien, die Tag für Tag den Mauern näher gerückt waren, mit der letzten, entscheidenden Beschießung. Nachdem dieses von Menschen gemachte Gewitter abgezogen war, hallte in die unheilschwangere Stille die Stimme des Imam, der die Rechtgläubigen dazu aufforderte, für den Islam zu kämpfen und zu sterben. Von der Garnison waren kaum mehr als hundert Mann übriggeblieben. Fast alle waren verwundet, einige so geschwächt, daß sie nicht mehr stehen konnten. Zwei dieser siechen Ritter, De Guaras und Miranda, ließen sich auf Stühlen in die vorderste Linie tragen, um dem Feind bis zum letzten Augenblick Widerstand zu leisten. Angriffswelle auf Angriffswelle, bestehend aus den Elitetruppen des Sultans, brandete gegen das kleine sternförmige Fort, dessen Eroberung eigentlich nicht mehr als ein paar Tage hätte dauern sollen. Natürlich fiel es schließlich doch. Aber zu Mustafa Paschas Verwunderung zog sich das Ende von St. Elmo immer noch über eine Stunde hin.

Als alles vorbei war und einer der letzten Ritter das Leuchtsignal entzündet hatte, das La Valette den Fall St. Elmos meldete, stiegen Mustafa und sein Stab über die blutbefleckten Mauern. Ihre Turbane schimmerten von Edelsteinen, und die juwelenbesetzten Griffe ihrer Krummsäbel glänzten im ersten Sonnenlicht auf. Sie besichtigten, was sie erobert hatten. Einige wenige Ritter und dienende Brüder lebten noch – entgegen den Anordnungen Mustafa Paschas – und wurden von den Piraten der Berberküste gefangengenommen, die mehr Wert auf Lösegelder als auf nutzlose Leichname legten. St. Elmo hatte Tausenden das Leben gekostet. Unter den Toten befanden sich etliche Heerführer, der Befehlshaber der Artillerie, der Aga der Janitscharen und Dragut selbst. Durch einen Kanonenschuß von St. Angelo war ein Stück Stein abgesplittert und hatte ihn am Kopf getroffen. Er soll noch bis zu diesem dramatischen Augenblick gelebt haben. Als ihm die Nachricht vom Fall St. Elmos überbracht wurde, »hob er die Augen zum Himmel, als wolle er danksagen, und verschied«.

Was hatte sich nun die Armee des Großtürken mit derart vielen Verlusten so teuer erkauft? Ein zerstörtes Fort und den Zugang zum Marsamuscetto, in den Pialis Schiffe jetzt ungehindert einlaufen konnten. Und nun, im Augenblick des Sieges, scheint Mustafa Pascha erkannt zu haben, daß ihre ganze Strategie falsch war, daß man für St. Elmo einen zu hohen Blutzoll entrichtet hatte. Er sah über die Wasser des Großen Hafens nach St. Angelo hinüber, dessen Kanonen immer noch seine vorrückenden Truppen beschossen. Als er den Blick über St. Elmo schweifen ließ, soll er gerufen haben: »Allah! Wenn uns schon ein kleines Kind so teuer zu stehen kam, wieviel werden wir dann erst für einen so großen Vater zu zahlen haben?«

St. Elmo hatte sich als Schlüsselstellung erwiesen, wenngleich das zu diesem Zeitpunkt weder den Belagerten noch den Belagerern bewußt war. Während der einunddreißig Tage, die die kleine Festung ausgehalten hatte, mußten die Türken ungeheure Verluste hinnehmen. Ihre Kampfmoral hatte gelitten, zudem war jetzt Hochsommer – die letzten Junitage, da es auf Malta drückend heiß wird. Die gesamte Armee mußte sich nun um die Halbinsel Sciberras und den Großen Hafen bewegen, um die beiden Hauptpositionen zu belagern. Sie waren unvergleichlich größer als St. Elmo, schließlich handelte es sich nicht nur um Festungen, sondern um komplette Festungsstädte. Bevor Mustafa Pascha sich zu den neuen Stellungen begab, zeigte er den Rittern, wie unsäglich er den christlichen Glauben verachtete und welches Schicksal sie selbst zu gewärtigen hatten, wenn sie ihm in die Hände fielen. Er ließ die toten Ritter enthaupten. Ihre Körper wurden zum Hohn auf flüchtig zusammengezimmerte Holzkreuze genagelt, die man gegenüber von St. Angelo zu Wasser ließ.

Am nächsten Tag wurden von der leichten Strömung, die bei den hochsommerlichen Nordwinden die Südküste des Hafens umspült, vier Leichen vor St. Angelo angeschwemmt. Zwei von ihnen erkannten die Mitbrüder, die im Fort Dienst taten, die beiden anderen vermochte man nicht zu identifizieren. La Valette verstand nur zu gut, was Mustafa Pascha damit zum Ausdruck bringen wollte: Sie standen jetzt in einem Krieg *à l'outrance,* einem Krieg, bei dem kein Pardon gegeben wurde. Er zeigte seinerseits, daß er die Botschaft verstanden hatte, und machte zudem seinen Standpunkt klar. Und so befahl er, alle türkischen Gefangenen in den Kerkern von St. Angelo hinzurichten. Die beiden großen Kanonen auf dem Cavalier schossen die abgeschlagenen Köpfe zu den türkischen Linien hinüber. »Von diesem Tage an«, heißt es in einem Augenzeugenbericht, »knüpften sie jeden Morgen einen türkischen Gefangenen an den Mauern von Mdina auf.« Von den Artigkeiten, die L'Isle Adam und der junge Soliman vor dreiundvierzig Jahren auf Rhodos ausgetauscht hatten, war es ein weiter Weg bis dahin. Das politische Klima hatte sich verhärtet – Mustafa warnte die Verteidiger und teilte ihnen mit, sie hätten keine Gnade zu erwarten; La Valette drückte mit seiner Handlungsweise aus: »Es gibt kein Zurück. Wir werden auf Malta überleben oder bis auf den letzten Mann zugrunde gehen.«

Die türkische Armee bezog langsam ihre Stellungen gegenüber von Senglea und Birgu. Dabei wurde sie von den unhandlichen Geschützlafetten, der Munition und den Vorräten behindert, die sie über ein schwieriges Gelände mit schlechten Karrenwegen um den Großen Hafen herum transportieren mußten. Zu diesem Zeitpunkt erhielt La Valette eine hochwillkommene Botschaft. Ohne sein Wissen war am selben Tage, da St. Elmo fiel, eine kleine Entsatztruppe von Sizilien aufgebrochen und vor Gozo eingetroffen. Es handelte sich um nicht mehr als 1000 Mann, aber schon dadurch wurde in dieser Phase der Belagerung die Kampfmoral ungemein gefestigt. Es waren 42 Ritter, eine Reihe »edler Freiwilliger« (darunter drei aus Deutschland), 56 gut ausgebildete Kanoniere und etwa 600 spanische Soldaten. In der Nacht des 29. Juni konnte der Führer der Streitmacht, Chevalier de Robles, Ordensritter und ausgezeichneter Soldat, seine Truppen unbemerkt durch das vom Feind besetzte Gebiet schleusen und die Spitze der Bucht gegenüber von Birgu erreichen, wo sich heute das Fischerdorf Kalkara befindet. Dabei kam ihm der Umstand zu Hilfe, daß die Nacht feucht und dunstig war, was im späten Juni selten vorkommt. Außerdem schlug man, von Maltesern geleitet, die nur den Maltesern bekannten kleinen Seitenpfade und -wege ein, und so ging kein einziger Mann verloren. Bald hatte die Entsatztruppe ihr Ziel erreicht. Am Morgen bemühten sich die Ritter keineswegs, ihre Gegenwart zu verbergen, im Gegenteil: Glockengeläute, Gelächter und fröhlicher Lärm sagten den Türken, daß die Belagerten Verstärkung bekommen hatten.

Vielleicht überschätzte Mustafa Pascha die zahlenmäßige Stärke des Truppenkontingents, das sich in der Nacht zwischen seinen Linien hindurchgeschlichen hatte, vielleicht war es ihm nach den schweren Verlusten vor St. Elmo auch ein unbehaglicher Gedanke, die beiden Hauptstellungen belagern zu müssen. Jedenfalls bot er jetzt dem Großmeister dieselben Friedensbedingungen an, auf die L'Isle Adam in Rhodos eingegangen war: freier Abzug für den Orden und diejenigen, die ihm folgen wollten, mit allen kriegerischen Ehren.

La Valette lauschte dem Parlamentär und ließ ihm dann die Augen verbinden. Der Mann wurde zu einer Stelle zwischen den Bastionen von Provence und Auvergne geführt. Man nahm ihm die Binde ab und bat ihn, er möge die Höhe der Mauern über ihm und die Tiefe des Wallgrabens unter ihm betrachten. »Nie werden die Türken diesen Platz erobern!« rief er. La Valette ließ Mustafa Pascha durch den Parlamentär folgende Antwort übermitteln: »Sag deinem Herrn, dies sei das einzige Gebiet, das ich ihm überlassen werde. Hier liegt das Land, das er haben mag – vorausgesetzt, er füllt es mit den Leichen seiner Janitscharen.«

Mustafas Reaktion auf die hochmütige Ablehnung seines großzügigen Angebots bestand darin, daß er sich verstärkt bemühte, beide Halbinseln auf dem See- und auf dem Landweg hermetisch von der Außenwelt abzuriegeln. Seine Truppen hatten schon auf den südlich gelegenen Margherita-Höhen Stellung bezogen, und nun machte er sich daran, den Großen Hafen völlig unter türkische Kontrolle zu bringen. Eine Flottille von Galeeren aus dem Marsamuscetto wurde auf Rollen über den schmalen Landstreifen zwischen den beiden Häfen gezogen und im zur Marsa hin verlaufenden Teil des Großen Hafens zu Wasser gelassen. Die Ritter konnten nichts dagegen unternehmen, denn ihre Schiffe waren sicherheitshalber im Seegraben zwischen St. Angelo und Birgu vertäut worden. Wenn sie sich aus ihrem Schlupfwinkel gewagt hätten, wären sie von den türkischen Batterien auf dem Sciberras und den Corradino-Höhen zerfetzt worden.

In der ersten Juliwoche nahmen die türkischen Geschütze beide Hauptstellungen ins Kreuzfeuer. Mustafas Ziel war, Senglea von der Landseite her anzugreifen, sobald es sturmreif geschossen war, und gleichzeitig von der Marsa her zu Wasser die Spitze der Halbinsel zu attackieren. Dieser Plan wurde fürs erste von den Maltesern durchkreuzt, die fast alle ausgezeichnete Schwimmer waren. Unter Leitung ihrer Offiziere errichteten sie an der Seite der Halbinsel, wo das Wasser flach genug für eine Landung war, Palisaden und Unterwassersperren. Am 15. Juli begann ein massiver Angriff von der Land- und von der Seeseite her. Ein heftiger Kampf entbrannte um die Palisaden. Die türkischen Landungsboote liefen auf sie auf oder verfingen sich in den Ketten, die unter Wasser zwischen den Palisaden gespannt waren. Als die Boote herannahten, eröffneten Kanoniere und Arkebusiere ein vernichtendes Feuer. Die maltesischen Schwimmer warteten, bis sie die Palisaden erreicht hatten. Als die Türken versuchten, die Hindernisse aus dem Weg zu räumen, schwammen die Malteser ihnen entgegen. Es entwikkelte sich ein wildes Handgemenge im Wasser. Der spanische Soldat Balbi schrieb: »Sie griffen die Türken mit solchem Ungestüm an, daß es, ich will nicht sagen, den Maltesern, aber Männern jeder anderen Nation unmöglich gewesen wäre, tapferer zu sein.«

Zwar hatte die Explosion eines Pulvermagazins eine Lücke in die Mauer gerissen, wodurch sich einige Angreifer hier eine Stellung sichern konnten, aber trotzdem erwies sich der Seeangriff auf Senglea als Fehlschlag. Noch Tage danach schwammen Leichen im Wasser. Die Männer, die sie umbrachten, hatten den Türken die prächtigen Gewänder vom Leib gerissen und die juwelenbesetzten Krummsäbel und Turbane an sich genommen. In der Endphase des Kampfes wollte sich eine Schar von Türken ergeben. Sie hatten ihre Boote nicht mehr erreichen können und waren zurückgeblieben. Doch die Malteser verstanden die Botschaft von St. Elmo nur zu wohl. »Rache für St. Elmo!« schrieen sie und schnitten den Feinden die Kehle durch.

Während an beiden Enden der Halbinsel der Kampf tobte, versuchte es Mustafa Pascha mit einem Ablenkungsangriff. Er entsandte zehn große Boote mit Janitscharen zum Angriff gegen die andere Seite von Senglea. Der Befehl lautete, die Mauern zu stürmen, konnte man doch erwarten, daß sie unbewacht seien, da die Verteidiger an anderen Plätzen festgehalten waren. Die Janitscharen legten von der Halbinsel Sciberras ab und hielten auf die Durchfahrt zwischen Senglea und Birgu zu. Nun befand sich unterhalb von St. Angelo fast in derselben Höhe wie der Wasserspiegel eine getarnte Batterie, die dazu bestimmt war, feindliche Schiffe an der Einfahrt in die Bucht zu hindern. De Guiral, der französische Kommandeur der Batterie, konnte sein Glück kaum fassen, als er sah, wie diese Boote voll von Janitscharen sich langsam näherten und direkt auf die Mündungen seiner Kanonen zuhielten. Er wartete, bis sie die Einfahrt zur Bucht erreicht hatten – die Entfernung betrug jetzt nur noch etwa 180 Meter –, und gab dann Feuerbefehl. Es war ein Massaker. Neun Boote wurden versenkt, mindestens 800 Mann von den Elitetruppen des Sultans ins Wasser geworfen. Nur das zehnte Boot konnte sich gerade noch zum Sciberras retten. »An diesem Tage«, schrieb Balbi, »war die Batterie des Kommandeurs de Guiral unzweifelhaft die Rettung von Senglea. Es kann nicht daran gedeutelt werden, daß wir nicht imstande gewesen wären, länger auszuhalten, wenn es den Booten gelungen wäre, die Truppen an Land zu setzen.«

Nach dem Scheitern des ersten Großangriffs auf Senglea beschloß Mustafa Pascha, vorsichtiger vorzugehen. Er erkannte, daß kaum eine reelle Erfolgsaussicht bestand, wenn man gegen diese befestigten Plätze – die schon durch die sie umgebende See einen natürlichen Schutz genossen – mit der gewohnten Dampfwalzentaktik anging. Die Leitung der Kampagne gegen Senglea übernahm er, Piali erhielt den Oberbefehl über den Angriff gegen Birgu, das Hauptquartier der Ritter, die Zentrale, von der aus La Valette die gesamte Verteidigung steuerte. In der Morgendämmerung des 2. August nahmen alle Geschütze im Umkreis – vom Monte Salvatore östlich von Birgu bis zum Monte Margherita südlich von Senglea – die Beschießung auf. Der Kanonendonner währte ununterbrochen, bis die Sonne hoch am Himmel stand. Das Getöse war so ohrenbetäubend, daß berichtet wurde: »In Syrakus und Catania, 100 beziehungsweise 150 Kilometer von Malta entfernt, hörten die Einwohner den Lärm und verglichen ihn mit entferntem Donnergrollen.«

Fünfzig große Geschütze bedeckten allein die beiden Hauptstellungen mit Feuer, darunter sechzigpfündige Feldschlangen, zehn Achtzigpfünder und ein bis zwei riesige Basilisken, die zweihundertpfündige Kugeln verschossen. Unter dem strahlenden Sommerhimmel flimmerte die Insel vor Hitze, die Erde erbebte, und von den Mauern stiegen in träger Bewegung Wolken von Kalksteinstaub auf. Noch bevor die Kanonen auf ein Trompetensignal hin verstummt waren, schwärmten die türkischen Soldaten die Abhänge hinunter und warfen sich gegen die Wälle, die wie sturmgepeitschte Klippen über den weißen Gischt der Angreifer hinwegragten. Sechs Stunden lang wütete die Schlacht um Senglea und Birgu. Die Türken konnten zwar mehrere Male in einer Bresche Fuß fassen, aber schließlich waren ihre Kräfte aufgezehrt. Mustafa Pascha raufte seinen Bart und rief die Truppen zurück. Er hatte die Stärke der Befestigungen und die hartnäckige Ausdauer der Verteidiger unterschätzt.

Das darauffolgende Bombardement sollte die Verteidigungsanlagen ein für allemal mürbe machen. Es währte fünf Tage. Am 7. August erfolgte ein neuer Angriff. Er richtete sich diesmal in der Hauptsache gegen Birgu und insbesondere gegen die Bastion von Kastilien, jenen Posten, der Mustafas Leute vor vielen Wochen beim ersten Angriff genarrt hatte. Hinter der eigentlichen Umwallung hatten die Ritter wie seinerzeit in Rhodos eine große Innenmauer aufgeführt. Selbst wenn es dem Feind gelang, eine Bresche in die erste Mauer zu legen, wurde er von der zweiten noch einmal aufgehalten, die in der üblichen Weise konstruiert war und so eine Beschießung des Gegners von mehreren Punkten aus ermöglichte. Die Truppen rückten vor, strömten im Vorgefühl ihres Sieges durch die Bresche und sahen sich einem mörderischen Kreuzfeuer ausgesetzt. Ihre Schlachtreihe begann zu wanken, sie flohen zu den sicheren Laufgräben zurück. Mustafa Pascha hatte in Senglea mehr Erfolg. Seine Männer konnten sich innerhalb der Befestigungen halten und sogar einen Brückenkopf direkt in der Zitadelle bilden. Das war der bisher gefährlichste Moment der Belagerung. La Valette hatte zwar eine Brücke aus Booten zwischen Birgu und Senglea über die Bucht führen lassen, damit im Notfall rasche Hilfe von einer Festung zur anderen gelangen konnte, doch in diesem Augenblick war er selbst unter so starkem Druck, daß er seinen bedrohten Brüdern keine Verstärkung schicken konnte. Der türkische Sieg lag zum Greifen nahe; für diejenigen, die fallen mußten, ein köstlicher Traum von den Gärten des Paradieses, für die Überlebenden Aussicht auf Raub und Plünderung.

Doch genau in dem Augenblick, da in Senglea alles verloren schien, erschallte ein Trompetensignal. Der Befehl wurde von Reihe zu Reihe weitergegeben. Es war das Signal zum Rückzug! Die vordersten Truppen wurden von ihren Offizieren und Unteroffizieren zurückkommandiert, fast unglaublich, lag die Zitadelle doch unmittelbar vor ihnen. Zur Verwunderung der Verteidiger, die schon gedacht hatten, ihre letzte Stunde habe geschlagen, schwenkte die gesamte türkische Armee zum Rückzug um und wälzte sich zu ihrem Hauptlager in der Marsa. Im ersten Moment müssen die Verteidiger geglaubt haben, die längst versprochene Entsatzarmee sei endlich eingetroffen. Und eben das war Mustafa gemeldet worden. Ein Bote hatte berichtet, christliche Reiterei habe das Lager überfallen, stecke die Zelte in Brand und mache nieder, was sie fände. (Die Opfer waren vor allem Kranke und Verwundete, die man mit dem Pflegepersonal und einigen wenigen Wachen zurückgelassen hatte, als das Heer zum Angriff schritt.)

Als Mustafa Pascha erfuhr, was wirklich geschehen war, und erkennen mußte, daß er den Angriff kurz vor dem Sieg abgeblasen hatte, kannte sein Zorn keine Grenzen. Die sogenannte Entsatztruppe war nichts weiter als eine Kavallerieabteilung aus Mdina, die aus dem Lärm bei Senglea und Birgu geschlossen hatte, ein Hauptangriff sei im Gange, und sich daraufhin für ein Ablenkungsmanöver entschied, nämlich das türkische Lager zu zerstören. Das gelang den Rittern vorzüglich. Sie töteten fast alle, die im Lager zurückgeblieben waren, zündeten Zelte und Vorräte an, schnitten den Pferden die Sehnen durch oder nahmen sie mit und verschwanden in Richtung Mdina, bevor das türkische Heer sie einholen konnte. Die Zerstörung des türkischen Lagers wäre an sich schon verdienstvoll gewesen, doch daß ihre Aktion die Türken gerade in dem Moment zum Rückzug veranlaßt hatte, da der Sieg zum Greifen nahe lag, war die Rettung der Johanniter. Wie de Guirals getarnte Batterie hatten sie zugeschlagen, als es niemand erwartete. Und es war ein vernichtender Schlag.

Im August vermehrten die Türken ihre Artillerieangriffe. Immer stärker wurden Sappeure und Mineure eingesetzt, um die Mauern von Senglea und die Bastion von Kastilien in Birgu zu untergraben. Vielen Rittern und Ratsmitgliedern schien es nur noch eine Frage der Zeit, bis die eine oder die andere Stellung oder gar beide fielen. Bei einer Sitzung des Rates wurde dem Großmeister der Vorschlag unterbreitet, Birgu zu verlassen und alle Ritter, dienenden Brüder in Waffen und Soldaten in der Festung St. Angelo zusammenzuziehen. Dort könnten sie gewiß aushalten, bis entweder ein Entsatzheer eintraf oder bis die Türken durch die Regenfälle und Stürme des Winters gezwungen wurden, den Angriff abzubrechen und sich zurückzuziehen. La Valette war dagegen. Er wußte genau, daß es für die Türken schwierig, wenn nicht unmöglich war, auf Malta zu überwintern, denn ihre Nachschub- und Verbindungsrouten verliefen durch das Ionische Meer und die Ägäis (die zu den stürmischsten Teilen des Mittelmeers gehört). Er war daher der Meinung, sie könnten auch gut in Birgu aushalten, jedenfalls besser, als wenn sie sich in einer Festung zusammenpferchten, die früher oder später von allen Seiten beschossen werden würde. Außerdem, so sagte er, habe er keineswegs die Absicht, die tapferen Malteser im Stich zu lassen, die Männer, Frauen und Kinder, die tagtäglich mit der Garnison gelitten und ebenso tatkräftig bei der Verteidigung mitgeholfen hatten wie die ausgebildeten Soldaten und die Miliztruppen.

Dann erhielt der Großmeister wieder eine Botschaft von Don Garcia aus Sizilien, er werde vor Ende des Monats August ein Entsatzheer von mindestens 16000 Mann nach Malta schicken. Doch der Großmeister setzte kein »Vertrauen auf Fürsten«. Seinem Freund und Sekretär Sir Oliver Starkey, dem Oberhaupt der Zunge von England, sagte er: »Wir können uns nicht weiterhin auf seine Versprechungen verlassen. Wenn der Rat das nächstemal zusammentritt, müssen wir ihm mitteilen, daß wir keinerlei Entsatz zu erwarten haben. Nur wir selbst können uns retten.« Um zu zeigen, wie ernst es ihm war, und um zu bekräftigen, daß es kein Zurück gab, ließ er die Brücke zwischen St. Angelo und Birgu sprengen. Die Garnisonen von St. Angelo, Birgu und Senglea waren nun ganz allein auf sich gestellt. Dadurch war der Feind gezwungen, seine Artillerie immer noch an verschiedenen Punkten anzusetzen. Und diese Entscheidung des Großmeisters war zweifellos richtig: Sie rettete Malta und den Orden.

»Tag und Nacht hörten die Kanonen des Feindes nicht zu schießen auf.« Solche Eintragungen finden sich häufig in dem Tagebuch, das Balbi zu dieser Zeit führte. Mustafa und sein Stab waren sich voll bewußt, daß schon in wenigen Wochen der Herbst beginnen würde, und verdoppelten ihre Anstrengungen. Sie wollten die Mauern zum Einsturz bringen, solange es Sommer war, und sie wollten die Kampfmoral der Verteidiger baldmöglichst zermürben. Wie in Rhodos, wo Untergraben und Sprengen in so hohem Maße zum Sieg des Sultans beigetragen hatten, arbeiteten auch hier speziell ausgebildete ägyptische Trupps unter den bereits schadhaften Mauern und unter dem Felssockel aus Kalkstein, trieben ihre Stollen voran, um die wichtigsten Abschnitte der Verteidigungslinie zu sprengen. Man griff auch auf Belagerungsmaschinen zurück, aber diese erwiesen sich meist mehr als hinderlich denn als nützlich. Wenn die Verteidiger einen Ausfall unternahmen – dafür gab es eigene, getarnte Pforten –, boten sich diese finsteren Riesen als leichtes Angriffsziel für Axt und Feuer an.

Am 18. August explodierte eine Mine unter dem Posten von Kastilien. Mit dumpfen Gepolter stürzte ein großer Teil der Hauptbastion ein. Zurück blieb eine völlig ungeschützte Lücke, in die sich bereits scharenweise die weißgekleideten Feinde drängten. Die Verteidiger zauderten. Eine Panik drohte auszubrechen. Doch dann sah man, daß der Großmeister selbst eine kleine Truppe direkt in die Bresche führte. »Dieser furchtlose alte Mann schützte sein Haupt nur mit einer leichten Sturmhaube, nahm sich nicht einmal die Zeit, den Küraß anzulegen, und eilte kühn ins Gefecht gegen die Ungläubigen.« La Valette war 70 Jahre alt. Sein Beispiel befeuerte die Ritter, die dienenden Brüder und Städter; bald hatten sie die zerstörte Mauer im Laufschritt genommen und befanden sich im Nahkampf mit dem Feind. Eine Granate explodierte neben La Valette. Er wurde am Bein verwundet, wußte aber, wie wichtig seine Gegenwart in dieser Stunde der Not war. Ein Stabsoffizier drang in ihn, er möge sich zurückziehen. Er sagte, die Stellung sei schon gesichert, die Türken gäben bereits nach. Aber La Valette weigerte sich beharrlich. Mit dem Schwert deutete er auf die türkischen Fahnen, die in der Bresche aufgepflanzt worden waren. »Ich werde nicht weichen«, meinte er, »solange diese Banner im Wind wehen.«

Am Abend desselben Tages kam es zu einem weiteren Angriff. Zum ersten Mal wurden auch die Geschütze der türkischen Galeeren eingesetzt, die bereits in den Großen Hafen eingelaufen waren, als baute man darauf, daß die Belagerung zu Ende sei. Die dritte Augustwoche war die schlimmste und entscheidende Phase der Belagerung. Im Hospital fand sich kein einziges freies Bett, die Munition mußte peinlich genau rationiert werden. Es hieß, daß »in jenen Tagen keiner als verwundet betrachtet wurde, solange er noch gehen konnte«. Vom griechischen Feuer verbrannt, von Steinsplittern verletzt, von Kugeln, Pfeilen und den Eisenbolzen der Armbrüste getroffen, schleppten sich die Verteidiger über die Trümmer ihrer Festungsdörfer hin wie Schreckgestalten, die Dantes Inferno entstiegen waren. Die Lage der Türken war nur insofern besser, als sie sich nachts dem Feind entziehen und zum Lager oder zum Laufgraben retirieren konnten, wo es vergleichsweise friedlich zuging. Doch auch sie litten unter der sengenden Sommerhitze Maltas, unter Mangelernährung und unter den Krankheiten – der Ruhr beispielsweise –, die in jenen Tagen, da man die Grundsätze der Hygiene nicht kannte, Heere im Feld stets zu befallen pflegten. In ihrer Verzweiflung vermehrten die Türken ihre Anstrengungen, um endlich zum Durchbruch und zum Sieg zu gelangen. Minen und Petarden, Belagerungstürme mit Scharen von Arkebusieren wurden eingesetzt, dazu teuflisch ausgeklügelte Maschinen, die man hangabwärts rollen ließ, damit sie gegen die wankenden Mauern prallten und explodierten (manchmal gingen dabei auch die Erfinder mit in die Luft), kurz, jeder erdenkliche Kniff, den die Militärs damals kannten, wurde in der Endphase der Belagerung von Malta ausprobiert.

Und in der Zwischenzeit wuchs die Uneinigkeit unter den beiden türkischen Kommandeuren. Piali blickte besorgt aufs Meer und befürchtete das Einsetzen schlechten Wetters; Mustafa überlegte, wie sich genügend Nachschub aus Tripolis, Griechenland oder Konstantinopel sichern ließ, damit das Heer auf Malta überwintern konnte. Er verließ sich darauf, daß er – wie Soliman in Rhodos – siegen würde, wenn Belagerung und Blokkade bis in den Winter hinein aufrechterhalten wurden. Doch weder er noch sein Stab konnten einem Heer, dessen Kampfmoral im Schwinden begriffen war, den nötigen Enthusiasmus einimpfen. Ritter und Malteser hatten die Belagerer im Grunde genommen schon besiegt, bevor sie endlich Entsatz erreichte.

Am Abend des 6. September 1565 war es soweit. Don Garcias Flotte, vorher durch Stürme vom Kurs abgelenkt, ging in der sicheren Mellieha-Bucht im Nordosten der Insel vor Anker. Das Entsatzheer war nicht eben groß – kaum mehr als 8000 Mann –, und die Türken mußten trotz ihrer schweren Verluste noch mindestens 20000 Soldaten haben. Doch die Nachricht von der Landung der neuen Truppen (deren Stärke von den türkischen Spähern und den Bauern, die sie hatten vorbeifahren sehen, gleichermaßen überschätzt wurde) reichte aus: Mustafa und Piali einigten sich darauf, die Belagerung aufzuheben. Piali hatte es besonders eilig, denn er bangte wie immer um die kostbare Flotte, die ihm Soliman anvertraut hatte. Es kam den Verteidigern wie ein unbegreifliches Wunder vor, wie ein Eingreifen Gottes, als sie eines Morgens auf ihren zerschossenen Bastionen Ausschau hielten und sahen, daß sich die riesige Armee auflöste wie Rauch im Wind und über die staubigen Straßen um den Großen Hafen ihrem Lager zumarschierte. Zelte wurden abgebrochen, Sklaven und Tiere vor die Geschützlafetten gespannt, und der komplizierte Apparat des Belagerungskrieges – Gräben, Feldschanzen und mit Leder beschlagene Türme – wurde zerstört oder einfach zurückgelassen.

Am 8. September (Mariä Geburt) endete die Belagerung. Die Glocken der Konventskirche St. Lorenz schallten über das zerstörte Birgu hin, und das Geläute der Liebfrauenkirche in Senglea stimmte mit ein. »Ich glaube nicht, daß Musik jemals einem menschlichen Ohr so süß klang. Seit drei Monaten hatten wir keine Glocke mehr gehört außer der, die uns zum Kampf gegen den Feind versammelte. An diesem Morgen läuteten sie zur selben Stunde die Messe ein, da wir gewohnt waren, den Ruf zu den Waffen zu erwarten. Um so feierlicher dankten wir nun Gott und seiner gebenedeiten Mutter für die große Gnade, die sie uns erwiesen hatten.«

Man sang dem Gott des Sieges ein festliches Tedeum. Und dann wurden zum ersten Mal in diesem langen, höllischen Sommer die Tore wieder geöffnet. Ritter, dienende Brüder und Volk verließen die Festungen und schritten über den Felsboden hin, der von Granaten, Bomben und griechischem Feuer zerfetzt war, an den Toten vorbei, die man nicht mehr hatte begraben können, zu den leeren Gräben und den Artilleriestellungen, wo die Rohre der zurückgelassenen Geschütze in den Himmel ragten. Bald würden die ersten Regenfälle einsetzen und die Insel rein waschen. Ihr Boden war vorher schon kärglich, das Land teilweise öd und unfruchtbar gewesen, doch nun hatte es den Anschein, der Kriegsgott habe alles versengt und verbrannt. Als Mustafa Pascha von der tatsächlichen Stärke des Entsatzheeres erfuhr, versuchte er seine Truppen zurückzurufen. Sie hatten schon begonnen, sich auf Pialis Flotte einzuschiffen, die in der St.-Pauls-Bucht an der Ostküste vor Anker lag. Mustafa Pascha bemühte sich noch einmal tapfer, den Rückzug aufzuhalten und den neuen Truppen eine Schlacht zu liefern, doch schließlich mußte er sich ins Unvermeidliche fügen. Zum zweiten Mal in seinem Leben war er von den »Söhnen des Satans«, den Rittern vom hl. Johannes, besiegt worden.

Es handelte sich um die größte Niederlage, die dem Sultan je widerfahren war. Weniger als ein Drittel seiner Armee kam zum Goldenen Horn zurück. Mustafa und Piali zitterten um ihr Leben. Sie wurden verschont; vielleicht, weil sie klug genug waren, eine Galeere mit der Botschaft von der Niederlage vorauszuschicken. Solimans Zorn konnte ein wenig verrauchen, bevor seine Befehlshaber eintrafen. Auf Befehl des Sultans trafen sie mit Flotte und Heer erst nach Einbruch der Dunkelheit in Konstantinopel ein. Das Volk sollte nicht sehen, von welchem Schaden es betroffen worden war.

»Nun sehe ich«, sagte Soliman, »daß mein Schwert nur in meiner eigenen Hand unbesiegbar ist.« Er befahl, für das folgende Jahr eine neue Expedition gegen Malta vorzubereiten. »Ich werde sie selbst gegen diese verfluchte Insel führen. Und ich schwöre bei den Gebeinen meiner Väter – möge Allah ihre Gräber erleuchten –, daß ich keinen einzigen von ihnen verschonen werde!«

22. Kriegsnachwirkungen und Stadtgründung

»Dieses Jahr, 1565, hat es Gott gefallen«, schrieb der spanische Arkebusier Balbi zu Beginn seines Tagesbuchs, »daß der Orden unter dem rechtschaffenen Regiment des tapferen und frommen Großmeisters Jean de la Valette von einer gewaltigen Streitmacht des Sultans Soliman angegriffen wurde, welch letzterer sich durch den großen Harm beleidigt fühlte, den ihm die Galeeren der Ordensritter zu Wasser und zu Lande antaten.« Der Sultan hatte zwar sein Ziel verfehlt, »dieses Schlangennest auszurotten«, aber er hatte dem Orden und seiner Inselheimat gewiß mehr als »großen Harm« angetan. Als La Valette mit Don Garcia de Toledo einen Ritt über die Insel unternahm, konnte er nur kleinlaut daran denken, daß die Insel keine Überlebenschance hatte und daß der Orden verloren war, wenn die Türken im nächsten Jahr von neuem angriffen. Sein kleines Reich lag in Trümmern. Auch wenn sie die Winter- und Frühlingsmonate über hart werkten, war es kaum wahrscheinlich, daß sie die Bollwerke wiederherstellen konnten, bevor das Wetter einsetzte, das neue Feldzüge ermöglichte. Als erstes ließ er die türkischen Gräben zuschütten und alle Feldschanzen zerstören, die sie errichtet hatten. So blieb wenigstens nichts übrig, was ihnen die Kriegsführung erleichterte, falls sie zurückkehrten.

Er sah sich zahllosen Problemen gegenübergestellt. Es fehlte an Leuten zur Bemannung der Festungsanlagen. Von einer Streitmacht, die ursprünglich etwas mehr als 9000 Köpfe gezählt hatte, waren dem Großmeister nur noch 600 kampffähige Krieger geblieben. 250 Ordensritter fielen während der Belagerung. Die Überlebenden waren fast alle verwundet, schwerversehrt oder für ihr ganzes Leben verkrüppelt. Nicht einmal die letzte Belagerung von Rhodos hatte einen solch hohen Blutzoll gefordert. Die maltesische Miliz, die spanischen Soldaten und die Söldner hatten etwa 7000 Tote zu beklagen. Wenn Mustafa Pascha sich gegen Piali durchgesetzt und sämtliche Truppen noch einmal zurückgeführt hätte, so wäre ein Sieg über das Entsatzheer durchaus möglich gewesen. Senglea und Birgu wären zweifellos binnen einer Woche oder vierzehn Tagen gefallen. Den größten Glücksfall für die Ritter stellte wohl der Tod Draguts dar. Dragut hatte dadurch, daß er die Batterien im Umkreis von St. Elmo plazierte und den nächtlichen Bootsverkehr unterband, der Verstärkungstruppen herbeibrachte, die Eroberung des Forts bewerkstelligt. Wäre er der führende Kopf bei der Belagerung von Birgu und Senglea gewesen, so hätten wohl beide längst vor Eintreffen des Entsatzheers aufgeben müssen.

Doch es gab einen weiteren Gesichtspunkt, der dem Großmeister bei der düsteren Betrachtung seiner zerstörten Insel und seiner dezimierten Truppen fürs erste entgangen sein mag. Die türkischen Verluste waren ungeheuer hoch und verhielten sich völlig disproportional zum Wert ihres Ziels – selbst wenn sie es erreicht hätten. Bei den verschiedenen Berichten über die Belagerung von Malta, die uns erhalten sind, lautet die vorsichtigste Schätzung der türkischen Verluste über 25000 Tote, meist werden die Verluste mit 30000 angegeben. Keine Schätzung berücksichtigt die Verluste der Algerier, Ägypter und Piraten von der Berberküste. Darüber liegen auch keine Aufzeichnungen vor. Selbst wenn man sich an die vorsichtige Schätzung hält, darf man die Gesamtverluste auf vermutlich 30000 Mann beziffern. Dazu W. H. Prescotts Kommentar aus seinem Buch ›History of the Reign of Philip II‹: »Die Streitkräfte Solimans des Ersten erlitten während seiner langen und ruhmreichen Regierungszeit keinen Fehlschlag, der so demütigend war wie das Versagen bei der Belagerung von Malta. Abgesehen von den kostspieligen Vorbereitungen für die Flotte, war die Vergeudung von Menschenleben gewaltig ...«

Zu dieser Zeit konnte noch niemand wissen, daß dies eigentlich der letzte wirkliche Versuch der Türken war, ins westliche Mittelmeer einzudringen und Europa von Süden her in die Zange zu nehmen. Wäre Malta gefallen, so hätte sich das Antlitz Europas vielleicht schon im nächsten Jahrzehnt grundlegend gewandelt. Königin Elizabeth von England hatte schon während der Belagerung die folgende scharfsinnige Bemerkung gemacht: »Wenn die Türken gegen die Insel Malta erfolgreich sein sollten, so ist nicht abzusehen, welche weiteren Gefahren daraus für den Rest der Christenheit erwachsen.« Im protestantischen England, wo Heinrich VIII. im Jahre 1543 alle Ländereien und Besitzungen der Zunge von England beschlagnahmt hatte, betrachtete man den Sieg der Ritter als Rettung Europas. Die Königin befahl dem Erzbischof von Canterbury nach Aufhebung der Belagerung, ein besonderes Dankgebet abzuhalten, das drei Wochen lang dreimal pro Woche verlesen wurde.

Ritter und Großmeister, ja der ganze Orden, sahen mit einem

Mal, daß ihnen die Verteidigung der kahlen Felseninsel weltweiten Ruhm eingetragen hatte, einen Ruhm, der so dauerhaft war, daß er selbst nach mehreren Jahrhunderten nicht verblaßte. Einige wenige sehnten sich zwar noch nach Rhodos zurück, aber der Partei, die für Malta war, fiel es nicht allzu schwer, ihren Willen durchzusetzen. Da auch der Großmeister die Insel zur ständigen Heimat auserkoren hatte, fand die Opposition keinen Rückhalt mehr. Die Belagerung hatte jedoch deutlich gezeigt, daß die Halbinseln Senglea und Birgu als Dauerstützpunkte ungeeignet waren, mochte man die Bollwerke auch noch so sehr verbessern. Beide konnte man von den dahinterliegenden Anhöhen mühelos unter Beschuß nehmen, Birgu auch vom Monte Salvatore im Osten. Doch in erster Linie wurden sie vom Monte Sciberras auf der anderen Seite des Großen Hafens beherrscht, und bei der ständigen Verbesserung der Reichweite von Geschützen war es klar, daß bei einer zukünftigen Belagerung Birgu und Senglea nicht mehr zu halten waren, wenn man gegenüber von ihnen massierte Geschützbatterien in Stellung brachte. Früher hatten die Militärarchitekten Ferramolino und Strozzi bereits folgenden Vorschlag gemacht: Wenn die Ritter einen idealen Platz für eine Festungsstadt suchten, die Rhodos nicht nur gleichkam, sondern sogar noch übertraf, sollten sie den Monte Sciberras wählen. Wenige Jahre vor der Belagerung hatte ein weiterer berühmter Baumeister, Bartolomeo Genga, die Ansichten seiner Vorgänger bekräftigt und das Modell einer Festungsstadt angefertigt, die den gesamten Monte Sciberras einnahm und sich bis zu dem Gebiet erstreckte, das heute unter dem Namen Floriana bekannt ist. Von hier aus konnte man auch die gesamte Marsa unter Beschuß nehmen. La Valette war schon vor der Belagerung dafür, den Sitz des Ordens auf den Sciberras zu verlegen, aber der Geldmangel und das Wissen darum, daß der Angriff erfolgen würde, bevor die neue Stadt fertiggebaut war, hatten die Pläne scheitern lassen.

Jetzt war die Zeit reif, dies Problem wieder ins Auge zu fassen. Man mußte sich das Wohlwollen des Papstes sichern, solange der Orden in so hoher Gunst bei ihm stand, wünschte man doch, einen Plan in die Tat umzusetzen, der bei aller Kostspieligkeit dem Orden ein Heim schaffen würde, wo er geborgen und gegen alle weiteren Angriffe der Feinde des Christentums gefeit war. La Valette kam der Partei zuvor, die die Insel sofort verlassen wollte (eine Anzahl von Reliquien und anderen wertvollen Besitztümern des Ordens stand schon zur Verschiffung bereit), indem er Botschafter zum Papst schickte und seine Hilfe erbat. Pius IV., ein praktisch veranlagter Mann, war sich der Bedeutung des Ordens für die Verteidigung von Sizilien und Italien bewußt und entschloß sich daher, einen der besten Festungsbaumeister der damaligen Zeit nach Malta zu schicken. Dieser sollte sich einen Überblick über die auftretenden Probleme verschaffen und Ratschläge zum Bau eines dauerhaften Heims für die Verteidiger dieses vorgeschobenen Bollwerks der Christenheit geben. Seine Wahl fiel auf Francesco Laparelli, einen Schüler und Assistenten Michelangelos, zudem Festungsbauexperte, der für den Vatikan schon eine Reihe von Aufträgen ausgeführt hatte.

Laparelli traf Ende Dezember auf Malta ein und begann sofort mit der Inspektion des Großen Hafens und seiner Verteidigungsanlagen. Als erste Maßnahme schlug er die Verstärkung von Birgu und Senglea vor – vielleicht griffen die Türken noch einmal an, bevor die neue Stadt gebaut war. Diese Stadt – so Laparellis Anregung – sollte genau an der Stelle errichtet werden, an die auch seine Vorgänger gedacht hatten: auf dem Sciberras, zur See hin durch ein neues und wesentlich stärkeres Fort St. Elmo geschützt. Es würde die Zufahrt zum Großen Hafen und zum Marsamuscetto beherrschen und somit Birgu und Senglea eine zweitrangige Bedeutung bei der Verteidigung zuweisen: Sie könnten die Südflanke des Großen Hafens dekken. Laparelli ging das Problem mit atemberaubender Geschwindigkeit an. Schon nach drei Tagen legte er La Valette und dem Rat seine Vorschläge vor. Nachdrücklich betonte er eine Ansicht, die auch La Valette teilte, nämlich, daß Malta eine natürliche Festung sei und daß man es in Anbetracht seiner hervorragenden Häfen und seines ausgezeichneten Bausteins nur als töricht bezeichnen könne, einen anderen Sitz zu wählen. Damit war man der Opposition im Orden Herr geworden. Am 28. März 1566 legte der Großmeister den Grundstein zu der neuen Stadt, die nach ihm Valetta genannt wurde. Der Gepflogenheit der Zeit entsprechend, versah man sie mit dem Beiwort *humilissima*, und so hieß sie *Civitas Humilissima Valetta*, »die allerdemütigste Stadt Valetta«. Als später die Pracht ihrer Gebäude und der Hochmut der Ritter ihr Erscheinungsbild und die ursprüngliche Konzeption La Valettes gewandelt hatten, pflegte man sie überall in Europa als die *superbissima*, die allerhoffärtigste, zu bezeichnen.

Die Kosten des Projekts lagen erschreckend hoch; darum hatte man auch nicht schon früher Schritte in dieser Richtung unternommen. Doch im Unterschied zu damals genoß der Orden jetzt in ganz Europa vom Papst bis zum kleinen katholischen Landadeligen ein so großes Ansehen, daß man einmütig der Meinung war, man dürfe bei den Rettern Europas und der Christenheit nicht mit Geld und jeder erdenklichen Hilfe geizen. Man mußte ihnen Mittel zur Verfügung stellen, damit sie – falls der Feind wiederkam – die Heldentaten von 1565 wiederholen oder gar noch übertreffen konnten. Neben der großzügigen Beihilfe des Papstes steuerten auch die Könige von Frankreich und Portugal sowie Philipp II. von Spanien beachtliche Summen bei. Philipp erkannte nun, daß sein Vorgänger Karl V. gut daran getan hatte, den Rittern Malta zu überlassen. Diese Felseninsel war die beste Garantie für seine sonstigen Besitzungen am Mittelmeer. Ordensmitglieder spendeten begeistert ungeheure Gelder, um die Arbeit an der neuen Stadt zu fördern; die Komtureien Europas gaben buchstäblich alles, was sie hatten, damit die Kosten gedeckt werden konnten. Man darf sagen, daß Valetta sein Entstehen einer Woge der plötzlichen Begeisterung für die nahezu vergessenen Kreuzzugsideale verdankte. Ganz Europa hatte daran teil. Der andere Faktor war der Selbsterhaltungstrieb – die Ritter auf der kleinen Kalksteininsel wurden als zuverlässiger Schutz gegen türkische Überfälle betrachtet.

Auch die Berühmtheit der Belagerung von Malta spielte eine nicht zu unterschätzende Rolle. La Valette wurde die Kardinalswürde angetragen, was er klugerweise mit dem Hinweis ablehnte, als Großmeister sei er unvermeidlicherweise recht oft in Kriegshandlungen verwickelt, und dies schickte sich kaum für einen Kardinal. Noch im selben Jahr, da die Belagerung stattfand, wurden in ganz Europa Balladen und Flugschriften verkauft, welche die bis dahin so gut wie unbekannte Insel, die Persönlichkeit La Valettes und seiner Gegenspieler Mustafa und Piali sowie die Ereignisse der Belagerung schilderten. Zu dieser Zeit war Europa besonders stark durch politische Wirren gekennzeichnet: die Nationen untereinander gespalten, der Türke stand im Osten des Kontinents und warf einen immer länger werdenden drohenden Schatten. Europa brauchte einen Sieg. Trotz seiner erheblichen Verluste profitierte der Orden davon, daß Malta gerade in dieser Phase belagert wurde. Es hätte nicht günstiger kommen können. Auf Zypern, das ebenfalls mit der türkischen Bedrohung leben mußte und später ins ottomanische

Reich eingegliedert wurde, schuf ein unbekannter Dichter eine Ballade, die im ganzen Mittelmeer berühmt wurde. Man sang sie, wo immer Menschen sich selbst daran erinnern mußten, daß der Türke nicht allmächtig war:

»Malta aus Gold, Malta aus Silber, Malta aus edlem Metall,
wir werden dich nie erobern!
Selbst wenn du weich wie ein Kürbis wärest,
selbst wenn dich nur eine Zwiebelhaut schützte!«
Und von den Wällen kam die Antwort:
»Ich bin's, die die Galeeren der Türken hinwegraffte –
und all die Krieger von Konstantinopel und Galatien!«

Der Abbé de Vertot führt in seiner Ordensgeschichte, die im 18. Jahrhundert erschien, einen Grund dafür an, warum Malta im darauffolgenden Jahr nicht von neuem angegriffen wurde: Das Arsenal in Konstantinopel wurde von einem oder zwei Spionen La Valettes in die Luft gejagt. Nichts hätte dem Großmeister gelegener kommen können. Es ist durchaus möglich, daß Vertots Bericht der Wahrheit entspricht, doch leider bringt er keine Grundlagen bei, die seine Behauptung erhärten. Mehrere Historiker übernahmen die Hypothese, darunter Whitworth Porter: »La Valette sah, daß er nicht imstande war, der türkischen Streitmacht mit seinen Truppen standzuhalten, und beschloß, zu einer Kriegslist Zuflucht zu nehmen, um die Gefahr abzuwenden. Er setzte einige seiner Spione in Konstantinopel darauf an, das große Arsenal der Stadt durch Feuer zu zerstören. Für die bevorstehende Expedition waren gewaltige Schießpulvervorräte aufgestapelt worden, deren Explosion die Werft und die Flotte, die darin ausgerüstet wurde, gänzlich zerstörte. Das brachte die Unternehmung zum völligen Stillstand; und der Tod Solimans, der am 5. September 1566 während eines Feldzugs in Ungarn starb, verhinderte jede Wiederaufnahme des Versuchs.«

Es stimmt, daß der Sultan 1566 während eines Feldzugs in Ungarn starb, und es stimmt, daß es 1566 zu keinem weiteren Angriff gegen Malta kam, aber wie es sich ansonsten mit der Wahrheit verhielt, wird man nie ergründen. Das Arsenal kann planvoll in die Luft gesprengt oder durch Zufall zerstört worden sein (das war gang und gäbe in Pulvermagazinen zu einer Zeit, da man kaum etwas von Sicherheitsvorkehrungen wußte). Sei es, wie es sei, jedenfalls bewahrte die Zerstörung des Arsenals von Konstantinopel den Orden vor einer zweiten Belagerung, der er nicht hätte standhalten können.

Im Juli 1568, drei Jahre nach der Belagerung, erlitt La Valette einen Schlaganfall, von dem er sich nicht mehr erholte. Seine letzten Jahre waren nicht eben glücklich verlaufen. Er hatte zwar die Freude zu sehen, wie seine neue Stadt langsam aus weißen Kalksteinblöcken unter der strahlenden Sonne des Südens wuchs, aber daneben mußte er ständig Streitigkeiten unter den jungen Rittern schlichten. Wenn sie sich nicht gerade auf ihren Karawanen befanden, hatten sie bei der angenehmen und lässigen Atmosphäre, die jetzt auf Malta herrschte, genügend Zeit, Müßiggang zu treiben. Mit diesem Problem mußten sich viele Großmeister zwangsweise beschäftigen (darunter auch d'Aubusson). In den folgenden Jahrhunderten wurde es noch gewichtiger. Die harten Anforderungen des Kriegerlebens waren kaum noch spürbar, die Ordenszucht lockerte sich ungebührlich, und das führte zu unaufhörlichen Auseinandersetzungen zwischen Rittern und Maltesern, zu Glücksspiel, Hurerei, Alkoholmißbrauch und Duellunwesen, kurz, zu allem, was die Langeweile des Südens ein wenig beleben konnte.

La Valette wurde in der Stadt begraben, die seinen Namen trägt. Die lateinische Inschrift auf seinem Grab, die Sir Oliver Starkey verfaßte, lautet in deutscher Übersetzung: »Hier liegt La Valette, ewiger Ehren wert. Einst die Zuchtrute Afrikas und Asiens und der Schild Europas, von wannen er die Barbaren mit seinen heiligen Waffen vertrieb, ist er der erste, der in dieser geliebten Stadt beigesetzt wird, die er gegründet.« Selbst unter ähnlichen Bedingungen wie zur damaligen Zeit hätten nur wenige Großmeister die überragende Bedeutung La Valettes erlangen können. Wenn die Ideale des altmodischen Rittertums je einer Rechtfertigung bedurften – im Leben dieses ungewöhnlichen Mannes findet man sie.

In seinem Todesjahr war der Bau der neuen Stadt schon so weit fortgeschritten, daß Laparelli, der leitende Architekt, den Papst um die Erlaubnis bitten konnte, nach Italien zurückkehren zu dürfen. La Valette folgte als Großmeister der Italiener Pietro del Monte nach (der von dem Projekt ebenso begeistert war wie der Gründer selbst); Laparellis Platz wurde von seinem begabten maltesischen Assistenten Gerolamo Cassar eingenommen. Cassar war der erste von vielen maltesischen Architekten, welche die Stadt – abgesehen von den imposanten Festungen – mit Barockbauten schmückten, die zum Schönsten gehören, was man in Europa findet. Der Kalkstein zwang zu einer gewissen künstlerischen Zucht, dazu kam das Können der maltesischen Steinmetze – und diese beiden Komponenten gaben dem maltesischen Barock Strenge und Würde, die anderswo unbekannt waren. Die Stadt, die den Großen Hafen und den Marsamuscetto beherrschte und in späteren Jahren viele Reisende tief beeindruckte, war nach dem Schachbrettprinzip erbaut, das sich erstmals im alten Griechenland entwickelt hatte. Das konnte leicht steril und starr wirken. Valetta blieb es erspart. Es mangelte an Werkzeug, Arbeitskräften und Geld, um den Kamm des Monte Sciberras, wie ursprünglich beabsichtigt, einzuplanieren und die Stadt auf einer Ebene zu bauen. Und so wurde die Schachbrettform durch Unebenheiten belebt. Wenn man gegen St. Elmo blickte, bot sich dem Auge stets das Mittelmeer dar, eingerahmt von Palästen, Wohnhäusern oder den Quartieren der Ritter. Auf der Landseite – nur von hier war ein wirklicher Angriff möglich – wurde Valetta vom darunterliegenden Hang durch einen Graben getrennt, der in den schieren Kalkstein eingeschnitten war. Man behauptet, dies sei der größte von Menschenhand geschaffene Graben auf unserem Planeten.

Quentin Hughes beschreibt Valetta in seinem Buch ›The Building of Malta‹ folgendermaßen: »Im Stadtplan war ein rechteckiges Straßennetz vorgesehen. Die Straßen verliefen längs und quer über die Halbinsel, zwölf in der Länge, neun in der Breite, dazu noch eine Straße an der Peripherie. Die Hauptstraße führte vom St.-Georgs-Tor zum Tor des Forts St. Elmo, wo sich das Weichbild etwas gegen Norden verschob. Der Hauptplatz von Valetta lag auf halbem Wege zwischen Haupttor und Fort; ein weiterer Platz öffnete sich auf der Südseite der Straße, an welcher die Konventskirche erbaut wurde. Valetta unterschied sich von den anderen Ordenssitzen vor allem in drei Punkten. Die neue Stadt war schachbrettförmig angelegt. Man ließ den Plan fallen, als letzte Zuflucht eine Zitadelle zu errichten, in der sich der Amtspalast befand, und baute ihn mitten in der Stadt. Vom Collachio, einem Bezirk, der eigens für die Ritter abgeteilt war und ihre sämtlichen Amtsgebäude enthielt, wurde in Valetta abgesehen; die Quartiere der Ritter waren auf die ganze Stadt verteilt, jedes in der Nähe der Bastion, welche die jeweilige Zunge zu verteidigen hatte.«

Als im Laufe der Jahrhunderte die Möglichkeit einer Belagerung mehr und mehr in den Bereich des Unwahrscheinlichen rückte, wurde die vormalige Festungsstadt immer schmucker:

Es entstanden zahlreiche Privathäuser im maltesischen Barock, der sich dadurch auszeichnet, daß er reich verziert ist, ohne überladen zu wirken. Diese Stadt war fast zweihundert Jahre lang die Heimat des Ordens vom hl. Johannes. Hier errichteten sie ihr Großes Hospital, um das sie ganz Europa beneidete: Es war beispielhaft in der Anlage, beispielhaft wegen seiner medizinischen Effizienz und der Mittel, die zur Behandlung der Patienten zur Verfügung standen. Valetta wurde nach und nach eine weltliche Hauptstadt, und damit schwand die Nüchternheit und Kargheit des mönchisch-soldatischen Lebens, das die Ritter in Birgu und Rhodos, in Syrien und im Heiligen Land geführt hatten. Pomp und Zeremoniell eines europäischen Hofes en miniature verdrängten die eigentlichen Ideale des Ordensgründers, des seligen Gerhard, bis sie kaum mehr erkennbar waren. Doch selbst in den Tagen des Friedens konnten die Ritter nie über den Großen Hafen hinwegblicken und die düstere Majestät des Forts St. Angelo betrachten, ohne an die große Belagerung gemahnt zu werden, an den schrecklichen Sommer 1565, dem der Orden sein Überleben verdankte.

Sechs Jahre nach der Belagerung von Malta konnten sich die Ritter allmählich sicher sein, daß sie in Valetta eine Stadt besaßen, die jedem künftigen Angriff standzuhalten vermochte. Nun zeichnete sich sogar die Möglichkeit ab, einen vernichtenden Schlag gegen die türkische Flotte in ihren eigenen Gewässern zu führen. Bei der berühmten Schlacht von Lepanto (1571) war der Orden allerdings nur mit drei Galeeren vertreten. Das lag daran, daß der Orden kurz zuvor eine schwere Schlappe hinnehmen mußte: Saint-Clement, der Admiral der Galeeren, wurde von dem algerischen Piraten Ochiali überfallen und verlor dabei drei der vier Transportschiffe, die er unter sich hatte. Beim Kampf entstand der Eindruck, Saint-Clement habe sich aus dem Staub gemacht, sobald er den Feind zu Gesicht bekam.

Auf Malta wurde ihm der Prozeß gemacht. Man beschuldigte ihn der Feigheit, hielt ihn für überführt und stieß ihn aus dem Orden aus. So groß war die allgemeine Empörung, daß man ihn der Zivilgerichtsbarkeit übergab. (Die Ordensgerichtsbarkeit war nicht befugt, Ordensmitglieder zum Tode zu verurteilen.) Saint-Clement wurde erdrosselt, sein Leichnam in einen Sack gesteckt und vor Malta ins Meer geworfen. Ochiali, der Sieger, war ein Italiener aus Kalabrien; er gehörte zu den vielen Renegaten, denen die Moslems einen guten Teil ihrer Erfolge auf See verdankten, hatte sein Handwerk bei dem gefürchteten Barbarossa gelernt und war den meisten christlichen Kapitänen überlegen. Man mußte Ochiali zweifellos zu den besten Seeleuten seiner Zeit rechnen.

Es war völlig gerechtfertigt, daß der Johanniterorden den glücklosen Saint-Clement vor Gericht brachte und ausstieß. Ihre Flotte war sehr klein, und ihr Ruf beruhte auf deren ausgezeichneter Leistungsfähigkeit, auch darauf, daß die Ritter und alle anderen an Bord eher starben, bevor sie sich ergaben. Noch vor der Belagerung hatte ein türkischer Kapitän Sultan Soliman folgendes über die Ritter berichtet: »Ihre Schiffe sind nicht wie die der anderen. Sie haben stets eine Vielzahl von Arkebusieren und Rittern an Bord, die darauf gefaßt sind, bis in den Tod hinein zu kämpfen. Wann immer sie eines unserer Schiffe angriffen, haben sie es entweder versenkt oder gekapert.« Wenn die Ritter dieses guten Rufs verlustig gegangen wären, wenn sie ihn nicht stets von neuem bestätigt hätten, hätten sie sich auf Malta wirklich nur kurze Zeit halten können.

Die vereinigten europäischen Seestreitkräfte, die vor Lepanto den Kampf mit der türkischen Flotte aufnahmen, wurden von Don Juan d'Austria befehligt, dem natürlichen Sohn Karls V. Seine Armada bestand aus der spanischen Mittelmeerflotte, einem päpstlichen Geschwader, den drei Ordensgaleeren und zwei Geschwadern aus Genua und Venedig. Insgesamt boten die Alliierten 6 Galeassen, 212 Galeeren und 24 große Segelschiffe – Transporter – auf. Venedig steuerte das größte Kontingent bei – die 6 Galeassen, außerdem 107 Galeeren und zwei Transportschiffe. Wie immer wollte die Lagunenstadt ihre Handelsrouten mit dem Osten schützen. Doch diesmal stand mehr auf dem Spiel als sonst. Die Türken versuchten nämlich, venezianisches Hoheitsgebiet zu annektieren: die Insel Zypern. Und ohne Zypern würden die venezianischen Interessen im Osten ziemlichen Schaden nehmen. Die Ritter kämpften ohnehin ständig gegen die Moslems, und was die anderen Staaten – in erster Linie Spanien – betraf, so lag es in ihrer aller Interesse, die Türken vom westlichen Mittelmeer fernzuhalten. Man glaubte, ein entscheidender Sieg würde die türkische Gefahr auf See bannen; und wenn die nordafrikanischen Piraten nicht mehr von der osmanischen Macht gestützt wurden, konnte man sich bald auch mit ihnen befassen. Papst Pius V. hatte sich bemüht, die Koalition zusammenzuschmieden, aber es blieb trotzdem eine Allianz der inneren Spannungen. Dazu bemerkte Admiral Ubaldini in seiner Geschichte der Ordensflotte: »Während die verschiedenen Schiffstypen gut gegeneinander ausgewogen waren, gab es keine dementsprechende Homogenität bei den Alliierten. Neid, Meinungsverschiedenheiten über Fragen der Rangordnung, gegenseitige Vorwürfe und voreilige Ressentiments – all dies war schon deutlich spürbar, als sich die Flotte in Messina sammelte. Nur dem herzlichen Einvernehmen zwischen Don Juan d' Austria und Marcantonio Colonna war es zu danken, daß die Christen ihre Streitigkeiten schlichten und eine zweckbestimmte Einigkeit erzielen konnten, die ausreichte, um sich zuversichtlich dem Feind zu stellen.«

Am 16. September durchkreuzte die Flotte der Alliierten das Ionische Meer, der Insel Korfu entgegen. Doch erst am 7. Oktober kam es im Golf von Patras unweit von dem kleinen Hafen Lepanto zum großen Kampf zwischen Orient und Okzident. Die türkische Flotte bestand aus 250 Galeeren sowie kleineren

Segel- und Ruderschiffen. Lepanto ist insofern bedeutend, als es sich um die letzte Seeschlacht handelt, bei der die Galeere das Übergewicht hatte. Jahrtausendelang beherrschte die Galeere das Mittelmeer – seit dem Kampf der Griechen gegen die Perser und dem Kampf der Römer gegen die Karthager. Irgendwie schien es schlüssig, daß sie ihren Siegeslauf mit einer Seeschlacht beendete, die den vielen großen Seeschlachten ebenbürtig war, die durch die Muskelkraft von Menschen ausgefochten und entschieden wurden.

Die Türken hatten sich in einer hervorragenden Verteidigungsposition verschanzt. Dadurch waren die Alliierten gezwungen, sich um die Landzunge an der Einfahrt zur Meerenge zu verteilen. Doch die Türken versäumten, diesen taktischen Anfangserfolg zu nutzen. Bald begann der heftige Angriff der Alliierten das türkische Zentrum zu erschüttern. Das osmanische Flaggschiff, die große Galeere von Ali Pascha, wurde geentert und erobert. Dazu Don Juan d'Austria in einem Bericht über die Schlacht: »Der Kampf auf der Galeere währte eine Stunde. Zweimal erreichten unsere Streitkräfte den Großmast des türkischen Schiffes und wurden durch türkische Gegenangriffe zum Bugteil unseres eigenen Schiffes zurückgedrängt ... Doch nach anderthalb Stunden schenkte Gott uns den Sieg, und der Pascha sowie fünfhundert Türken wurden gefangengenommen. Seine Flaggen und Banner wurden weggenommen und das Kreuz am Großmast aufgezogen. Don Juan ließ den Sieg hochleben.«

Auf dem spanischen Schiff ›*Marqueas*‹ kämpfte Miguel de Cervantes mit, der spätere Verfasser des ›Don Quixote‹. Zweimal wurde er durch Kugeln an der Brust verwundet, die linke Hand war so schwer verletzt, daß sie verkrüppelt blieb – »zum größeren Ruhme seiner Rechten«, wie er es später formulierte.

Die drei Galeeren des Johanniterordens hielten den äußeren rechten Flügel, wo sie bald von einem türkischen Geschwader unter der Führung von El Louck Ali, dem Vizekönig von Algier, angegriffen wurden. Obwohl zahlenmäßig hoffnungslos unterlegen, kämpften die Ritter mit gewohnter Tapferkeit. In einem Kampfbericht findet sich folgende Beschreibung: »Die Ritter und ihre Leute verteidigten sich mit einer Furchtlosigkeit, die ihres heldenhaften Ordens wert war. Ein junger Mann nahmens Bernardino der Heredia, Sohn des Grafen von Fuentes, zeichnete sich dabei besonders aus, und Geronimo Ramires, ein Ritter aus Saragossa, wie ein zweiter St. Sebastian von Pfeilen durchbohrt, kämpfte mit solcher Wildheit, daß niemand von dem algerischen Enterkommando ihn anzugreifen wagte, bis man schließlich sah, daß er tot war. Ein Ritter aus Burgund sprang alleine in eine feindliche Galeere, tötete vier Türken und focht, bis er zuletzt der Übermacht erlag.«

Eine der Ordensgaleeren war bereits gekapert und wurde als Prise abgeschleppt, als ein Gegenangriff El Louck Ali zwang, sie wieder freizugeben. Die Retter fanden drei Überlebende an Bord: zwei verwundete und bewußtlose Ritter und den Prior, in dessen Körper fünf Pfeile staken. Um sie herum lagen die Leichen von Rittern, dienenden Brüdern und Matrosen, sowie 300 Türken, die beim Kampf um die Galeere gefallen waren.

Gegen Tagesende stand fest, daß die Schlacht von Lepanto als großer Sieg der Christen in die Geschichte eingehen würde. Nur El Louck Ali, der den rechten Flügel von Don Juans Flotte fast zerschlagen hätte, konnte sich ehrenvoll aus der Affäre ziehen. Als das Zentrum der türkischen Flotte unter der Wucht des christlichen Angriffs zusammenbrach, gelang es El Louck Ali, dessen Position mittlerweile unhaltbar geworden war, mit seinem Geschwader zu entkommen. Ansonsten waren die türkischen Verluste ungeheuer – fünfzig Schiffe gingen in Flammen auf oder wurden gekapert, 20000 Mann getötet oder gefangengenommen. Die Alliierten hatten 8000 Tote und fast doppelt so viele Verwundete zu beklagen. Zu den wichtigsten Ergebnissen der Schlacht zählte die Befreiung Zehntausender von christlichen Sklaven, die auf den Ruderbänken der türkischen Flotte Frondienste geleistet hatten.

In ganz Europa wurde Lepanto mit Recht als glänzender Sieg gefeiert – der größte, den man auf See gegen die Türken errungen hatte. Lepanto und Malta galten als Zeichen dafür, daß die bis dahin unüberwindliche Macht der Türken gebändigt war. Zwar versuchte die osmanische Flotte nach diesen beiden Niederlagen nie wieder, ins westliche Mittelmeer vorzustoßen oder Europa zu überfallen, aber die andere Seite der Medaille sah – laut Moritz Brosch in der ›Cambridge Modern History‹ – so aus: »Die Schlacht von Lepanto zeigte die Überlegenheit der christlichen Waffen, doch die Resultate bewiesen die Überlegenheit der türkischen Diplomatie ... Diese Position konnte ohne große Schwierigkeiten aufgrund der Streitigkeiten, ja Feindseligkeiten aufrechterhalten werden, die nicht nur zwischen den Kabinetten der drei Alliierten, sondern auch zwischen den Schiffsbesatzungen der verschiedenen Nationalitäten ausbrachen, die sich zusammengeschlossen hatten, um den Sieg zu erringen, sich aber über die Aufteilung der Kriegsbeute entzweiten.«

Die Alliierten konnten ihre Differenzen selbst im Augenblick des Sieges nicht beilegen. Marcantonio Colonna, der das päpstliche Geschwader kommandierte und gemeinsam mit Don Juan d'Austria die Flotte so weit geeinigt hatte, daß sie überhaupt zum Kampf gegen die Türken imstande war, schrieb in einem Bericht: »Nur durch ein Wunder und durch die große Güte Gottes war es uns möglich, eine solche Schlacht auszufechten. Ein ebenso großes Wunder ist, daß die allgemeine Gier und Habsucht uns nicht in eine zweite Schlacht, diesmal in einen Bruderkrieg, verwickelt haben.«

Die Schlacht von Lepanto, Don Juan d'Austrias Sieg, wurde in der europäischen Geschichte oft genug rühmend erwähnt. Damals wurde der Erfolg so überschwenglich begrüßt, daß die Menschen in Westeuropa hätten auf den Gedanken verfallen können, die Macht der Türken sei – zumindest auf See – für alle Zeiten gebrochen. Noch im 19. Jahrhundert schrieb ein Historiker: »So überwältigend war das Ergebnis des Sieges, daß viele Jahre lang die Macht der Türken im Mittelmeer fast gänzlich darniederlag.« Neuere Forschungsergebnisse haben gezeigt, daß dies ganz gewiß nicht der Fall war. Schon drei Jahre nach Lepanto fuhr eine türkische Flotte ungehindert gegen Tunis und besetzte von neuem die Stadt, aus der Karl V. Barbarossa vertrieben hatte. Die Flotte stand unter dem Befehl jenes El Louck Ali, der seine Fähigkeiten schon bei Lepanto unter Beweis gestellt hatte. Sie zählte nicht weniger als 150 Schiffe, alle frisch von der Werft. Das osmanische Reich besaß so viel Geld, Männer und Bauholz, daß es seine Verluste auf eine Weise ausgleichen konnte, die die Fürsten Europas in Staunen versetzte. Damals schrieb der französische Botschafter zu Konstantinopel in einer Depesche nach Frankreich: »Ich würde nie glauben, wie groß dieses Reich ist, hätte ich es nicht mit eigenen Augen gesehen.«

Lepanto war ein Sieg, auf den sich auch die Johanniter einiges zugute halten konnten, schließlich hatten ihre drei Galeeren den Angriff des begabtesten mohammedanischen Seestrategen abgefangen. Sie brachten es fertig, den entscheidenden rechten Flügel in dem Augenblick zu halten, da Don Juan d'Austria ins türkische Zentrum einbrach. Doch auch jetzt war das Zentralbecken des Mittelmeers nicht vom Feind frei. Im Gegenteil – die türkische Besetzung von Tunis machte die Karawanen der Ritter noch notwendiger als zuvor. Da Süditalien, Sardinien, Sizilien und Malta selbst vor den Piraten der Berberküste geschützt werden mußten, war es die Pflicht des Ordens in seiner Funktion als Polizei des Mittelmeers, dafür zu sorgen, daß die Piraten nicht nur in Schach gehalten, sondern in die Defensive getrieben wurden. Große Schlachten und große Belagerungen halten die Historiker fest, aber der kontinuierliche »Polizeidienst«, den der Johanniterorden nach dem Sieg von Lepanto Jahr für Jahr leistete, wird oft allzu leicht vergessen.

Eines der wichtigsten Geschehnisse der Ordensgeschichte während der Zeit auf Malta ereignete sich im späten 16. Jahrhundert unter der Herrschaft von Großmeister La Cassière. La Cassière war ein stolzer, hochmütiger und eigensinniger Mann, hatte sich als tapferer und talentierter Befehlshaber erwiesen, doch die Feinheiten der maltesischen Politik überstiegen entweder sein Begriffsvermögen oder seine Fähigkeiten. Er beleidigte die Malteser mehrfach, nicht zuletzt durch seine Abneigung gegen den Bischof von Malta, aus der er nicht den mindesten Hehl machte. Potentiell hatten stets Spannungen zwischen dem Bischof der Malteser und dem Großmeister bestanden, der sich als Oberhaupt eines großen Ordens einem Kardinal gleichrangig betrachtete. Unter La Cassière machten sich diese Spannungen deutlich bemerkbar. Er rief den Papst gegen den Bischof an, mit dem Ergebnis, daß ein Inquisitor auf Malta eingesetzt wurde. Zur Zeit der Gegenreformation kam dem Inquisitor erhebliche Bedeutung zu. Den Großmeistern war er fast immer verhaßt, denn er unterstand nur dem Papst und bildete somit eine dritte Macht auf der Insel. Die Malteser hatten im Laufe der Jahrhunderte lernen müssen, unter verschiedenen Herren zu überleben – von den Karthagern, Römern, Arabern, Normannen und Spaniern bis zu den Johannitern –, und waren, auch ohne das Geduldspiel der Inselpolitik zu komplizieren, schon von Natur aus reichlich verschlagen. Die Ritter verhielten sich ihren größtenteils bäuerlichen Untertanen gegenüber hochmütig und dünkelhaft und duldeten es ungern, daß sich der Papst vermittels seines Großinquisitors in ihre Angelegenheiten einmischte. Das hatte zur Folge, daß aus diesen dreigeteilten Interessen alle nur erdenklichen Arten von Zänkereien, religiösen und politischen Kämpfen und machiavellistischen Intrigen erwuchsen. Die Einsetzung der Inquisition war ein unglückliches Ereignis für Malta.

Ein weiteres wichtiges Ereignis dieser Zeit war der Bau der

Konventskathedrale in Valetta, die Johannes dem Täufer geweiht wurde. Sie gehört zu den bedeutendsten Bauwerken Südeuropas und zu den eindrucksvollsten Denkmälern des Ordens. Die Kathedrale entstand unter der Herrschaft La Cassières. Der Plan stammt von Gerolamo Cassar, der auch die Oberleitung hatte. Von außen wirkt sie nüchtern, eine Festung des Glaubens, in manieristischem Stil errichtet. Das Kircheninnere gehört zum Bedeutendsten, was der Barock hervorgebracht hat. Generationen von Großmeistern und anderen Brüdern haben ganze Vermögen auf die Seitenkapellen verwandt, auf Marmordenkmäler und auf den Kirchenschatz, der durch Geschenke aus ganz Europa bereichert wurde. Im Laufe der Jahrzehnte verwandelte sich der Boden der Kathedrale zu einem wahren Teppich aus buntem Marmorstein, zu einem Denkmal der Söhne aus europäischen Adelshäusern, die im Dienste des Ordens gestorben waren. Jede Zunge hatte ihre eigene Seitenkapelle, und hier wie überall herrschte der Wettbewerbsgeist: Jede Zunge wollte ihre Kapelle zur schönsten und am reichsten geschmückten machen. Später engagierten die spanischen Brüder Cotoner den Kalabrier Mattia Preti. Er malte die Johanneskathedrale mit Fresken aus, Fresken, die Sir Osbert Sitwell als »eines der schönsten Werke der Barockmalerei« bezeichnete. Gegen Ende des 17. Jahrhunderts vermehrte Großmeister Perellos den Glanz der Kirche durch 28 großartige flämische Tapisserien, die in Brüssel nach Vorlagen von Rubens gewebt wurden. Die äußere Strenge der Kathedrale war wie eine Schutzvorrichtung, die das Fest des Lichtes, der Farben und der Pracht im Kircheninneren absicherte und verbarg. Die Johanneskathedrale zeigt gewissermaßen die zwei Gesichter des Ordens: militärische Zweckbestimmtheit und aristokratische Lust am Prunkhaften.

Es war fast unvermeidlich, daß der Ruhm, der dem Orden seit der Belagerung von 1565 anhaftete, gekoppelt mit dem Verfall des Kreuzfahrergeistes (ein Prozeß, den Europa schon Jahrhunderte zuvor durchgemacht hatte), die Moral des Ordens allmählich schwächte. In der alten Regel von Raimund von Le Puy werden die Brüder gemahnt: »Wann immer sie sich in einem Hause, einer Kirche oder an einem Orte befinden, wo Frauen anwesend sein könnten, sollen sie sich gegenseitig dabei helfen, ihre Keuschheit zu bewahren. Auch dürfen sich die Brüder nicht von Frauen Hände oder Füße waschen oder die Betten machen lassen, Unser Herr ... möge sie in dieser Weise behüten.«

Die Ermahnungen zur Keuschheit wurden für die jungen Ritter im Laufe der Jahrhunderte immer bedeutungsloser. Europa war nahe, und so drangen europäische Lebensart und Atmosphäre rasch nach Malta ein. Und im 17. und 18. Jahrhundert war das Leben des europäischen Adels unermeßlich weit von der Askese entfernt, die die Ordensregel gebot. Die jungen Adligen vertrieben sich ihre Mußestunden mit Trinken, Hurerei, Glücksspielen und Duellen; und es lag nicht eben im Bereich des Wahrscheinlichen, daß Ordensritter, die von den leichtlebigen europäischen Höfen kamen, auf Malta plötzlich die Sitten des mittelalterlichen Rittertums übernahmen. Gewiß gingen sie auf die Karawanen, wenn man es von ihnen verlangte, gewiß bekriegten sie die Ungläubigen, wann immer sich Gelegenheit dazu bot, doch wenn sie wieder daheim auf Malta waren, trugen sie weder härene Gewänder, noch lebten sie mönchisch. Rhodos war geographisch und geistig von Europa isoliert gewesen, dort hatte man ohne weiteres eine überlebte Gesellschaftsform aufrechterhalten können. Auf Malta verhielt es sich anders. Bald räumten selbst die Statuten des Ordens ein, daß es so etwas wie die Sünden des Fleisches gab, und offene Unmoral wurde zwar stirnrunzelnd mißbilligt, doch ansonsten war man der Ansicht, nur die unverhohlene Zurschaustellung der Sünde müsse auf jeden Fall vermieden werden.

Das folgende Zitat aus Porters ›History of the Knights of Malta‹ belegt die Haltung, die man gezwungenermaßen dem Privatleben der Ritter gegenüber einnahm: »Es wurde mit Recht bestimmt, daß es keinem Mitglied unserer Bruderschaft, welche Stellung oder welchen Rang es auch innehaben möge, gestattet sein soll, Frauen von liederlichem Charakter zu ernähren, Beziehungen mit ihnen zu unterhalten oder sich ihnen zuzugesellen, sei es in ihren eigenen Häusern oder anderswo. Wenn jemdand seine Ehre und seinen Ruf so weit vernachlässigt, daß er sich erkühnt, dieser Bestimmung zuwiderzuhandeln, und seine Ehrlosigkeit *öffentlich* dartut und trotz dreimaliger Ermahnung durch seinen Oberen nicht vom Laster abläßt, so verfügen wir, daß er nach einem Zeitraum von vierzig Tagen, vom Tage seiner ersten Verwarnung an gerechnet, seines Kommandos enthoben wird, sofern er Kommandeur ist, beziehungsweise seines Ranges verlustig geht, sofern er einfacher Konventsbruder ist. Wenn ein Mitglied unseres Ordens sich erfrecht, ein Kind als sein eigenes anzunehmen, das ihm aus einer illegitimen Verbindung (einer solchen, wie sie nicht vom Gesetz anerkannt wird) geboren wurde, und zu versuchen, den Namen seiner Familie auf dasselbe zu übertragen, so verfügen wir, daß er als Gefährte liederlicher Frauen, die man zu den Blutschänderinnen und Frevlerinnen rechnen kann, ebenso wie ein Ehebrecher für außerstande erklärt wird, Besitz innezuhaben, ein Ordensamt zu verwalten oder eine Ordenswürde zu bekleiden. Und wir verstehen unter Gefährten liederlicher Frauen nicht nur diejenigen, welche ihres schlechten Lebenswandels wegen bekannt sind und in einem dementsprechenden Rufe stehen, sondern auch solche, die ohne Scham oder Furcht vor Gott und ihrer Profeß uneingedenk Frauen von zweifelhaftem Charakter, die für ihren schamlosen Lebenswandel und für ihren schlechten Umgang bekannt sind, versorgen oder ständig mit ihnen zusammenleben.«

Diese Verfügung war natürlich sehr dehnbar – man konnte das eine tun und brauchte das andere trotzdem nicht zu lassen. Die Stadt Valetta, dies Denkmal für die Belagerung und den bedeutendsten Großmeister des Ordens, wurde in Europa bald zum Inbegriff laxer Moral und mehr als williger Frauen. So mancher Reisende fand sich in jenen Tagen in Malta aufs angenehmste mit einer Geliebten und einem Haus versehen, von dem aus man einen herrlichen Blick über den großen Hafen hatte. Hier folgt noch einmal ein Zitat aus Porter, dessen Prosa den typischen viktorianischen Klang hat: »In den Straßen drängen sich die sündhaften Schönen aus Spanien, Italien, Sizilien und der Levante, und auch die dunkelhaarigen Huris von Tripolis und Tunis wollen zu dieser Fülle von Lockungen und Verführungen beitragen, der zu widerstehen niemand die Kraft hat, es sei denn, ein Heiliger ...« Und bei den Rittern gab es wenig Heilige.

Die berühmt-berüchtigte Promiskuität auf Malta führte zu zweierlei: Zum ersten trafen die Jesuiten ein, um die Ritter zu reformieren (was einen vierten Faktor in die Machtpolitik der Insel brachte); zum zweiten verbreitete sich in zunehmendem Maße die Syphilis oder »französische Krankheit«, wie sie von allen genannt wurde, die nicht der Zunge von Frankreich angehörten. Keusche Ritter, so lautete ein geflügeltes Wort, seien so selten wie schwarze Schwäne. Ein französischer Besucher schrieb im späten 17. Jahrhundert warnend an seinen Briefpartner, die maltesische Syphilis sei die schlimmste auf Erden, »ein Konglomerat aller möglichen Spielarten«. Im selben Jahrhundert, nur etwas früher, kommentierte der englische Reisende

George Sandys in seinen Memoiren: »Es gibt drei Nonnenklöster in Valetta: das eine für Jungfrauen, das andere für bußfertige Huren (unbußfertige gibt es in Hülle und Fülle) und das dritte für ihre Bastarde.« Das maltesische Wort *Spitiri*, eine Verfälschung des italienischen *Ospedale* (Hospital oder Findelhaus) soll darauf zurückzuführen sein, daß illegitime Kinder automatisch als »Findelkinder« bezeichnet wurden.

Patrick Brydone beschreibt in seinem Buch ›A Tour through Sicily and Malta‹ (1776), wie er den Aufbruch einer Karawane von drei Galeeren zu einem Überfall auf Tunis miterlebte. Er schildert, wie die Ritter von den Schiffen ihren Geliebten zuwinkten, die dichtgedrängt auf den Bastionen von Valetta standen und über ihre Abreise weinten. Den zahllosen Versuchen, die die Obrigkeit in den nächsten beiden Jahrhunderten unternahm, um die Prostitution in Valetta einzuschränken, war kein dauerhafter Erfolg beschieden. Selbst wenn man die Malteserinnen soweit beschämen und disziplinieren konnte, daß sie ihr Gewerbe aufgaben, war es immer noch kinderleicht, »Scharen von Venuspriesterinnen aus aller Herren Länder« einzuführen.

Obwohl die Beziehungen zwischen Rittern und Maltesern fast immer ein wenig distanziert waren, kann es keinen Zweifel daran geben, daß die maltesischen Inseln unter der autokratischen Fremdherrschaft blühten wie nie zuvor. Malta, vormals ein »unbekanntes Felseneiland«, eine unbedeutende Inselgruppe, deren Bewohner einen arabischen Dialekt aus dem 10. Jahrhundert sprachen, wurde einer der berühmtesten Plätze des Mittelmeers. Da es Sitz der reichsten und mächtigsten Bruderschaft Europas war, deren Großmeister miteinander darum wetteiferten, wer die herrlichsten Monumente hinterließ, entwickelte sich Malta zu einem wahren Schatzkästlein der Baukunst. Springbrunnen glitzerten an den Straßenecken, die Quartiere der verschiedenen Zungen, die sich gegenseitig zu übertrumpfen suchten, was Pracht und Erhabenheit ihrer Bauten anging, schimmerten strahlend weiß unter der Sonne des Südens, ein Aquädukt versorgte Malta mit Wasser aus den Felshügeln von Mdina, und auf der ganzen Insel entstanden Wallanlagen und Forts. Falls der Türke wiederkam, war die Versorgung der Bevölkerung mit Getreide aus Sizilien gesichert, das in großen unterirdischen Kornspeichern gelagert wurde. Wohlstand und Gedeihen spiegelten sich auch in den Dörfern der Malteser wider. Kirchen, die oft so gewaltig waren, daß man sie anderswo als Kathedralen bezeichnet hätte, überragten die kleinen würfelförmigen Häuser im nordafrikanischen Stil, in denen die Landbevölkerung wohnte. Die Dörfer konkurrierten miteinander darum, wer die glanzvollsten *festas* zu Ehren des jeweiligen Schutzheiligen veranstaltete. Ein Großteil der finanziellen Aufwendungen für diese Extravaganzen, die den Mittelmeervölkern so lieb und wert sind, stammte aus Mitteln des Fiskus. Jetzt konnte man die Insel wirklich »Malta aus Gold, Malta aus Silber« nennen ...

Das Geld zur Befestigung und Ausschmückung der Insel kam nicht nur aus den europäischen Besitzungen und Kommenden des Ordens, es stammt auch aus dem lukrativen *corso,* den Karawanen gegen die Moslems, bei denen sich die Ritter nicht nur am Kampf gegen die Ungläubigen, sondern auch am Erwerb wertvoller Beute gütlich tun konnten – Seidenstoffe, Gewürze und Sklaven, kostbare Metalle und Edelsteine sowie eher profane, aber nichtsdestoweniger willkommene Güter wie Wein, Getreide und Obst. Die Landwirtschaft der Insel machte durch die verbesserte Bewässerung einen gewaltigen Sprung nach vorn. Bessere Rebensorten wurden eingeführt, Zitrusfrüchte angebaut (Blutorangen aus Malta waren in ganz Europa bekannt), später brachte man auch noch die Baumwolle nach Malta. Sie war lange Zeit führend in der Wirtschaft der Insel. Segel aus Malta wurden im ganzen Mittelmeerraum berühmt, was sowohl der Qualität des Segeltuchs als auch der Geschicklichkeit der Segelmacher galt.

Maltas Prosperität stand in krassem Gegensatz zur Lage auf den meisten anderen Mittelmeerinseln. Die Inseln im Osten, die unter osmanische Herrschaft gekommen waren, dösten in trübseliger Niedergeschlagenheit dahin. Alle Lebenskraft war gebrochen; einmal durch die Steuereintreiber aus Konstantinopel, zum anderen durch den ständigen Verlust an jungen Männern und Frauen, die zu den Janitscharen eingezogen wurden oder in den Häusern und Harems ihrer Herren verschwanden. Korsika wurde zwar von der Republik Genua verwaltet, war aber de facto an ein skrupelloses Wirtschaftsunternehmen verpachtet, den Banco di San Giorgio, der die Insel bis zum letzten Blutstropfen auspreßte, aber nichts investierte.

Sardinien wurde als Vasallenstaat Spaniens auf ähnliche Weise ausgebeutet. Die elende Lage der Bevölkerung führte zu zahlreichen Aufständen, die mit fühlloser Grausamkeit niedergeschlagen wurden. Beide Inseln waren schlecht verteidigt und lagen zu weit von Malta entfernt, als daß die Ritter sie hätten schützen können, wie sie es im Falle Siziliens taten. Daher wurden sie regelmäßig von den Piraten der Berberküste überfallen, die Sardinien und Korsika fast als ihre eigenen Provinzen betrachteten, zu denen sie freien Zugang hatten und die sie nach Belieben plündern konnten. Siziliens Lage war kaum besser zu nennen, denn die spanischen Vizekönige saugten die Insel aus, während sie in Palermo hofhielten und keinen einzigen Gedanken an die Not der Landbevölkerung verschwendeten.

Im Gegensatz zu diesen Gebieten, die aufgrund ihres natürlichen Reichtums eigentlich hätten florieren müssen, bot die kleine Inselgruppe im Süden ein Bild der Ordnung, des Komforts, des Reichtums, ja des Glanzes. Maltesische Historiker haben den Orden oft genug geschmäht, seine aristokratische Exklusivität und die ausbeuterische Einstellung kritisiert, die die Ritter den maltesischen Frauen gegenüber einnahmen, aber trotzdem bleibt die Tatsache bestehen, daß keine andere Mittelmeerinsel so gut regiert wurde und so gut gedieh. In den Berichten europäischer Reisender findet man immer wieder Freude und Erstaunen darüber, daß man nach dem Elend und der Armut Siziliens und Italiens auf Malta plötzlich ein wohlgeordnetes Staatswesen vorfand. Thackerays Beschreibung stammt zwar aus dem 19. Jahrhundert, als Malta schon britisch war, gibt aber ziemlich getreu wieder, was schon seine Vorgänger sahen: »Auch bei näherer Betrachtung enttäuscht Valetta nicht, wie es bei so mancher fremden Stadt der Fall ist. In den Straßen drängt sich lebensvolles, sorglos wirkendes Volk; die Armen scheinen schöne Paläste mit Balkonen und auskragenden Fenstern aus behauenem Stein zu bewohnen. Lichter und Schatten, Rufe und Gerüche, Fruchtstände und Fischbuden, Gewänder und Stimmengewirr aller Nationen ... die Priester mit ihren Hüten und die Kapuziner mit ihren Bärten, Tabak, Weintrauben, Zwiebeln und Sonnenschein, die Aushängeschilder, die Heiligenfiguren und kleinen Kapellen, die sich dem Auge des Fremden aufdrängen, wenn er die berühmte Treppe vom Fluttor emporschreitet – all dies ergibt ein Bild von solch vergnüglichem Durcheinander und derartiger Lebensfülle, wie ich es nie zuvor gesehen habe.«

Den besten Beweis für die gesunden Verhältnisse auf der Insel erbringt die Bevölkerungsstatistik. In dem Buch ›The Story of Malta‹ schreibt Robert Blouet: »In den darauffolgenden 250 Jahren (nach 1530) gaben die Ritter enorme Summen für Festungswerke, Artillerieeinrichtungen, neue Städte, Paläste und Villen aus. Das kam den Maltesern ebenso zugute wie die Kosten, die nötig waren, um den hohen Lebensstandard der Ritter aufrechtzuerhalten. Während der Ordensherrschaft vermehrte sich die Einwohnerzahl Maltas um das Fünffache; neue Handels- und Gewerbezweige entstanden, und die Insel wurde eines der blühendsten Gemeinwesen Europas.«

Auch der Sklavenhandel trug zur Wohlhabenheit Maltas bei. Anfangs hatten es die Ritter dabei bewenden lassen, die Sklaven zum Dienst auf den Galeeren und zum Festungsbau heranzuziehen, doch im Lauf der Zeit ergab sich ein Überschuß an Sklaven, und nun bedienten sie sich derselben Praktiken wie die Türken, Tunesier und Algerier. Sklaven wurden an Händler aus Genua, Venedig und anderen italienischen Städten verkauft. Noch im 18. Jahrhundert arbeiteten etwa 2000 Sklaven auf Malta. Es waren Türken von osmanischen Handels- und Kriegsschiffen, Araber und Berber von der nordafrikanischen Küste oder Neger, die auf arabischen Schiffen Sklavendienste leisten mußten.

Die Chroniken von älteren Ordenshistorikern wie Bosio oder Vertot beweisen, daß die Ritter immer noch die besten Seeleute des Mittelmeers waren, auch wenn ihr Leben auf Malta den Beigeschmack der Askese verloren hatte. In zahllosen Kämpfen siegte das Kreuz des hl. Johannes über den Halbmond des Islam. Die muselmanischen Kapitäne eilten schon bei der Nachricht, daß maltesische Galeeren vor der Berberküste kreuzten, in ihre Häfen zurück. Im Jahre 1638 trafen sechs Ordensgaleeren auf einen türkischen Konvoi, der sich auf der Fahrt von Tripolis nach Konstantinopel befand. Die türkischen Handelsschiffe wurden von drei großen Kriegsschiffen begleitet. Wären sie taktisch klug eingesetzt worden, so hätten sie die kleineren und viel leichter mit Kanonen bestückten Galeeren ohne weiteres in die Flucht schlagen können. Doch die Ritter griffen mit solcher Durchschlagskraft an und wichen dem Feuer des Feindes so geschickt aus, daß sie nicht nur den gesamten Konvoi, sondern obendrein auch noch die Kriegsschiffe kapern konnten. Und so ging ein Kampf, den die Türken zumindest theoretisch hätten gewinnen müssen, siegreich für die Ritter aus. Allerdings hatten sie einen hohen Blutzoll an Toten und Verwundeten zu entrichten.

Solche und ähnliche Gefechte setzten die kleine Ordensflotte immer wieder instand, einen Einfluß im Mittelmeer auszuüben, der in keinem Verhältnis zu ihrer Größe stand. Zwei Jahre später konnten die Galeeren der Johanniter bei einem Einsatz vor der nordafrikanischen Küste sogar in den befestigten Hafen von Tunis – La Goletta – eindringen und unter dem Feuer der Küstenbatterien sechs Piratenschiffe kapern. Aktionen dieser Art waren nicht nur kurzzeitig erfolgreich, sondern halfen auf die Dauer gesehen auch, den Feind zu demoralisieren. Hätten die Türken einen ähnlichen Überfall auf den Hafen von Valetta unternommen, so wäre das Ergebnis recht klar gewesen. Die Wachtürme an der Küste hätten das Herannahen des Feindes weitergemeldet, die Galeeren wären ausgelaufen, um sich ihm in den Weg zu stellen, und die Geschützbatterien an der Einfahrt zum Großen Hafen wären schon Minuten nach dem Einlaufen der ersten Meldungen bemannt gewesen. Malta ähnelte einem riesigen Schlachtschiff, einer schwimmenden Festung, die im Zentralbecken des Mittelmeers ankerte. Obwohl die Insel nahe bei Nordafrika – sogar südlich von Tunis – liegt, konnten sich die Bewohner nicht so weit gehen lassen, daß sie in die erschlaffte Stumpfheit der Lotophagen verfielen.

Im Jahre 1644 kaperten die Ritter eine große türkische Galeone, auf der sich unter anderen Passagieren von hohem Rang auch die Sultanin des kaiserlichen Serails befand. Die Hohe Pforte war so aufgeschreckt und verstört, daß man davon träumte, den Plan des Sultans Soliman wiederaufzunehmen und noch einmal einen Überfall auf Malta zu versuchen. Doch seit der Belagerung waren fast hundert Jahre vergangen, und die osmanische Macht war nicht mehr mit damals zu vergleichen, damals, als Europa den Janitscharen und den unzähligen Galeeren offenzustehen schien, ohne Widerstand leisten zu können. Jetzt regierte der Großmeister Jean de Lascaris, ein Franzose. Sobald ihm die Nachricht überbracht wurde, es drohe ein Großangriff auf Malta, entsandte er Kuriere zu allen europäischen Komtureien und ließ darum bitten, jedes verfügbare Ordensmitglied möge sich so rasch wie möglich in Malta einfinden. Schließlich stellte sich heraus, daß die Nachricht von der bevorstehenden Invasion eine Falschmeldung war. Das geschah noch mehrmals in den kommenden Jahren. Es blieb dabei: Keine türkische Flotte durchpflügte die Wogen des Ionischen Meers, um nochmals zu versuchen, was Soliman dem Prächtigen mißlungen war. Die letzte wirkliche und dabei recht bescheidene Invasion hatte 1615 stattgefunden. Sechzig Galeeren erschienen vor Malta und setzten mehrere tausend Mann an Land. Die ungeheuren Festungsanlagen und die Unzugänglichkeit der Häfen hatten sie entmutigt. (Mittlerweile waren alle Buchten und Meeresarme durch Wachtürme oder Forts geschützt.) Nach ein paar ergebnislosen Scharmützeln zogen die Angreifer wieder ab.

Zwar gelangte nach Europa noch öfter die Katastrophennachricht, Malta sei unmittelbar bedroht, was vielleicht die abwesenden Ritter und die Gönner des Ordens an ihre finanziellen und sonstigen Verpflichtungen gemahnte; lebhaftes Interesse bei den europäischen Mächten erregte es nicht. Sie hatten sich fast alle mit den Osmanen arrangiert und einen Modus vivendi gefunden. Bereits 1536 schloß Franz I. von Frankreich ein Bündnis mit den Türken, dies zu einem Zeitpunkt, da die Türken zweifellos die Hauptfeinde Europas waren. Später, so Sir Godfrey Fisher in ›Barbary Legend‹, herrschte »ein schändlicher Zustand, der durch die Doppelzüngigkeit und unersättliche

Machtgier der Fürsten, Päpste und Republiken entstanden war. Sie alle zahlten ohne Zaudern Tribute an den Sultan, um sich seiner Gunst und seines Schutzes zu versichern, riefen ihn auch zu Hilfe, wenn sie Streitigkeiten miteinander hatten. Sie beschuldigten sich gegenseitig, wuschen ihre schmutzige Wäsche in aller Öffentlichkeit, und daran dürfte es zum größten Teil gelegen haben, daß die Türken – laut Haedo und späteren Autoren – die Christen verachteten.«

Man darf behaupten, daß die einzigen Christen, für die die Türken auch jetzt noch Respekt aufbrachten, die Johanniter waren. Sie hatten sich auf ihrer kleinen Felseninsel verschanzt und waren so gefährlich wie Skorpione, wenn man sie reizte.

Die Ordensgaleeren drangen nicht nur ständig in nordafrikanische Gewässer vor, sie forderten die Türken auch in den Dardanellen, vor Griechenland, Oran und Algier heraus. Doch in erster Linie griffen sie jetzt die Piraten der Berberküste an. Dazu Roderick Cavaleiro in ›The Last of the Crusades‹: »Solange die regellosen Staaten der Berberei ... die christliche Seefahrt bedrohten, hielten die Johanniter am *corso* fest, Feindfahrten, die dreimal im Jahr gegen die Piraten von Algier, Tunis und Tripolis unternommen wurden. Selten kamen sie ohne Beute zurück. In den Aufzeichnungen des Ordens aus dem 17. Jahrhundert findet sich auf der Habenseite eine stattliche Liste von Kaperungen, Feuergefechten, versenkten und auf den Strand gesetzten Schiffen. Die Zahl der mohammedanischen Sklaven auf Malta war weitaus höher als in anderen Ländern.«

Man hätte mit Recht vermuten dürfen, daß eine Allianz der christlichen Mächte – wie bei Lepanto – das Mittelmeer ohne große Mühe hätte säubern und die Piraten von der Berberküste für immer hätte vernichten können. Doch Europa war zersplittert. Nicht nur die Piraten, sondern auch die Europäer begrüßten es, daß auf dem Mittelmeer weiterhin schrankenlose Anarchie herrschte. Im schwankenden und ständig wechselnden europäischen Kräftegleichgewicht spielten die muselmanischen Seefahrer eine nützliche Rolle: das Zünglein an der Waage. Das war dem Kirchenstaat, den Republiken, Königreichen und Fürstentümern bekannt. Und so fuhren die meisten damit fort, die Piraten zu bestechen und mit ihnen zu handeln. Entweder sorgten sie dafür, daß ihre eignen Schiffe unbehelligt blieben, oder sie stachelten die Moslems dazu an, einen ihrer europäischen Rivalen möglichst schwer zu schädigen.

Da die Ritter weder reich noch mächtig genug waren, große Seeoffensiven gegen ihre Feinde zu unternehmen, verbündeten sie sich – wie schon auf Rhodos – mit anderen christlichen Mächten zum Kampf gegen die Muselmanen. Ihre Hilfe war immer gefragt. Erstens kannten sie das Mittelmeer genau, und zweitens konnte man sich immer ihres Beistandes versichern, wenn man darauf hinwies, daß es sich um einen Krieg gegen die Feinde des wahren Glaubens handelte. Die Ritter führten Religionskriege (unbeschadet dessen stand ihnen natürlich ein Anteil an der Beute zu), waren aber nicht auf Landgewinn bedacht. Aus diesem Grund arbeiteten die Venezianer im 17. Jahrhundert ständig mit den Johannitern zusammen, um die osmanische Macht im östlichen Mittelmeer in Schranken zu halten. Für die Venezianer ging es dabei um Finanzfragen – der Osthandel war die wichtigste Einnahmequelle ihrer stolzen Republik. Die Ritter, die ansonsten kaum Verbindungen zu Venedig hatten, wollten die Schlagkraft ihrer Flotte gegen den Erzfeind vermehren. Dieses Bündnis kam beiden Seiten gelegen. »Die Venezianer«, schreibt Kelf-Cohen in ›The Knights of Malta‹, »waren die einzige Macht, die den Türken auch weiterhin auf dem Meer widerstand. Nach wie vor besaßen sie Kreta, das die Handelsrouten der Levante schützte, und erst mit der Eroberung dieser Insel hatten die Osmanen das östliche Mittelmeer ganz in der Hand.«

Erst im Jahre 1645 überzogen die Türken Kreta mit Krieg, dies vor allem, weil die Venezianer den Rittern gestattet hatten, nach einem Angriff auf osmanische Schiffe in ihren Gewässern zu ankern. Die Türken setzten eine Armee von 50000 Mann an Land und hatten nach kurzer Zeit die Stadt Chania im Nordwesten der Insel zerstört. Zuallererst mußten sie jedoch die Hauptstadt Candia erobern. Candia (davon leitet sich das englische Wort für Süßigkeiten, nämlich »candy«, ab – Zuckerrohr war einer der wichtigsten Exportartikel Kretas) war eine gut befestigte Stadt. Über zwanzig Jahre lang widerstand sie den türkischen Angriffen. Diese Belagerung, wiewohl nicht kontinuierlich aufrechterhalten, ist vielleicht die längste in der Geschichte. In dieser Zeit blieben die Johanniter gemeinsam mit ihren venezianischen Verbündeten ständig aktiv. Es verging kaum ein Jahr ohne eine Seeschlacht oder eine Reihe kleinerer Seegefechte. Der Johanniterorden war immer dabei. 1656 kam es zu einem wichtigen Kampf an der Einfahrt zu den Dardanellen. Ein zeitgenössischer Bericht, der auf venezianischen Depeschen basiert und im selben Jahr in London veröffentlicht wurde, gibt uns nähere Auskunft:

»Nachdem sich die venezianische Flotte einen Monat lang an der Einfahrt zu den Dardanellen aufgehalten hatte, um den Feind zu erwarten und ihm eine Schlacht zu liefern, traf das Geschwader aus Malta ein, das aus sieben Galeeren bestand. Am 23. Juni ward der Kapitän Bassa (Pascha) vor den Kastellen gesehen; seine Flotte bestand aus 28 großen Schiffen, 60 Galeeren, 9 Galeassen und anderen kleineren Schiffen.

Die Kriegsflotte der Republik setzte sich aus 28 großen Schiffen, 24 Galeeren und 7 Galeassen zusammen, zu denen die obengenannten Galeeren aus Malta stießen, befehligt vom Herrn Prior von Roccella. Die Kriegsflotte der Republik blieb im engsten Teile der Zufahrt, so daß die Türken nicht vorrükken konnten, ohne in den Kampf verwickelt zu werden ... Ungefähr gegen zehn Uhr gefiel es Gott, einen leichten Nordwestwind zu senden, der bewirkte, daß die venezianische Flotte sich in Bewegung setzte, und der ehrenwerte Eleazer Mocenigo fand eine Möglichkeit, mit der ›Sultanin von St. Markus‹ vorzustoßen. Er passierte die türkische Flotte, versuchte, sie am Rückzug zu hindern, indem er die Zufahrt zur Meerenge sperrte und wacker kämpfte. Nachdem so die Schlacht angehoben hatte, näherte sich der Generalkapitän Lorenzo Marcello, begleitet vom General von Malta, vereinigte sich mit den anderen venezianischen Befehlshabern und Schiffen, und das Kampfgewirr begann. Die Türken versuchten nach Kräften, dem Kampf zu entgehen, sahen sich aber von der venezianischen Flotte eingekreist, hatten nunmehr keine Möglichkeit mehr zu entkommen und waren somit gezwungen, den Kampf aufzunehmen, was sie um so eifriger taten, als sie jede Hoffnung auf Rückzug hatten fahren lassen müssen. Und so suchten sie ihr Heil in der Schlacht, wodurch sie den Venezianern Gelegenheit gaben, sich erst recht am glanzvollen Sieg über die Feinde zu erbauen, wurden diese doch vom Schwert, vom Feuer und vom Wasser geschlagen und vernichtet. Nur Kapitän Bassa konnte sich samt vierzehn Galeeren retten, was die Republik mit einem der größten Siege gekrönt hat, von denen man je vernommen.

Die Zahl der toten Feinde kann man bei so vielen Schiffen und Galeeren, die erobert und von Feuer und Wasser verschlungen wurden, weder kennen noch ermitteln. Die ganze Küste entlang sah man riesige Leichenhaufen, und am Eingang zu einem kleinen Tale erblickte man eine solche Menge von Kadavern, daß entsetzt war, wer es zu Gesichte bekam. Die Zahl der christlichen Sklaven, die bei dieser Gelegenheit befreit wurden, liegt nahe bei fünftausend. Die Toten und Verwundeten der Venezianer belaufen sich noch nicht einmal auf 300 Mann, was den Sieg für alle Zeiten denkwürdig macht ... Nachdem die Venezianer einige feindliche Schiffe aller Arten zum Gedächtnis an den Erfolg zurückbehalten hatten, daneben elf, welche die Malteser eroberten, entschlossen sich die venezianischen Befehlshaber, den Rest in Brand zu setzen, um sich die Unbequemlichkeit zu ersparen, eine so riesige Flotte heimführen zu müssen ... Kühnheit, Mut und Hochherzigkeit, die alle Venezianer und Malteser bei dieser Gelegenheit bewiesen, können besser anhand des Kampfes selbst als anhand dieser Abhandlung verstanden werden.«

Eine Gedenktafel in der Auberge von Italien kündet von diesem Kampf. Hier steht verzeichnet, daß der Prior Gregorio Caraffa der erste war, der den Feind angriff, und daß das Geschwader aus Malta »drei große Schiffe, acht kleinere Galeeren sowie eine Vielzahl von Geschützen eroberte, 300 Türken gefangennahm und 2600 Christen befreite.«

Erst im Jahre 1669 fiel Candia nach einer ununterbrochenen Belagerung von 27 Monaten an die Türken. Wie zu erwarten war, blieben die Johanniter bis zum letzten Augenblick in der Stadt. Sie schifften sich erst nach Malta ein, als Candias Schicksal besiegelt war. Morosini, der Statthalter Candias, berichtete in einer Depesche an die Republik Venedig folgendermaßen über sie: »Durch den Weggang dieser wenigen, aber äußerst tapferen Krieger verliere ich mehr als durch den Abzug aller anderen Streitkräfte.« Im Verlauf dieses langen Krieges (der über Venedigs Stellung im Osten entschied) verabschiedete die Republik ein Dekret, das davon zeugen sollte, wie sehr sie die Hilfe der Ritter zu schätzen wußte: Den Johannitern wurde gestattet, jederzeit in voller Bewaffnung venezianisches Gebiet zu betreten, ein einzigartiges Privileg, das nicht einmal venezianischen Bürgern zustand. Trotz ihres Hochmuts, der den maltesischen Adel so sehr aufbrachte, waren sich die Ritter der Bedeutung des Wortes *Noblesse oblige* bewußt. Selbst in der Zeit des Niedergangs vergaßen sie nie ihre Pflicht, für den Glauben zu kämpfen.

25. Mehr medizinisch als militärisch

Auch in den Jahrhunderten, da der Orden vom hl. Johannes vor allem durch seinen unablässigen Kampf gegen die Moslems historische Bedeutung erlangte, erfüllten die Ritter ihre angestammte und wichtige Aufgabe: die Krankenpflege. Zur Zeit der Belagerung von 1565 gab es auf Malta drei Hospitäler. Das erste war eine sehr kleine Stiftung in der Hauptstadt Mdina, das viel zu wenig Betten hatte. Das zweite war etwas größer und wurde von den Rittern der Zunge von Italien als Dependance zu ihrem Quartier in Birgu unterhalten. Das dritte war die *Sacra Infermeria,* das Tochterhaus jenes Jerusalemer Hospitals, in dem der Gründer des Ordens, Bruder Gerhard, gewirkt hatte.

Dieses Hospital lag auf der Ostseite von Birgu, nur ein Stück weit von der Mauer entfernt, die St. Angelo an der Spitze der Halbinsel mit dem Posten von Kastilien auf der Landseite verband. Leider wurde bei der Belagerung nicht nur der Posten von Kastilien, sondern die gesamte Mauer mit Feuer eingedeckt. Es kam vom Osten her, vom Monte Salvatore, wo die Türken einige ihrer schwersten Batterien in Stellung gebracht hatten. Als sich nach dem Fall von St. Elmo die Angriffe vor allem gegen Birgu und Senglea richteten, lag das Hospital mit einem Mal direkt an der Front, und als dann die Türken durch die Bresche drangen und La Valette den Gegenangriff zur Rettung der Stadt leitete, fiel das Hospital beinahe den feindlichen Truppen in die Hände. Wenig später waren die Ausfälle bei den Verteidigern schon so groß geworden, daß ganze Kampfabschnitte nicht besetzt werden konnten. La Valette besuchte das Hospital und ermahnte alle, die noch zu gehen vermochten, aufzustehen und beim Kampf mitzuhelfen. Er zeigte ihnen die Wunde an seinem Bein und meinte, auch er könne Ruhe brauchen, doch das verbiete sich angesichts der verzweifelten Lage. Seine Worte hatten die Wirkung, daß alle bis auf die überhaupt nicht mehr Gehfähigen aufstanden und sich zu den Wällen begaben. Man muß sich stets vor Augen halten, welch wichtige Rolle das Hospital bei der Belagerung von Malta spielte. Hier wurden Männer wieder kampffähig gemacht, die anderswo bei den damals herrschenden Kriegsbedingungen fast mit Sicherheit ihren Verletzungen erlegen wären. Es ist bemerkenswert, daß bei den Verteidigern trotz der räumlichen Enge keine Seuche ausbrach. Die Türken mit ihren unzulänglichen Feldhospitälern in der Marsa scheinen viel schlimmer unter Krankheiten gelitten zu haben. Zwischen Malta und Tripolis wurde ein Pendelverkehr eingerichtet, um die Kranken und Verwundeten zu evakuieren, die nicht an Ort und Stelle behandelt werden konnten.

Als der Orden umzog, blieb das alte Hospital noch etwa zehn Jahre lang bestehen. Dann war das neue Krankenhaus von Valetta vollendet. Dazu schreibt W. Bedford in seinem Werk über Malta und die Hospitaliter: »(Es) lag ungünstigerweise an der Südseite des Sciberras, nahe am Großen Hafen. Man wählte gerade diesen Platz, damit die Schiffe mit den Patienten direkt am Eingang zum Hafen anlegen konnten. Von dort wurden die Patienten auf einem überdachten Weg unterhalb des Seewalls in den unteren Krankensaal des Hospitals transportiert, wodurch man den beschwerlichen und gefährlichen Umweg über die Straßen vermied. Leider werden durch die hinter dem Hospital gelegene Anhöhe die gesunden Nord- und Nordostwinde völlig abgehalten, wogegen es überhaupt nicht vor dem Schirokko geschützt ist.«

Damals wußte man kaum etwas über die Auswirkungen des Klimas auf die menschliche Konstitution. Und so war es ganz natürlich, daß der Erbauer des Hospitals die Südseite des Monte Sciberras wählte, um das Gebäude und die Patienten vor den starken, zeitweise auch stürmischen Nordwinden zu schützen. Mochte diese Lage auch ungünstig sein, in jeder anderen Hinsicht beneidete man Malta um dieses Hospital. Damals war es zweifellos das größte Krankenhaus der Welt. Der Orden hatte trotz seiner militärischen Aufgaben nie die Krankenpflege vernachlässigt, und dies zu einer Zeit, da man die Kranken fast überall als traurige Unglücksfälle betrachtete, die man auf dem Schlachtfeld des Lebens ihrem Schicksal überließ.

Der Hauptkrankensaal des Hospitals von Valetta war und ist einer der größten Räume Europas, gute 60 Meter lang, 15 Meter breit und über 10 Meter hoch. Die Höhe des Saals war besonders wichtig, denn auf Malta sind Sommertemperaturen von 40° C keine Seltenheit, und als es noch keine Ventilation gab, konnte man die Räume nur kühl halten, indem man die Decke möglichst hoch einzog. Obwohl das Hospital die eigentliche Existenzberechtigung der Ritter darstellte, ist der Name des Erbauers seltsamerweise unbekannt. Da es unter La Cassière errichtet wurde, könnte man vermuten, daß Gerolamo Cassar der Architekt war, doch unter den zahlreichen Werken, die ihm zugeschrieben werden, ist nirgends das Hospital von Valetta erwähnt. Es weist in der Anlage große Ähnlichkeit mit dem Hospital Santo Spirito in Rom auf. Man darf annehmen, daß der Architekt dieses Hospital aus dem 15. Jahrhundert kannte. Eine der besten Beschreibungen des Baus, die uns aus dem 17. Jahrhundert überliefert sind, stammt aus dem Tagebuch des britischen Schiffspfarrers Henry Teonge, der Malta an Bord der S. M. S. ›Assistance‹ im Jahre 1674 besuchte: »Das Hospital ist ein weitläufiges Gebäude, in welchem Kranke und Verletzte liegen. Es ist so breit, daß in der Mitte desselben mit Leichtigkeit zwölf Mann nebeneinander gehen können. Auf beiden Seiten stehen Betten mit Eisenpfosten, sie sind mit weißen Vorhängen, Laken und Überdecken versehen und werden äußerst sauber, rein und frisch gehalten ...« Jeder, der das Hospital besuchte, staunte über die Sauberkeit, die dort herrschte – damals in Europa durchaus eine Seltenheit. Verblüfft nahm man auch zur Kenntnis, daß die Ritter selbst ihre Patienten von silbernen Tellern bedienten, was weniger der Prahlerei als der Hygiene wegen geschah. Im 18. Jahrhundert, als es schlechter um die Ordensfinanzen stand, verwandte man Zinn statt Silber.

Die Chirurgie steckte wie überall in Europa noch in den Kinderschuhen, doch die Ärzte des Ordens hatten zumindest in Fragen der Hygiene eine bessere Vorbildung genossen als die meisten anderen Zeitgenossen. Immer noch bildeten die Werke der griechischen Ärzte und Philosophen Hippokrates und Galenus den Grundstock des medizinischen Wissens. Dazu kamen die Schriften des Arabers Avicenna, dessen Abhandlung ›Kanon der Medizin‹ die Lehren der beiden berühmten Griechen mit einbezog, leicht modifiziert durch die Doktrin des Aristoteles. Auch die Anästhesie war über die ersten Anfänge noch nicht hinausgekommen – Alkohol und Narkoseschwamm wurde in eine Lösung aus Opium, Mohn und anderen Drogen getaucht. Dann nahm ihn der Patient in den Mund und sog daran, bis er durch das Gemisch aus narkotisierenden Dämpfen und Opiaten bewußtlos wurde. Dr. Paul Cassar erwähnt in seiner ›Medical History of Malta‹ ein einfaches, aber wirksames Mittel zur Betäubung von Patienten – vielleicht das erste Anästhetikum der Welt: »Auch der Schlag mit dem Hammer fand Verwendung. Der Kopf des Patienten wurde mit einer Art Helm bedeckt. Der Chirurg führte einen kräftigen Schlag dagegen, der dem Patienten das Bewußtsein raubte. So konnte er die Operation überstehen, ohne Schmerzen zu leiden.«

Zu anderen Aspekten der medizinischen Behandlung bemerkt Dr. Cassar: »Wunden wurden mit Salzwasser gereinigt und ausgewaschen. (Bei der Belagerung hatte La Valette an allen Verteidigungsabschnitten Fässer mit Salzwasser aufstellen lassen.) Bei der Behandlung von Frakturen wurde geschient und gestreckt; bei Schädelbrüchen entfernte man abgesunkene Knochenstücke, notfalls griff man zur Trepanation. Wunden in weichen Gewebeteilen wurden genäht, durchschnittene Blutgefäße abgebunden. Früher hatte man bei Arterienverletzungen als blutstillendes Mittel das Ausbrennen der Wunde angewandt. Die Wunde wurde mit Werg oder Wolle verbunden. Bei Mundverletzungen, die die Essensaufnahme erschwerten oder unmöglich machten, wurde die ausreichende Ernährung durch nährende Einläufe gesichert.«

Zu den Allheilmitteln, die man zur Behandlung von Wunden, Blutungen und Ruhr verwandte, gehörte ein seltsamer schwarzer Pilz *(Fucus coccineus melitensis)*, der auf einem winzigen Eiland wuchs, dem »Pilzfelsen« vor der Küste von Gozo. Man hielt ihn für so wichtig, daß die Großmeister persönliche Vorrechte darauf geltend machten und dem »Pilzfelsen« gegenüber einen Wachturm einrichteten, um Diebe abzuhalten. Man konnte den Felsen nur mit einer Art Seilbahn erreichen: Zwischen Gozo und dem Eiland waren Seile gespannt, an denen ein Korb hing, den man hinüber- und herüberziehen konnte. Noch im Jahre 1815, als die Ritter Malta bereits verlassen hatten, bediente man sich zum Pilzesammeln dieses seltsamen Transportmittels. Der Engländer Claudius Shaw beschreibt, wie er 1815 zum Pilzfelsen gelangte: »Zu diesem Felsen zu fahren ist eine kuriose, ja gefährliche Sache; am einen und am anderen Strande sind zwei Seile befestigt, an denen ein Korb entlanggleitet. Erst begibt sich ein Malteser hinüber, dann zieht die Person, welche hinüberzugelangen wünscht, den Korb zurück und setzt sich hinein. Der Führer holt ihn zurück. Auf diese Weise können beliebig viele passieren, doch jeweils immer nur einzeln. Es ist keine allzu angenehme Empfindung, gute 35 Meter über dem Wasser zu hangen; und wenn auch nur der kleinste Wind geht, bewegt sich der Korb auf unerfreulichste Weise, wobei alles, was man erwerben kann, einige wenige Pilze sind. Mir behagte es sehr, wieder zurück zu sein, und ich beschloß, meinen kostbaren Körper nie wieder in jener Fahrgelegenheit aufs Spiel zu setzen. Es kommt einem seltsam vor, zwischen zwei Felsen in der Luft zu schweben, während unter einem Seemöwen und andere Wasservögel umherfliegen.«

Der Pilz wurde möglicherweise wegen seiner dunklen Farbe, die dem von geronnenem Blut ähnelt, als Heilmittel betrachtet. Wie es wissenschaftlich gesehen mit seinem Wert steht, bewies eine Analyse des British Naval Hospital in Bighi auf Malta (1968): Es konnte keinerlei heilende Wirkung festgestellt werden.

Der Gesundheitsdienst der Ritter war nicht aufs Hospital beschränkt, sondern auch auf See tätig. Keine Galeere und kein Segelschiff des Ordens verließ Malta ohne Arzt, Wundarzt und Feldscher an Bord. Einer der Gründe dafür, daß die Besatzungen der Johanniter weniger an Krankheiten litten als die anderer Seemächte, war die strikte Einhaltung von Sauberkeits- und Hygienevorschriften. Das ging nicht ohne Schwierigkeiten vonstatten, denn die normale Galeere (die kaum mehr als 40 Meter in der Länge maß) mußte etwa 500 Mann aufnehmen. Die Besatzung bestand aus 30 bis 35 Rittern, 300 und mehr Rudersklaven, 200 Soldaten sowie Matrosen, einem Lotsen und Handwerkern, etwa Zimmerleuten und Takelmeistern. Es nimmt kaum wunder, daß die Pest von venezianischen Galeeren nach Europa eingeschleppt wurde. Diese Galeeren kamen aus Ägypten und liefen zuerst Messina an. Die Aufzeichnungen des Ordens weisen aus, daß die Mannschaften trotz aller medizinischen Fürsorge häufig von Fieber befallen wurden. Damals steckte die Nosologie noch in den Anfängen, und so ist es fast unmöglich, nachträglich ausfindig zu machen, was mit »bösartigem Fieber« gemeint war. Allerdings könnte es sich dabei um die Malaria gehandelt haben, die bis ins 20. Jahrhundert hinein in vielen Mittelmeerländern verbreitet war. Die Besatzungen der maltesischen Galeeren wurden oft von einem Fieber geplagt, dessen Erreger in Ziegenmilch vorkam. Diese Krankheit war auf der Insel so häufig, daß man sie in Europa als Maltafieber bezeichnete.

Wer unter ansteckenden und venerischen Krankheiten litt, durfte nicht an Bord der Ordensschiffe gehen. Allerdings war es bei dem beschränkten medizinischen Wissen und den unzulänglichen Kontrollmöglichkeiten der damaligen Zeit nicht zu vermeiden, daß Kranke auf die Schiffe gelangten und andere ansteckten. Obwohl den Ruderern die Köpfe kahlrasiert wurden, gab es bei so engem Raum massenhaft Läuse und Flöhe.

Die Galeere, die aus der Ferne mit ihren Flaggen und Bannern, den hellen Farben, den Schnitzereien und der eleganten Linienführung dem Auge so sehr schmeichelte, war in Wirklichkeit eine Brutstätte von Krankheiten.

Ein Beobachter meinte dazu: »Man braucht nicht erst eigens zu suchen, um einen ausgeprägten Gegensatz zum äußeren Erscheinungsbild der Galeere zu finden. Im selben Augenblick, da die Galeere durch ihre Figuren und Dekorationen und die Weise, wie sie durchs Wasser gleitet, das Auge für sich einnimmt, beleidigt sie aufs entsetzlichste den Geruchssinn und strömt das größte Elend aus.« Erst als das Segel schließlich die Ruderer verdrängte, konnte man geräumigere Schiffe bauen und somit gesündere und menschlichere Bedingungen für Offiziere wie Mannschaften schaffen. Die Sprößlinge der europäischen Adelshäuser, die nach Malta kamen und auf ihre ersten Karawanen gingen, lernten auf den Galeeren Lebensbedingungen kennen, die härter waren als selbst die der europäischen Bauern.

Der Orden kam der Verpflichtung zur Hospitalität nicht nur auf Malta nach. Er stellte im Mittelmeer etwas dar, was man heute als internationale Hilfstruppe bezeichnen würde. Als im Jahre 1693 die Stadt Augusta auf Sizilien durch ein Erdbeben zerstört wurde, brachen unverzüglich fünf Galeeren auf, um den Einwohnern Beistand zu leisten. Das Erdbeben hatte auch auf Malta Schaden angerichtet (ansonsten ist Malta relativ frei von seismischen Störungen), aber der Orden kam nichtsdestoweniger seiner Christenpflicht nach und schaffte Wundärzte, Arzneimittel, Essen und Kleidung nach Sizilien. Auch als 1783 Reggio di Calabria und Messina durch ein Erdbeben verwüstet wurden, machte sich die gesamte Ordensflotte auf den Weg, um den Überlebenden zu helfen.

Aus den Aufzeichnungen der Johanniter geht hervor, daß die besten Ärzte der Insel sowie 20 Kisten mit Arzneimitteln, eine Vielzahl von Zelten für die obdachlos Gewordenen und etwa 200 Betten in das Katastrophengebiet geschickt wurden. Der Wohlstand Maltas zeigt sich schon daran, daß es sich diese kleine Insel leisten konnte, dem wesentlich größeren Nachbarn zu helfen.

Die Regierung in Neapel (aus dem Hause Bourbon) war so verlegen über ihre eigene Hilflosigkeit, die sich recht unvorteilhaft gegen den tätigen Humanismus der Ritter abhob, daß sie bei Großmeister Emmanuel de Rohan Protest einlegte: Das Königreich beider Sizilien habe den Orden nicht um Beistand gebeten und ersuche ihn daher, seine Schiffe zurückzubeordern. De Rohan erwiderte, der Orden tue lediglich, was er seit Jahrhunderten gewohnt sei, nämlich »allen Christen, die in Not sind, zu helfen«. Diese Antwort scheint König Ferdinand versöhnt zu haben, denn jetzt wurden den Rittern keine weiteren Hindernisse in den Weg gelegt; sie durften sogar ein behelfsmäßiges Hospital in Messina zur ärztlichen Versorgung der Kranken und Verletzten errichten.

Im Großen Hospital von Valetta achtete man sehr auf gesunde und bekömmliche Ernährung. Auch die Ordensflotte erhielt weitaus bessere Rationen als die anderen Kriegsflotten des 17. und 18. Jahrhunderts. An die Mannschaften wurden Brot, Gemüse, Schiffszwieback, Öl und Wein ausgegeben – Wein besonders dann, wenn die Ruderer in den langen Zeiten der Windstille zusammenzubrechen drohten oder wenn man besonders hohe Geschwindigkeiten zum Angriff auf den Feind brauchte. Wenn man Malta verließ, wurden immer lebende Rinder an Bord genommen. Sobald sie geschlachtet waren, lief man andere Häfen an, um Ersatz zu beschaffen. Zum Proviant gehörten außerdem Geflügel, Hühnersuppe und Eier. Die eiserne Ration, bestehend aus Schiffszwieback, Pökelfleisch, eingesalzenem Fisch, Wein und Öl, gewährleistete, daß die Galeeren notfalls zwei Monate auf See bleiben konnten, ohne sich mit neuen Lebensmitteln zu versorgen.

Die Mannschaften auf den Schiffen des Mittelmeers – Malteser, Genueser oder Venezianer – hatten es besser als die Crews der Franzosen, Holländer, Engländer und Spanier auf ihren Seereisen in die Neue Welt und in den Fernen Osten. Sie waren bei ihren Fahrten nie allzu lange vom Festland entfernt, deshalb konnten sie sich auch fast immer binnen vierzehn Tagen mit Früchten und Frischgemüse versorgen. Der Skorbut, die Mangelkrankheit der Ostindienfahrer und Atlantiksegler, befiel die Seeleute des Mittelmeers nur äußerst selten. Ihre einfache, gesunde Ernährung und das milde Klima ließen sie die beengten Verhältnisse auf den Schiffen besser ertragen. Ihre Kollegen aus dem Norden lebten unter viel härteren Bedingungen. Außerdem muß man bedenken, daß das Segeljahr recht kurz war, was durch die relativ unstabile Bauweise der Galeere bedingt wurde. Während der Winterstürme und der Regenzeit im Herbst und im Frühling waren die Galeeren auf Kiel gelegt, und die Mannschaften befanden sich an Land.

Im 18. Jahrhundert begann der langsame, aber unaufhaltsame Niedergang des Johanniterordens. Der Orden war bekanntlich gegründet worden, um die Pilger im Heiligen Land zu schützen und ihnen zu helfen. Doch nun, da das Zeitalter der Aufklärung das Zeitalter des Glaubens ablöste, verlor er seine eigentliche Existenzberechtigung. Der Protestantismus hatte schon vor längerer Zeit den Orden um wichtige Mitglieder ärmer gemacht: Die Zunge von England spaltete sich ab. Überhaupt brachte das Luthertum die Stabilität des europäischen Katholizismus ins Wanken. Das Wirken der französischen Philosophen und Gelehrten des 18. Jahrhunderts – aus Frankreich kamen die meisten Ordensmitglieder und die meisten Gelder – führte auf die Dauer gesehen zur allmählichen Schwächung des Glaubens. In erster Linie war der Johanniterorden jedoch vom Verfall der osmanischen Macht und dem Niedergang des militanten Islam betroffen. Wenn Malta, wie es der Reisende Patrick Brydone formulierte, »eine gedrängte Darstellung von Europa« war, so spiegelte sich in ihm natürlich auch ein Europa wider, das die Kreuzzüge fast völlig vergessen hatte und dem das Konzept des militanten Christentums und des ewigen Kampfes gegen die Glaubensfeinde nahezu unbegreiflich geworden war.

Die Tatsache, daß der Orden selbst in seiner laxesten und weltlichsten Zeit niemals seine Berufung oder seine historische Rolle vergaß, mag vielleicht dem Einfluß zuzuschreiben sein, der von seiner Inselheimat ausging. Die Ritter bewegten sich auf Malta in einer der konservativsten Gesellschaften der damaligen Welt. Die Bevölkerung war streng katholisch – »katholischer als der Papst«, wie sich die Malteser gerne selbst rühmten –, und von der sozialen Schichtung her gesehen setzte sie sich hauptsächlich aus Kleinbauern, Fischern und Schiffsbauern zusammen, die den immanenten Konservativismus dieser altmodischen Lebensformen übernahmen. Bei den Rittern kamen die neuen Gedanken, die in Europa aufkeimten, schneller in Umlauf als bei den Maltesern: modische Strömungen wie der Mesmerismus, dazu der Skeptizismus der französischen Philosophen und später der erklärte Atheismus oder agnostische Deismus Voltaires. Es ist mehr als zweifelhaft, ob Voltaires ›Philosophisches Wörterbuch‹ von 1764 je nach Malta gelangte (man hätte es sicherlich konfisziert und verbrannt), aber Gedanken lassen sich nun einmal nicht aufhalten. Die Infragestellung der Glaubwürdigkeit vieler Episoden des Alten und Neuen Testaments, dazu der Haß gegen die Intoleranz der verschiedenen theologischen Systeme, in deren Namen sich die Völker umbrachten – das gehörte zum Vermächtnis, welches Voltaire dem neuen Europa nach der Französischen Revolution hinterließ. Selbst vom Malta der Ritter konnte man die geistigen Strömungen, die sich in der zweiten Hälfte des 17. Jahrhunderts in Europa entwickelten, nicht gänzlich fernhalten.

Neue Mächte machten sich auf dem Mittelmeer bemerkbar, darunter die Briten und Holländer, und es war klar, daß sich das Kräftegleichgewicht auf See verschieben mußte, obwohl der Orden schon im frühen 18. Jahrhundert fast völlig auf Segelschiffe umgerüstet hatte. Im Jahre 1705, unter der Herrschaft des spanischen Großmeisters Ramon Perellos, bestand die Ordensflotte aus fünf Linienschiffen und nur fünf Galeeren. Das Problem bei den neuen und wesentlich größeren Segelschiffen war, daß sie zwar mit einer kleineren Mannschaft auskamen, aber – was Bau und Instandhaltung betraf – viel mehr Geld verschlangen. Perellos war ein schwerreicher Mann, und wie viele Großmeister der damaligen Zeit steuerte er aus eigener Tasche riesige Summen zur Erhaltung des Ordens bei. Man schätzte, daß er insgesamt fast eine Viertelmillion Scudi für den Orden opferte, vor allem für die Flotte. Dennoch mußte der Orden unmittelbar nach seinem Tod einen schwindelerregend hohen Kredit bei der Bank von Genua aufnehmen, was nur durch eine allgemeine Steuer auf alle seine Ländereien ausgeglichen werden konnte. Der Orden lebte über seine Verhältnisse; außerdem wurden seine Einkünfte immer geringer.

Die großen Seemächte, die sich nun für das Mittelmeer zu interessieren begannen, zollten dem Orden keinen so hohen Respekt wie die katholischen Nachbarn in früheren Jahrhunderten. Aber immerhin behandelten sie diese noblen Verteidiger des Glaubens, obwohl sie Protestanten waren, in ihrer rauhen und doch herzlichen Art mit einer gewissen Ritterlichkeit. Hier lassen wir noch einmal den Schiffspfarrer Henry Teonge zu Wort kommen, der über seinen Besuch auf Malta der S. M. S. ›Assistance‹ (1765) folgendes schrieb: »Diesen Morgen nähern wir uns Malta; bevor wir in der Stadt anlangen, kommt uns ein Boot mit der maltesischen Flagge entgegen, um in Erfahrung zu bringen, woher wir sind. Wir sagten ihnen, von

England, und sie fragten, ob wir einen Gesundheitspaß hätten, andernfalls gäbe es keine Verkehrserlaubnis und keine gastliche Aufnahme, und unser Kapitän sagte ihnen, wir hätten keinen Paß, nur das, was in seinen Kanonenrohren sei. Wir fuhren weiter und ankerten gegen neun Uhr in dem Hafen zwischen der alten Stadt (Birgu) und der neuen Stadt (Valetta), mußten jedoch des Statthalters Permission zum Landgang abwarten, was sich verzögerte, weil unser Kapitän nicht vor der Stadt salutieren wollte, wenn sie den Salut nicht erwiderten. Schließlich kam der Consul mit seinem Gefolge zu unserem Schiff (ging jedoch nicht an Bord, bevor unser Kapitän den Fuß an Land gesetzt hatte) und sagte uns, wir hätten Erlaubnis, zu sechs, acht oder zehn Mann auf einmal an Land zu gehen, und dürften haben, was man uns bieten könne, wenn wir gütigst versprächen zu salutieren. Worauf unser Kapitän ein Glas Südwein erhob und aufs Wohl von König Karl trank, und dann feuerte er sieben Salutschüsse ab, die Stadt retournierte fünf, und dies war mehr, als sie je zuvor unseren Kriegsschiffen gewährte.«

Aus einem weiteren Tagebucheintrag des Pfarrers geht hervor, daß mehrere Ordensritter das englische Schiff besuchten. Man verständigte sich auf Lateinisch; der Pfarrer machte den Dolmetscher.

Vom späten 17. bis zum Ende des 18. Jahrhunderts fuhr der Orden unermüdlich fort zu bauen. Malta ist sozusagen ein riesiger Steinbruch (»Die ganze Welt könnte hierher kommen, um ihre Messer zu schleifen«, bemerkte D. H. Lawrence einmal), und es scheint, daß die ungeheuren Vorräte an leicht zu bearbeitendem Stein – schon in der Jungsteinzeit – bei den Einwohnern Maltas eine wahre Bauwut auslösten. Es entstanden nicht nur Kirchen und Kapellen, Paläste und Sommersitze, Wälle und Gräben, Türme und Forts, sondern auch komplizierteste Anlagen wie die Erweiterung der Bollwerke von Valetta in den Bereich des Vororts Floriana hinein. Das eindrucksvollste Bauwerk jener Zeit ist die Cotoner-Linie – sie wurde erst im 19. Jahrhundert von den Briten, den neuen Herren der Insel, vollendet. Benannt ist sie nach dem spanischen Großmeister Nicola Cotoner, der fast die gesamte Schatzkasse aufbrauchte, um ein großes Verteidigungssystem zum Schutz der drei Städte Birgu, Cospicua und Senglea zu errichten. Diese Linie sollte im Süden der Ansiedlungen, unterhalb der Hänge verlaufen, von denen aus die Türken bei der Belagerung von 1565 ihre Hauptangriffe unternommen hatten. Der Plan stammte von dem berühmten Festungsbaumeister Maurizio Valperga und sah einen riesigen Halbkreis vor, der bis zu 40000 Menschen Schutz gewährte (fast die gesamte Landbevölkerung von Malta) und eine Länge von mehr als vier Kilometern hatte. Dazu Quentin Hughes: »Der Grundstein wurde am 28. August 1670 vom Großmeister selbst gelegt. Eine schwungvolle Inschrift, die von den Werken Cotoners berichtete, wurde über dem Bogen des Zabbar-Tores angebracht, das die wichtigste Straße zu den Städten bewacht. Der Großmeister gab den europäischen Fürsten sein Vorhaben bekannt, bekam jedoch lediglich Mißfallenskundgebungen über seine Verschwendungssucht und Kritik an der Größe der neuen Bollwerke zu hören.« Bis zum heutigen Tage ist die Cotoner-Linie eine der eindrucksvollsten Festungsanlagen Europas geblieben.

Der Bau der Cotoner-Linie schuf zwar sichere Arbeitsplätze, war aber kaum zu rechtfertigen. Im 18. Jahrhundert bestand von seiten des osmanischen Reiches für Malta realiter so gut wie keine Gefahr. Es stimmt allerdings, daß selbst im späten 18. Jahrhundert der Malta-Reisende nie ganz sicher war; er konnte immer noch von den Piraten der Berberküste gefangengenommen und zum Sklaven gemacht werden, denn trotz der Wachsamkeit der Ritter durchkreuzten die Piraten nach wie vor das westliche Mittelmeer. Doch es handelte sich nur um einzelne Schiffe, bestenfalls um kleine Geschwader, die gewiß nicht imstande waren, eine Armee an Land zu setzen, die eine echte Bedrohung für Mdina, Birgu oder Senglea darstellen konnte, von Valetta mit seinen gewaltigen Festungswerken ganz zu schweigen.

Einer der ungewöhnlichsten Großmeister dieser Zeit war der Portugiese Manoel Pinto, der von 1741 bis 1773 regierte – die längste Herrschaftszeit eines Großmeisters in der Ordensgeschichte – und mit 92 Jahren starb. Er war, anders als die übrigen Großmeister, mehr absolutistischer Monarch als primus inter pares und verkörperte den Johanniterorden des 18. Jahrhunderts besser als seine Vorgänger und Nachfolger. Patrick Brydone, der Pinto etwa ein Jahr vor seinem Tod begegnete, beschreibt ihn wie folgt: »Gute dreißig Jahre lang steht er nun an der Spitze seines einzigartigen kleinen Staates. Er empfing uns mit großer Höflichkeit und war entzückt zu hören, daß einige von uns in Portugal gewesen waren ... Er ist ein klar denkender, vernünftiger alter Mann, was in so hohem Alter sehr ungewöhnlich scheint. Obwohl über 90 Jahre alt, sind alle seine geistigen Fähigkeiten vollkommen erhalten geblieben. Er hat keine Minister, sondern leitet alles selbst und ist selbst über die geringsten Vorgänge bestens unterrichtet. Ohne jede Hilfe steigt er Treppen, geht sogar allein zur Kirche; und es scheint so, als seien ihm noch viele Jahre vergönnt. Sein Haus und seine Hofhaltung haben fürstlichen Zuschnitt; und als Großmeister von Malta ist er absoluter und mit mehr Macht begabt als manch anderer Souverän.«

Das war präzis beobachtet – ein Porträt des Franzosen Favray zeigt Manoel Pinto in Scharlach gekleidet, mit königlicher Gebärde auf eine Krone weisend. Dieses Bildnis symbolisiert die Veränderung, die mit dem Orden vorgegangen war: Es illustriert Pintos Neigung, Würde und Rang nicht nur eines Kirchenfürsten, sondern auch eines Königs für sich zu beanspruchen.

Neben der allgemeinen Lage beschleunigte Pintos lange Regierungszeit den Niedergang des Ordens. Sein autoritatives Gebaren, seine königlichen Ansprüche, die Entschlossenheit, mit der er ohne Minister und ohne Rat herrschte – all das trug zu einem Gefühl der Hoffnungslosigkeit bei: Er schien alle Ämter auf sich zu vereinigen. Die anderen Rechtsritter und Großkreuzträger glaubten nicht mehr an ihren Aufstieg, solange dieser scheinbar unverwüstliche Greis regierte. Meistens befanden sich die Großmeister zum Zeitpunkt ihrer Wahl schon in vorgerücktem Alter und blieben daher im allgemeinen nur wenige Jahre im Amt. Pinto hingegen, als er mit 77 Jahren in einer Pariser Zeitung die Nachricht von seinem Ableben las, lachte nur und meinte: »Dann ist es also nicht Pinto, der in Malta regiert, sondern sein Schatten.« Er änderte den normalen Ablauf der Dinge vollständig. Wie ein riesiger alter Baum, in dessen Schatten nichts wachsen kann, lähmte er allen Ehrgeiz in seiner Umgebung.

Das wohl wichtigste Ereignis während Pintos Regierungszeit war ein versuchter Sklavenaufstand. Alle Sklaven der Insel – die als Bedienstete an Land und die als Ruderer auf See arbeiteten – schlossen sich der Verschwörung an. Das Komplott wurde von einem Juden verraten, der sich mit seinen Mitverschwörern überworfen hatte. Er ging zum Großmeister und deckte alles auf. Sechzig Rädelsführer starben am Galgen, die Sicherheitsvorkehrungen wurden verschärft, und selbst die Haussklaven mußten sich jetzt zur Nacht ins Bagno, in die Sklavenquartiere, begeben. Spätere Chronisten, die nach einem Grund für die Katastrophe suchten, der der Orden schließlich anheimfiel, haben Pinto alle möglichen Arten von sträflicher Unfähigkeit im Amt vorgeworfen, außerdem Mißbrauch der Ordensfinanzen und anderer öffentlicher Gelder sowie Schlemmerei und sexuelle Ausschweifungen. Ovide Doublet, der Sekretär des übernächsten Großmeisters, Emmanuel de Rohan, behauptete, der alte Herr sei *in flagranti delictu* bei seiner Geliebten gestorben, und führte überhaupt den Zusammenbruch der Moral bei den Rittern auf den lasterhaften Einfluß Pintos zurück. Das war natürlich absurd, aber verständlich – handelte es sich doch um einen Franzosen, der eine hauptsächlich aus Franzosen bestehende Organisation zu entschuldigen suchte, indem er die Schuld einem Ausländer, einem Portugiesen, zuschob. Manoel Pinto scheint in Wirklichkeit ein strenger Zuchtmeister gewesen zu sein, ein Asket, der seinen religiösen Pflichten mit minutiöser Genauigkeit nachkam und bei den jungen Rittern keinerlei Renegatentum und keine Abweichung von der orthodoxen Glaubenspraxis duldete. Vielleicht wurde er dafür ebenso gehaßt wie für seine Langlebigkeit – und dementsprechend nach seinem Tode verleumdet.

Während der kurzen Regierungszeit seines Nachfolgers Francesco Yimenes de Texada aus der Zunge von Aragon kam es zu einem Zwischenfall, der überdeutlich die wachsende Unzufriedenheit der Malteser mit ihren Feudalherren zeigte. In der Vergangenheit hatten sie es zwar auch nicht geschätzt, auf ihrer eigenen Insel Bürger zweiter Klasse zu sein, aber das wurde immerhin ein wenig durch den Wohlstand und den Ruhm Maltas ausgeglichen. Maltesische Seeleute und Händler, die andere Mittelmeerländer besuchten, konnten nicht übersehen, daß dort fast überall Elend und Armut herrschten. Doch nun, da der *corso* fast gänzlich eingestellt war und die Malteser schwer besteuert wurden, um den bedrohten Finanzen etwas aufzuhelfen, sahen sie die Johanniter immer mehr als unzeitgemäße Tyrannen. Yimenes besteuerte unklugerweise auch das Brot, das Grundnahrungsmittel der Malteser. Als weitere Provokation wurde eine Verordnung betrachtet, die dem Klerus die Teilnahme an allen weltlichen Aktivitäten, zumal am Sport, verbot. Nun boten die felsigen Inseln kaum Gelegenheit zum Sport oder zu anderen Tätigkeiten im Freien, und zu den größten Vergnügungen der Dorfpriester gehörte seit jeher die Jagd auf Wachteln und im Frühling und Herbst auf Zugvögel. Man beschloß, die Ritter zu stürzen; die Priesterschaft stellte sich an die Spitze der Rebellion. Im September 1775 kam es zum Aufstand. Die Rebellen machten sich zunutze, daß die Ordensflotte gerade dabei war, Algier zu blockieren. Sie besetzten eine der wichtigsten Verteidigungsstellungen von Valetta und das Fort St. Elmo. Doch trotz der Anfangserfolge schlossen sich den Aufrührern zu wenig Malteser an, als daß der Aufstand gelingen konnte. Nach der Gefangennahme mehrerer hundert Menschen verlief er schließlich im Sand. Einige wurden hingerichtet, andere zu lebenslänglichen Freiheitsstrafen verurteilt. Der Versuch schlug zwar fehl, zeigte aber, woher der Wind wehte. Nicht einmal der Tod des unpopulären Yimenes (1775) konnte von der Tatsache ablenken, daß sich das Malta der Ritter langsam, aber sicher dem Ende näherte. Selbst die Bemühungen seines tatkräftigen und politisch geschickten Nachfolgers Emmanuel de Rohan konnten die Flut der Ereignisse nicht aufhalten. Trotz beachtlicher Reformmaßnahmen und Gesetzesänderungen* sowie der Einrichtung öffentlicher Schulen mißlang es Rohan, den Orden wieder auf eine finanzielle und administrative Basis zu stellen, die hinreichte, um den noch folgenden Sturm heil überstehen zu können. Der wichtigste Grund dafür war die Französische Revolution.

Ein aristokratischer Ritterorden mußte den französischen Revolutionären natürlich Anathema sein, zumal er Ludwig XVI. bei dem Versuch unterstützte, an der Macht zu bleiben. Als Jacques Necker, der Finanzminister des Königs, im Jahre 1789 alle Grundherren um freiwillige Spenden bat, meldete sich als erster der Johanniterorden und stellte ein Drittel seiner Einkünfte aus den französischen Kommenden zur Verfügung. Das hätte den Revolutionären schon genügt, um den Orden abzuschaffen, sobald sie an die Macht kamen. Aber die Johanniter machten sich noch unbeliebter: Sie verpfändeten ihren Kredit für 500000 Francs, um dem König Fluchthilfe zu leisten. Ludwigs Flucht, die bei Varennes ein so schlimmes Ende nahm, leitete nicht nur die Vorgänge ein, die zu seinem eigenen Tod führten, sondern auch den Fall des Johanniterordens auf Malta. Die französische konstituierende Nationalversammlung erklärte, der Orden sei eine fremde Macht mit Landbesitz in Frankreich und habe daher ebenso wie die Bürger der Republik Steu-

* Er schuf den Code de Rohan, in dem die Statuten des Ordens revidiert und den Erfordernissen der Zeit angepaßt wurden. (Anm. d. Ü.)

ern zu entrichten. Kurz darauf wurde ein Erlaß verabschiedet, in dem es hieß, daß jedermann, der einem Ritterorden angehöre, welcher Adelsproben von seinen Mitgliedern verlange, nicht mehr als französischer Bürger betrachtet werden könne. Der letzte Schlag fiel am 19. September 1792. Alle französischen Besitzungen des Ordens wurden beschlagnahmt. Die Axt bedrohte nun die Wurzeln dieses uralten Baumes.

Nach dem Tode de Rohans (1797) fiel die Wahl auf Ferdinand von Hompesch – den ersten deutschen Großmeister der Ordensgeschichte. Er hatte den traurigen Ruhm, auch der letzte Großmeister auf Malta zu sein. Es hieß, er habe ursprünglich gar nicht für diesen Posten kandidieren wollen. Das wird wohl durch die Tatsache widerlegt, daß er beträchtliche Gelder ausgegeben hatte, um seine eigene Wahl zu fördern, und noch als Großmeister sich mit seinen Schulden herumschlagen mußte.

Nach der Beschlagnahme der französischen Ländereien schien die Lage aussichtslos – doch gerade jetzt zeigte sich ein Hoffnungsschimmer, mit dem niemand gerechnet hatte. Zar Paul I., der vor kurzem Katharina II. auf den Thron gefolgt war, besaß nunmehr das Großpriorat Polen, außerdem schwärmte er – neben zahllosen anderen Exzentrizitäten (die später in geistiger Umnachtung endeten) – für Rittertum und ritterliche Gesinnung. Seit langem bewunderte er den Orden, und nun machte er aus dem polnischen Großpriorat ein russisches. Er beschenkte es mit 300000 Gulden und gliederte es jenem seltsamen Gebilde an, das 1782 entstanden war, der englisch-bayerischen Zunge. Georg III. hatte damals seine Zustimmung zur Wiederherstellung der erloschenen Zunge von England gegeben. Der Zar nahm Malta unter seinen Schutz. Das erhellt aus der Tatsache, daß ihm der Titel »Protektor des Malteserordens« verliehen wurde.

Rußland interessierte sich schon seit längerer Zeit für Malta. Im 17. Jahrhundert hatte Peter der Große verkündet: »Ich suche nicht Land, ich suche Wasser.« Einer seiner Freunde, der Bojare Tscheremetew, reiste mit Erlaubnis Peters nach Rom, um ein Gelübde zu erfüllen – dies allerdings unter der Bedingung, daß er danach Malta besuchte, die Festungsanlagen besichtigte und einen Blick auf die Flotte warf. Er wurde von Großmeister Perellos empfangen, wohnte dem Hochamt in St. Johannes bei und bekam das goldene Kreuz der Devotionsritter verliehen. Diese erste Sondierung der Insel und ihrer politischen Lage hatte keine weiteren Folgen. Die Vorgänge in Rußland nahmen Peter den Großen und Tscheremetew allzusehr in Anspruch. Immerhin fand sich jetzt das Wort »Malta« auch in den russischen Archiven. Das Interesse an der Insel war geweckt – von hier aus konnten sich die Russen möglicherweise in die Vorgänge im Mittelmeerraum einschalten.

Aktuell wurde das Interesse wieder zur Regierungszeit Katharinas der Großen. Sie entsandte einen italienischen Adligen namens Cavalcabo nach Malta. Er sollte sich bei dem alternden Pinto einschmeicheln und als ihr Bevollmächtigter agieren. Cavalcabo wurde in ein Komplott gegen die Regierung verwickelt und beinahe der Insel verwiesen. Er konnte jedoch die kurze Regierungszeit von Großmeister Yimenes überstehen und geriet in den ersten Monaten der Amtszeit von de Rohan erneut in eine Verschwörung. In einem Keller unter Cavalcabos Haus wurde ein Waffenlager entdeckt. Daraufhin wurde er von seiner Herrscherin in Ungnaden zurückbeordert. Diese Vorfälle waren eher Bagatellen, zeigten jedoch, daß Rußland mit dieser Mittelmeerinsel einiges vorhatte – es ging nicht nur darum, sich gegen die Türken durchzusetzen, sondern auch gegen die europäischen Mächte. Zar Pauls Interesse an den Johannitern lag vielleicht in seinen Größenideen und seiner Passion für Ritterorden begründet, doch dem wurde zweifellos auch von Ministern nachgeholfen, die die Sache unter einem mehr praktischen Aspekt betrachteten.

Obwohl der Zar Malta als zur russischen Einflußsphäre zugehörig ansah, waren die Franzosen zum schnellen Handeln entschlossen. Zweihundert von insgesamt dreihundert Rittern kamen aus den drei französischen Zungen. Sie waren für Einflüsse aus dem neuen Frankreich empfänglich und sich der Anziehungskraft des Reiches bewußt, mit dessen Aufbau Napoleon beschäftigt war. Vor dem Glanz des französischen Imperialismus schwanden bei einigen Rittern sogar die aristokratischen Vorurteile dahin. Napoleon schickte Possielgue, einen Vetter des französischen Konsuls von Malta, auf die Insel. Er sollte ihn über die Lage auf dem laufenden halten. Possielgue fand unzufriedene Malteser und eine fast leere Schatzkasse vor. Und von Hompesch war ein Mann, der eigentlich nur den Titel »Großmeister der Unentschlossenheit« verdiente. Die Zeit war reif für eine französische Intervention. Das paßte genau in Napoleons Pläne. Er beabsichtigte eine Expedition gegen Ägypten, Malta lag auf dem Weg seiner Flotte; außerdem durfte man die Insel nicht in dem jetzigen Zustand belassen, konnte sie doch ohne weiteres von den Engländern besetzt werden, die sie dann als Flottenbasis verwenden würden, um die Franzosen vom Nachschub abzuschneiden.

Ein Dekret des französischen Direktoriums vom 12. April 1798 enthielt praktisch das Todesurteil für den Johanniterorden auf Malta. Diesmal waren es nicht die Erzfeinde, die Türken, sondern die Franzosen, einst die eifrigsten Kreuzfahrer, die sozusagen mit einem Federstrich erreichten, was die Kanonen und Flotten, die Sappeure und Mineure, Janitscharen und Generäle der Hohen Pforte und die Piraten der Berberküste nicht zu leisten vermochten. Nach der Feststellung, der Orden habe sich als Feind der französischen Republik erwiesen, folgten in dem Dekret Spezialanweisungen für den »kommandierenden General des Ostheeres«. Er sollte »Besitz von der Insel Malta ergreifen ... zu welchem Behufe er unverzüglich mit allen Land- und Seestreitkräften unter seinem Kommando gegen diese vorrükken wird«. Diese Anweisungen, hieß es, seien geheim und dürften »nicht gedruckt werden«. Es folgte der Zusatz, General Bonaparte solle die Inbesitznahme der Insel Malta nur dann unterlassen, wenn dadurch das eigentliche Ziel der Expedition störend beeinflußt werde.

Es ist ein trauriger Zug an den Rittern jener Tage, daß sie sich vom Fatalismus des Ostens, von der Tätigkeit der Lotophagen übermannen ließen. Die Malteser sagen oft: *X' Tista Taghmel?* (»was kann man schon machen?«), und ein maltesisches Sprichwort lautet: »Selbst der heilige Paulus hat auf Malta Schiffbruch erlitten.« Diese Überzeugung von der Unabwendbarkeit der Dinge und der Unfähigkeit des Menschen, etwas dagegen zu unternehmen, scheinen sich damals auch die Ritter zu eigen gemacht zu haben. Dazu Whitworth Porter in seiner ›History of the Knights of Malta‹ (1883): »Eine einzige Macht blieb inmitten der allgemeinen Alarmstimmung weiterhin nachlässig und träge. Während man sich in allen anderen Ländern Europas in Bereitschaft versetzte, verblieb die Insel Malta in einem Zustand gleichgültiger Sorglosigkeit.«

Man hatte von Hompesch davor gewarnt, daß Malta im Verlauf der Expedition gegen Ägypten erobert werden sollte. Er versäumte es völlig zu handeln. Es war, als sei er – wie ganz Malta – vom früheren Heldenmut der Insel verblendet, von der Gewißheit, daß sie für alle Zeiten unverletzlich bleiben werde. Er sah auf die Bollwerke von Valetta, auf die Eskarpen und Kontereskarpen von Floriana, auf das wiederaufgebaute Fort St. Elmo. Darauf verließ er sich, ebenso wie sich der Orden jahrhundertelang auf die Hand Johannes des Täufers verlassen hatte, die sich in ihrem juwelenbesetzten Schrein in der Kathedrale befand. Unter dem reglosen Himmel und der grellen Sonne des frühen Juni – die ganze Insel schien sich achselzuckend darauf vorzubereiten, den Hochsommer über zu schlafen – saß der deutsche Großmeister wie ein müder Bauer im Schatten.

Am 6. Juni 1798 segelte das Vorgeschwader der französischen Flotte, bestehend aus mehr als 80 Schiffen, auf Malta zu. Eine Abordnung wurde an Land gesetzt, die um die Erlaubnis bitten sollte, daß einige Schiffe den Großen Hafen anlaufen und Wasser einnehmen durften. Der Orden befand sich in einer recht schwierigen Lage. Er hatte versucht – und versuchte es auch jetzt –, strikt neutral zu bleiben, indem er allen kriegführenden und sonstigen Nationen Möglichkeiten zum Wassernehmen gewährte, wenn sie darum ersuchten. Deshalb gestattete er zwei Transportern, in den Hafen einzulaufen und Wasser aufzunehmen. Außerdem wurde einer reparaturbedürftigen Fregatte die Zufahrt gewährt. Drei Tage später kreuzte am Horizont eine Flotte auf, die selbst die kühnsten Vorstellungen Solimans des Prächtigen auf dem Höhepunkt seiner Macht übertroffen hätte. Mit Doublets Worten: »Malta hatte noch nie eine so gigantische Flotte in seinen Gewässern gesehen. Im Umkreis von Meilen war die See mit Schiffen jeder Größe besät. Ihre Masten sahen aus wie ein riesiger Wald.« Unter dem Kommando Napoleons sammelten sich Ägyptenflotte und -heer vor der Ostküste von Malta. Die Armada bestand aus 14 Linienschiffen, 30 Fregatten und 300 Transportern. Napoleon fuhr auf einem der gewaltigsten Schlachtschiffe der Welt, der ›L'Orient‹. Auf Land war er aktiv, aber er haßte die See. Er betrachtete diesen Teil der Expedition als recht reizloses Vorspiel zu dem Ruhm, der ihn im Schatten der Pyramiden erwartete. Napoleon studierte gerade einen Bericht über die Reisen von Kapitän Cook und hatte neben zahllosen Werken über den Orient auch ein Exemplar des Korans bei sich. Es mutet wie eine seltsame Laune des Schicksals an, daß ein Franzose die Worte des Propheten las, während er sich auf die Eroberung einer Insel vorbereitete, die jahrhundertelang den Angriffen der Anhänger Mohammeds widerstanden hatte.

Napoleon ließ dem Großmeister sofort über den französischen Konsul eine Botschaft übermitteln, in der er darum bat, von Hompesch möge der ganzen Flotte zum Zweck der Wasseraufnahme Zugang zum Großen Hafen gewähren. Von Hompesch ließ den Rat zusammentreten, der mit nur einer Gegenstimme (dabei handelte es sich um einen Spanier, der darauf hinwies, sein Land sei mit Frankreich verbündet) erklärte, dem Vertrag gemäß, den der Orden vor einigen Jahren mit Frankreich, Neapel und Spanien geschlossen habe, dürften nur vier Kriegsschiffe auf einmal den Hafen anlaufen. Zweifellos hatte Napoleon diese Weigerung erwartet, schließlich wäre es praktisch einer Kapitulation gleichgekommen, wenn man die gesamte Flotte und das gesamte Heer hätte in den Großen Hafen fahren lassen. »Sie haben uns das Wasser verweigert«, sagte er, »also werden wir es uns nehmen.« Seine Erwiderung auf von Hompeschs höfliche Antwort war in der Sprache des alles erobernden Kriegsherrn abgefaßt: »Der Oberbefehlshaber ist höchst aufgebracht darüber zu erfahren, daß die Erlaubnis zur Wasseraufnahme auf nur drei Schiffe zur gleichen Zeit beschränkt ist ... Wie lange würde es dauern, bis bei dieser Geschwindigkeit 500 Schiffe Wasser und Lebensmittel an Bord genommen haben? General Bonaparte ist entschlossen, sich mit Gewalt zu nehmen, was ihm eigentlich den Regeln der Hospitalität gemäß, denen Euer Orden verpflichtet ist, freiwillig gegeben werden müßte.«

Das war eine offene Kriegserklärung. Napoleon hatte die Pläne schon im Kopf, bevor er von Hompesch seine Bitte zugehen ließ. General Reynier wurde zur Eroberung Gozos abgestellt, General Baraguey-Hilliers landete in der Mellieha-Bucht im Nordosten Maltas, General Vaubois in der St.-Julians-Bucht nördlich vom Marsamuscetto und General Desaix im Marsasirocco im Süden der Insel. Selbst wenn Ritter, Soldaten und Miliz das Format ihrer Vorväter von 1565 gehabt hätten, wäre das Ergebnis angesichts der starken Truppenverbände und der massierten Artillerie, die Napoleon zur Verfügung standen, recht klar gewesen. Valetta konnte zwar dank seiner grandiosen Festungswerke wochen- oder monatelang aushalten, aber auch die stärksten Bollwerke helfen nichts, wenn die Garnison unentschlossen ist. Zudem war auf Malta schon seit längerer Zeit eine Art fünfte Kolonne tätig. Während von Hompesch unschlüssig die Flure des Großmeisterpalastes durchmaß, redeten die Agenten der französischen Republik überall den Einwohnern zu, sich der siegreichen Trikolore anzuschließen, die neuen Prinzipien der Freiheit und Gleichheit zu übernehmen, die sich ganz Europa zu eigen machte, und den Orden vom hl. Johannes zu vertreiben, dieses unerwünschte Überbleibsel aus der Zeit des Feudalismus.

Die Ordenshistoriker waren manchmal allzusehr geneigt, die militärischen Erfolge der Johanniter auf Rhodos und Malta der unerschütterlichen Kampfbereitschaft und dem Heldenmut der Ritter zuzuschreiben. Diese Aussage bedarf einiger Ergänzungen: Wenn es einer Armee an guten Offizieren mangelt, ist sie nutzlos. Und selbst wenn sie gute Offiziere hat, muß sie ständig in Übung bleiben, braucht das Bewußtsein, daß sie eine Aufgabe hat, und muß glauben können, daß die Vorgesetzten Vertrauen verdienen. All das fehlte 1798 auf Malta. Dazu Roderick Cavaleiro: »Von den 200 französischen, 90 italienischen, 25 spanischen, 8 portugiesischen, 5 bayrischen und 4 deutschen Rittern waren 50 entweder zu alt oder zu krank zum Kämpfen. Die alten Geschütze, die man schon wiederholt bemalt hatte, damit sie wie neu aussahen, waren fast 100 Jahre lang nur bei zeremoniellen Anlässen abgefeuert worden und unbrauchbar. Das Schießpulver war verrottet, die Kugeln defekt. Die Stadtmiliz, die an Sonntagnachmittagen von Offizieren gedrillt wurde, die zu faul waren, die (maltesische) Sprache zu erlernen, wahrte schlechte Disziplin, war geisttötender Stumpfheit und der Drückebergerei verfallen und trat schleppenden Schrittes an, entsetzt von der Aussicht, gegen die Franzosen kämpfen zu müssen.«

Selbst wenn Napoleon vor Beginn seiner Expedition keine Informationen über die Lage auf Malta gehabt hätte, hätte er den Berichten von Reisenden entnehmen können, daß der Orden und seine Insel so weich waren wie eine überreife Frucht.

Malta fiel ihm auf eine Weise in den Schoß, daß es geradezu schmählich war. Von Hompesch zeigte eine fast unglaubliche Entschlußlosigkeit. Er saß alleine im Palast – nur ein Adjutant leistete ihm Gesellschaft – und versuchte weder den Widerstand zu koordinieren noch Anweisungen zu geben, auf welche Art überhaupt Widerstand geleistet werden sollte. All das blieb den einzelnen Befehlshabern überlassen, die ihrerseits unschlüssig waren, da sie keine Instruktionen erhalten hatten. Also unternahmen die meisten von ihnen gar nichts. Vor Einbruch der Nacht stand Desaix an der Cotoner-Linie und war im Besitz von Fort Ricasoli, das den Südabschnitt des Großen Hafens bewachte. Reynier landete in der Ramla-Bucht an der Ostküste von Gozo, wurde zwar von den Höhen aus unter Beschuß genommen, hatte aber bei Einbruch der Nacht die Zitadelle von Gozos Hauptort Rabat sowie das Fort Cambrai eingenommen, das die Einfahrt zu Gozos einzigem kleinen Hafen schützte. Wirklichen Widerstand leisteten anscheinend nur ein paar Männer aus der maltesischen Miliz. Doch mit schlechter Disziplin und schlechten Offizieren waren sie den besten Truppen Europas natürlich nicht gewachsen. An einem Punkt vor den Festungswerken von Floriana wurden die Franzosen eine Zeitlang in Schach gehalten. Ein Ritter aus der Zunge von Auvergne führte einen Ausfall, bei dem seine Milizsoldaten in ein mörderisches Kreuzfeuer gerieten. Sie waren gezwungen, wieder nach Floriana umzukehren. Hier fiel auch das Banner des Johanniterordens dem General Vaubois in die Hände.

Die ganze Nacht über kam es auf der Insel zu Feuergefechten. In Valetta herrschte ein unbeschreibliches Durcheinander. »Von jedem Balkon« – so Doublet – »hörte man drinnen die Frauen klagen und im selben Atemzug die Franzosen und den Großmeister verfluchen.« Die vielen Heiligen, die man auf der Insel verehrte, wurden um Hilfe für die Gläubigen angerufen. Mit dem Standbild des Apostels Paulus (der 60 n. Chr. die Malteser zum Christentum bekehrt haben soll) veranstaltete man einen Umzug durch die Straßen von Valetta. Schließlich begab sich eine Abordnung führender maltesischer Bürger zum Palast und verlangte von Hompesch zu sehen. Sie forderten ihn auf, er solle um Frieden bitten. Überall kam es zu Meuterei und kopfloser Panik. Der maltesische Mob nahm Rache an einzelnen Rittern. Diese Aristokraten, die sich jetzt feige ergaben, erregten nur noch Verachtung. Während der 36 Stunden, die die Franzosen benötigten, um die einstmals stolze Inselfestung zu erobern, blieb Napoleon in aller Ruhe an Bord der ›L'Orient‹. Er vertraute fest darauf, daß seine Männer innerhalb und außerhalb der Mauern ihm diese reiche Beute, die so wichtig für den Erfolg seiner Expedition war, zu Füßen legen würden.

Am 11. Juni 1798 wurde der Waffenstillstand unterzeichnet. Die wichtigsten Punkte lauteten: Malta verzichtete auf seine Souveränität und wurde von den Rittern an die französische Armee abgetreten. Die französische Republik würde versuchen, dem Großmeister ein Fürstentum zu verschaffen, das dem abgegebenen adäquat war. Außerdem zahlte sie ihm eine Jahrespension von 300000 Livres. Auf dem Kongreß von Rastatt würden die Franzosen ihren Einfluß geltend machen, um zu gewährleisten, daß die Ritter der verschiedenen Nationen weiterhin ihre Rechte über die Besitztümer ausüben konnten, die in den jeweiligen Ländern existierten. Französische Ritter durften nach Frankreich zurückkehren*; wer es vorzog, auf Malta zu bleiben, erhielt eine Jahrespension von 700 Livres, sofern er über 60 Jahre alt war, eine Jahrespension von 1000 Livres.

Das war das Ende des Ordens auf Malta. Bonaparte besichtigte Valetta am 12. Juni und war verblüfft über die riesigen Festungswerke, die ihm so mühelos zugefallen waren. Später schrieb er in seinen Memoiren: »Malta hätte einem 24stündigen Bombardement nicht widerstehen können. Es verfügte gewiß über eine gewaltige physische Widerstandskraft, besaß aber keinerlei moralische Stärke.«

Durch diese ganze chaotische Szenerie bewegt sich schemenhaft die Gestalt des entschlußlosen Großmeisters, jenes unseligen Nachfahren von Männern wie L'Isle Adam und La Valette. Das Ordensbanner, das so stolz über zahllosen Schlachtfeldern im Heiligen Land und im Osten geweht hatte, das auf See der Schrecken der Moslems gewesen war, wurde sang- und klanglos eingeholt, die französische Trikolore an seiner Stelle aufgezogen.

Sechs Tage später, am 18. Juni, wurden von Hompesch und alle Ritter, die nicht freiwillig in die französische Armee eingetreten waren, der Insel verwiesen. Alle Silbergeschirre, Edelsteine und Schmucksachen des Ordens beschlagnahmten die Sieger. (Eine traurige Ironie des Schicksals war es, daß fast die gesamte Beute aus Malta auf die ›L'Orient‹ geschafft und mit ihr in der Abukir-Bucht auf Grund gesetzt wurde.) Der Großmeister durfte nur die drei wichtigsten Reliquien des Ordens mitnehmen: den Partikel vom Wahren Kreuz, die Hand Johannes' des Täufers (ihres juwelenbesetzten Schreins beraubt) und die Ikone mit Unserer Lieben Frau von Philerimos. Die Sieger hatten selbst hier den silbernen Rahmen entfernt. Der Orden war wieder heimatlos. Doch diesmal vermochte das winzige Häuflein von Rittern, das den Großmeister ins Exil begleitete, weder stolz noch ruhigen Gewissens auf Insel und Stadt zurückzublicken.

* 35 Ritter schlossen sich dem Feldzug Napoleons gegen Ägypten an. (Anm. d. Ü.)

28. Ein Phoenix aus der Asche

Nach der Vertreibung des Ordens von Malta hätte man meinen können, daß eine Organisation, die so wenig ins napoleonische Europa paßte, dem Untergang geweiht war. Sein Überleben war geradezu ein Wunder – das man gewiß nicht dem völlig gebrochenen Großmeister zuschreiben konnte. Von Hompesch suchte in Triest Zuflucht, wo Österreich ihm und den Seinen Schutz gewährte. Die Ritter des Großpriorats Rußland und eine Reihe von französischen Emigranten richteten nun die Augen erwartungsvoll auf den »Protektor des Ordens«. Der Zar nahm sie mit offenen Armen auf. Er wollte jetzt mehr als nur einen Titel; er wollte Großmeister des Ordens werden. Ohne den Rücktritt des eigentlichen Großmeisters abzuwarten, enthoben die Ritter, die in St. Petersburg weilten, mit Billigung des Großpriorats Rußland Ferdinand von Hompesch seines Amtes. Im September 1798 wurde Zar Paul I. Oberhaupt des Ordens. Die Tatsache, daß er weder katholisch war noch die Profeß abgelegt hatte, ja nicht einmal von der Kirche anerkannt wurde, scheint ihn nicht gestört zu haben.

Man kann die Nominierung des Zaren nur als illegal bezeichnen, denn der Posten war weder vakant, noch waren die Mitglieder anwesend, die bei einer richtigen Wahl nicht fehlen durften. Das neue Amt des Zaren implizierte natürlich auch Maltas Souveränität – worüber Franzosen und Engländer ihre eigenen Vorstellungen hatten. Natürlich war das autokratische Rußland ein Feind des revolutionären Frankreich, und obwohl es sich mit Britannien im gegenseitigen Interesse verbündet hatte – Frankreich sollte nicht die tonangebende Macht in Europa werden –, bestanden nur wenig Gemeinsamkeiten zwischen den beiden Ländern. Die Briten waren – ebenso wie ihre französischen Gegner – fest entschlossen, die gewaltige Landmacht Rußland nicht auch noch zur Seemacht im Mittelmeer werden zu lassen.

Paul wurde im Dezember 1798 formell in sein Amt eingesetzt; kurz darauf gab er bekannt, er werde ein zweites, nicht katholisches Großpriorat Rußland schaffen, damit die Adligen russisch-orthodoxen Glaubens ebenfalls Ritter vom hl. Johannes werden konnten. Schließlich bewegte man von Hompesch zum Rücktritt. Er beschloß sein Leben in Armut und Schande zu Montpellier (1805) – ein Mann, der auch nicht schwächer gewesen war als einige seiner Vorgänger, aber in eine Situation geriet, die ihn überforderte. Zur veränderten Lage bemerken die Autoren eines neueren Werkes, ›A Modern Crusade‹: »Paul I. von Rußland war de facto, wenn auch nicht de iure, das 72. Oberhaupt des Ordens, St. Petersburg der vorläufige Sitz des Ordens. Höchstwahrscheinlich half der russische Zar dem Orden, die Feindseligkeit der Revolutionäre und die Habgier der Monarchen zu überstehen. Doch Rußland bekam Malta nicht. Im September 1800 hatten die Briten schon die Insel in der Hand und zeigten sich nicht im mindesten geneigt, sie an den Zar Paul zu übergeben, der nun Ansprüche darauf geltend machte. Daraufhin verschlechterten sich die britisch-russischen Beziehungen zusehends. Kurz bevor es zum Krieg mit England kam, wurde Paul – in der Nacht des 11. März 1801 – ermordet.«

Pauls Nachfolger Alexander ernannte zwar einen seiner Generäle zum Oberhaupt des Ordens, doch das russische Interesse am Orden und an Malta nahm rapide ab. Die Malteser hatten sich beherzt gegen ihre französischen Herrscher erhoben (deren revolutionärer Geist und atheistische Gesinnung ihrem Konservatismus genau entgegengesetzt waren) und die Briten zu Hilfe gerufen. Im Jahre 1803 brach zwischen Frankreich und Britannien wieder Krieg aus; die Briten folgten dem Orden vom hl. Johannes als Herrscher Maltas nach. Dies wurde 1814 im Vertrag von Paris bestätigt, die Insel war jetzt Teil des britischen Empire. Am Palace Square in Valetta verkündet eine Inschrift, daß die Insel (anders als das 1530 bei den Rittern der Fall gewesen war) den Briten mit Zustimmung der Malteser übergeben wurde: »Die Liebe der Malteser und die Stimme Europas vertraut dem großen, unbesiegten Britannien diese Insel an. A.D. 1814.«

Im Jahre 1803 bestimmte Papst Pius VII. Giovanni Tommasi, den Kandidaten der russischen Priorate, zum Großmeister. Zwei Jahre später starb Tommasi in Catania. Es folgte ein Interregnum, während dessen der Orden von Statthaltern verwaltet wurde, die von Rittern gewählt waren, aber vom Heiligen Stuhl bestätigt werden mußten. Der Konvent hatte zweiundzwanzig Jahre seinen Sitz in Catania, wurde 1826 nach Ferrara verlegt, wenige Jahre darauf nach Rom, wo er bis heute verblieben ist*.

* Dabei handelt es sich um den katholischen Zweig des Ordens, den Malteserorden. Der ritterliche Orden St. Johannis zu Jerusalem hat daneben einen evangelischen Zweig, den Johanniterorden. Trotz der konfessionellen Verschiedenheit sind beide Ordensteile durch ihren gemeinsamen Ursprung und ihre gemeinsamen Aufgaben verbunden. (Anm. d. Ü.)

In dieser Zeit, da die Ritter über ganz Europa verstreut waren, versuchte man immer wieder, von den europäischen Mächten einen neuen Stützpunkt zu erhalten, der dazu geeignet war, daß der Orden seine alte Aufgabe als Schild des Christentums und Hüter der Armen und Kranken wahrnehmen konnte. Man erwog Inseln in der Ostsee und in der Ägäis zur Neugründung eines souveränen Staates. Doch niemand war darauf erpicht, dem einstmals berühmten, nunmehr verkümmerten Orden eine Insel oder ein Stück Land zu überlassen, seien sie auch noch so unbedeutend. Der Orden war tatsächlich das geworden, was man ihm so oft vorgeworfen hatte: ein exklusiver Klub ältlicher katholischer Adliger, die längstvergangenen Zeiten verhaftet waren.

Verschiedene Splittergruppen hatten sich in den Ländern etabliert, die früher einmal die acht Zungen des Ordens umfaßten. Die wirkliche Wiedererweckung des Malteserordens begann jedoch in Rom. Hier hatte ein Ordensmitglied einen Palast gestiftet, den Palazzo di Malta, der heute noch Ordenssitz ist. Der Kampf im Zeichen der Kreuzzugsideale gehörte jetzt natürlich der Vergangenheit an. Die Ordensmitglieder wandten sich wieder ihrer ursprünglichen, von Bruder Gerhard gestellten Aufgabe zu: der Hospitalität. Im Jahre 1879 wurde das Amt des Großmeisters von Papst Leo XIII. wiederhergestellt. Vierundsiebzigster Großmeister wurde der Italiener Giovanni Battista Ceschi a Santa Croce.

Doch die Einkünfte des Ordens waren recht bescheiden, und er besaß nur noch ein winziges Gebiet, über dem das Banner des Ordens vom hl. Johannes wehte, »das weiße Kreuz des Friedens auf der blutroten Walstatt des Krieges.«

Die Frage der Souveränität des Ordens wurde zum Gegenstand endloser Diskussionen und hat bis heute viele Historiker beschäftigt. Im Jahre 1862 erklärte der italienische Minister für Justiz- und Kirchenangelegenheiten: »Er ist in gewissem Maße ein Welt-Orden ... Der Souveränität beraubt, die er auf der Insel Rhodos und dann auf der Insel Malta besaß, fuhr er bis zum heutigen Tage fort, sich einen Charakter zu erhalten, den anzuerkennen und zu respektieren keine europäische Macht je aufgehört hat.«

Einige Historiker, darunter auch Kelf-Cohen, behaupteten, mit der Übergabe von Rhodos habe der Orden auch seine Souveränität verloren. »Es kann keinerlei Zweifel daran bestehen, daß der Orden nach 1530 nicht mehr unabhängig und souverän war und daß L'Isle Adam trotz seiner gegenteiligen Bemühungen ein Lehensmann geworden war, unbeschadet der sehr unerheblichen Dienstpflicht. (Die jährliche Abgabe in Form eines Falken.) Die Lehensurkunde machte sie definitiv zu Vasallen Karls V., der ja König beider Sizilien war.« Betrachtet man die Lehensurkunde genau, so geht daraus klar hervor, daß der Orden durch seine rein formale Abgabe de facto Pächter von Malta war. Rhodos hatten die Ritter mit Waffengewalt erobert und waren dann vom Papst als dessen souveräne Herren anerkannt worden. Die neue Bindung an den Lehnsherrn war jedoch so schwach, daß die Großmeister nach 1565 international als Souveräne der maltesischen Inseln betrachtet wurden*. Lehensmann zu sein, stand in keiner Weise im Widerspruch zur Souveränität. So war beispielsweise der König von Neapel und Sizilien ein Vasall des Papstes. Die Streitfrage wurde in neuerer Zeit gelöst, als das Tribunal von Rom am 28. Januar 1961 folgende Entscheidung traf: Der Orden sei eine *ente sovrano internazionale*, eine internationale souveräne Körperschaft.

Einer der interessantesten Aspekte bei der Erneuerung des Ordens im 19. Jahrhundert ist die Wiederherstellung der Zunge von England. Mehrere französische Ritter aus den Zungen von Auvergne, Frankreich und Provence gingen im Jahre 1831 daran, auf eigene Faust und ohne Konsens des Generalkapitels, die Zunge von England zu erneuern. Der Orden arbeitete zwar stets mit dem englischen Zweig zusammen und unterhielt freundschaftliche Beziehungen zu ihm, weigerte sich aber, ihn als Teil der katholischen Malteser anzuerkennen. Das englische Priorat wurde durch einen Erlaß von Königin Victoria (1888) in einen britischen Ritterorden umgewandelt. Sie wurde Oberhaupt des Ordens und ernannte ihren Sohn, den späteren Edward VII., zu dessen Großprior. Edward mochte einem mit seiner Vorliebe für Wein, Weib, Gesang und Glücksspiele als Großprior etwas unpassend vorkommen, was aber etwas weniger hervorsticht, wenn man ihn mit einigen seiner Vorgänger aus dem 18. Jahrhundert vergleicht. Seitdem war der regierende Herrscher auch Oberhaupt des englischen Ordenszweiges; der Großprior war stets ein Mitglied des Königshauses. Auch in den Überseestaaten des Commonwealth wurden Priorate und

* Die Anerkennung dieser Rechtsstellung sieht man z. B. daran, daß der Orden beim Westfälischen Friedenskongreß (1643–48) und bei anderen Vertragsabschlüssen vertreten war. (Anm. d. Ü.).

Kommenden eingerichtet. Heute hat der englische Ordenszweig mehr als 16000 Mitglieder. Dazu der Ordenshistoriker Sir Hannibal Scicluna: »Er ist der einzige Johanniterorden, der Christen aller Konfessionen aufnimmt.« Sein Ziel ist: »Die Förderung aller humanitären und karitativen Werke, die kranken, verzweifelten, leidenden und gefährdeten Menschen ohne Ansehen von Rasse, Stand oder Glauben helfen ...«

Diese Ideale, die getreulich die Absichten des Seligen Gerhard widerspiegeln, entsprechen genau denen des Malteserordens in Rom und seiner Assoziationen in Irland, Schweden, der Bundesrepublik und den Niederlanden. Der Orden ist auch in den Vereinigten Staaten vertreten, es gibt dort Malteser und Mitglieder des englischen Zweiges, der sich 1960 in den USA etablierte. In Jerusalem unterhält der englische Zweig eine Augenklinik mit einer Schwesternschule und Laboratorien, in denen das Trachom erforscht wird, jene Augenkrankheit, die seit Jahrhunderten die Geißel des Mittleren Orients ist. Weiterhin gehören zum englischen Zweig die St. John Ambulance Association, die es sich zur Aufgabe gemacht hat, die Zivilbevölkerung aller Länder des Commonwealth in Erster Hilfe auszubilden (der Lehrkörper besteht aus mehr als 4000 Ärzten) und die St. John Ambulance Brigade, eine Nothilfe, die im ganzen Commonwealth arbeitet. Sie zählt fast 250000 Mitglieder.

An der Tätigkeit des Johanniterordens im Heiligen Lande waren verhältnismäßig nur wenige deutsche Ordensritter beteiligt, doch waren diese bereits in einer eigenen Gruppe, der *deutschen Zunge*, zusammengefaßt. Um den Nachschub an Menschen und Material für die im Mittelmeergebiet kämpfenden und arbeitenden Johanniter zu sichern, hatte sich seit dem 13. Jahrhundert in Deutschland eine Organisation gebildet, die von Kirche und Fürsten gefördert und durch namhafte Spenden vergrößert wurde. Das war die von der Zentrale des Ordens anerkannte *Balley Brandenburg*. Sie erlangte eine große Eigenständigkeit und errichtete zahlreiche »Kommenden« zur Verwaltung eines ausgedehnten Grundbesitzes und zur Schulung des Nachwuchses. In der Reformationszeit traten die Ritter dieser Balley zum evangelischen Glauben über und kehrten zur ursprünglichen Bezeichnung »Johanniter« zurück, während ihre katholischen Ritterbrüder im »Malteserorden« vereint blieben. Beide Zweige des Ordens wahren einst wie jetzt die gleichen traditionellen und christlichen Ideale und Ziele.

Der Verlust von Malta hatte auf die Balley Brandenburg keine unmittelbare Wirkung, aber die Napoleonischen Kriege brachten für den Orden auch in Deutschland einen Wandel: Die drückenden materiellen Lasten veranlaßten Preußen 1812, die reichen Besitztümer des Ordens zu verstaatlichen. Das Abzeichen des Johanniterordens wurde zu einem preußischen Verdienstorden umgewandelt.

König Friedrich Wilhelm IV., dessen inneres Anliegen der Pflege religiöser Traditionen galt, stellte 1852 die Balley Brandenburg im alten Sinne wieder her und wies den neuen Johanniterrittern im Gedenken an frühere Zeiten als ihre eigentliche Aufgabe die Pflege und Betreuung von Kranken und Bedürftigen zu. Diesem Ruf leisteten die Johanniter, die sich damals vornehmlich aus wohlhabenden Kreisen des grundbesitzenden oder im Staatsdienst befindlichen deutschen evangelischen Adels im mittleren und östlichen Teil Deutschlands rekrutierten, rasch, freudig und erfolgreich Folge. Zahlreiche Krankenhäuser und Heime wurden aus Spenden des Ordens erbaut und unterhalten, zu einer Zeit, als eine staatliche Sozialfürsorge sich erst zu entwickeln begann. Auch bei der Entstehung des Roten Kreuzes spielte das Vorbild des Johanniterordens eine Rolle. Von den Kriegen der Bismarckzeit bis in den Ersten Weltkrieg leisteten die Johanniter, die auch eine eigene Schwesternschaft gebildet hatten, tatkräftige Hilfe und Pflegearbeit.

Das Naziregime versuchte, den Johanniterorden, den es am liebsten beseitigt hätte, zu beeinträchtigen. Einen schweren Schlag für den Orden aber bedeutete das Ende des Zweiten Weltkriegs, das den Verlust des größten Teils seiner Werke in den östlichen deutschen Landesteilen bedeutete. Von den ehemals etwa 4500 Mitgliedern der Balley Brandenburg war ungefähr die Hälfte gefallen oder an Kriegsfolgen verstorben, andere Ordensritter heimatvertrieben und mittellos geworden. Aber bald schlossen sich die in der Bundesrepublik lebenden früheren und neuen Johanniter zu neuer, vielgestaltiger Tätigkeit zusammen.

Nach dem Beispiel des englischen Bruderordens, des Order of St. John, wurde 1952 die *Johanniter-Unfallhilfe* ins Leben gerufen, die sich – ebenso wie die entsprechende Organisation, der »Malteser-Hilfsdienst« – in der breiten Öffentlichkeit bestens bewährt hat. Die Mitglieder der »JUH« leisten freiwillige Hilfe für Mitmenschen bei Unfällen und in Not. Die »JUH« hat nun acht Landesverbände mit insgesamt 180 Standorten und verfügt über 12000 Mitglieder. Im letzten Jahre wurden allein in Erste-Hilfe-Kursen 63000 Personen ausgebildet, rund 75000 Krankentransporte durchgeführt und in 80000 Fällen sonstige Hilfeleistung erbracht.

Die neuen Aktivitäten des Johanniterordens wurden, den veränderten Verhältnissen entsprechend, finanziell weitestgehend durch die öffentliche Hand gefördert. Neue Häuser zur Pflege von Kranken und zur Versorgung alter Menschen entstanden in modernem Stil. 1973 verfügte der Orden in der Bundesrepublik wieder über 8 Krankenhäuser mit 1700 Betten, 8 Altenheime und Pflegeabteilungen mit 900 Plätzen, dazu über eine Reihe von Krankenpflege- und Krankenpflegehelferinnenschulen. Schwesternwohnheime sind den Krankenhäusern angegliedert. In Köln gibt es ein Studentenwohnheim mit 75 Plätzen. Weitere derartige Objekte sind im Bau oder werden geplant. Anstelle der einstigen Ordenskirche in Sonnenburg bei Küstrin besitzt der Orden heute die historische Ordenskirche in Niederweisel bei Bad Nauheim.

An der Spitze des Johanniterordens, der Fortsetzung der alten Balley Brandenburg, steht ein gewählter, ehrenamtlich tätiger Herrenmeister, gegenwärtig Prinz Wilhelm Karl von Preußen als Nachfolger seines Vaters, des Prinzen Oskar. Ihm zur Seite steht die Ordensregierung mit Sitz in Bonn unter einem Ordenskanzler nebst dem Ordenskapitel, einer Gruppe führender Mitglieder des Ordens. Die 16 landsmannschaftlich gegliederten Untergruppen, Genossenschaften genannt, unterstehen je einem Kommendator. Ihnen haben sich vier nichtdeutsche Genossenschaften – in Finnland, Frankreich, Schweiz und Ungarn – angeschlossen. Innerhalb dieser Untergruppen treffen sich die Mitglieder regelmäßig. Die Gesamtzahl der Ordensritter beträgt etwa 2300. Die in der Anfangsstufe stehenden »Ehrenritter« können nach längerer Bewährung bei den Ordensaufgaben zu »Rechtsrittern« erhoben werden. Das frühere Adelsprinzip bei ihrer Auswahl ist, da nicht mehr zeitgemäß, nach dem 2. Weltkrieg in Fortfall gekommen.

Eine selbständige Gliederung des Ordens ist seit 1957 die »Johanniter-*Schwesternschaft*«, die etwa 300 Schwestern umfaßt. Zur Ergänzung des weiblichen Pflegedienstes werden ferner seit 1962 Schwesternhelferinnen ausgebildet, bisher schon über 15000.

Andere eigenständige protestantische Ordenszweige des Johanniterordens bestehen jetzt in Großbritannien, Schweden und den Niederlanden. Der britische »Order of St. John« ist über das gesamte Commonwealth verbreitet. Diese Gruppierungen sind mit der Balley Brandenburg in einer Ordens-Allianz verbunden, die alljährlich tagt, um die gemeinsame Arbeit zu koordinieren.

In Jerusalem ist der deutsche Johanniterorden am Kaiserin-Auguste-Viktoria-Hospital auf dem Ölberg beteiligt, einem Akut-Krankenhaus für arabische Patienten, und besitzt einen kleinen Hospitalbau in der Nähe der Grabeskirche. In der modernen Augenklinik des »Order of St. John« in Jerusalem werden jährlich weit über 60000 – vorwiegend arabische – Patienten behandelt und mehr als 5000 Operationen ausgeführt; Aufenthalt und Behandlung dort sind kostenlos. Gegenwärtig wie vor 900 Jahren verrichten Menschen unter dem achtspitzigen Johanniterkreuz Dienst am Nächsten und am Hilfsbedürftigen auf der Grundlage christlichen Glaubens.

Der Malteser-Hilfsdienst (MHD) ist eine Organisation der deutschen Malteser. Als jüngster Zweig der deutschen Malteser-Genossenschaften (Genossenschaft der Rheinisch-Westfälischen Malteser-Devotionsritter, gegründet am 31. 12. 1859, und des Vereins der Schlesischen Malteser-Ritter, gegründet am 22. 2. 1867) wurde der MHD von diesen und dem Deutschen Caritasverband im Jahre 1953 ins Leben gerufen. Er zählt zur Zeit 35000 Mitglieder. Seine Aufgaben sind: Ausbildung der Bevölkerung in Erster Hilfe und in der Katastrophenabwehr, Krankentransport, Unfallrettungsdienst auf der Straße und in der Luft, Mitarbeit im staatlichen Katastrophenschutz, Ausbildung von Schwesternhelferinnen und Pflegediensthelfern, Unterricht von Führerscheinbewerbern in den vom deutschen Staat gesetzlich geforderten »Sofortmaßnahmen am Unfallort« und Ausbildung in der häuslichen Krankenpflege.

Eine Pressemitteilung aus dem Palazzo di Malta vom Dezember 1969 zeigt, wie diese modernen Ritter vom hl. Johannes immer noch auf den Schlachtfeldern der Welt in vorderster Linie stehen: »Drei junge Freiwillige des deutschen Malteser-Hilfsdienstes, die im Hospital von An-Hoa (35 km südwestlich der Hafenstadt Da-Nang) arbeiteten, sind in einem nordvietnamesischen Gefangenenlager gestorben.« Zwei weitere Mitglieder dieser Organisation, die mit den drei Verstorbenen am 27. April 1969 in Gefangenschaft geraten sind, wurden am 5. März 1973 aus nordvietnamesischer Gefangenschaft entlassen und sind am 8. März 1973 in die Bundesrepublik Deutschland zurückgekehrt. Ein Bericht über die Gefangennahme und die

Todesfälle wurde der amerikanischen Regierung offiziell durch heimkehrende Soldaten zugeleitet, die im selben nordvietnamesischen Lager gefangengehalten wurden. Sie versicherten, daß die Todesfälle auf Unterernährung zurückzuführen seien. Die Namen der jungen Malteser, die ums Leben gekommen sind, lauten: Hindrika Kortmann (29), Krankenschwester; Marie-Louise Kerber (20), Zahnarzthelferin; Georg Bartsch (25), Krankenpfleger. Ein weiteres Mitglied des MHD, Ceslaw Dixa (22), Krankenpfleger, wurde auf dem Wege zum Malteser-Hospital in An-Hoa von Vietkong-Granaten getroffen und starb am 24. November 1968, einen Tag nach der erlittenen Verletzung. Der Zahnarzt Horst Lehmann (44) starb am 3. November 1968 an einer Krankheit, die er sich beim Einsatz in Vietnam zugezogen hatte.

Fast neun Jahre lang, von September 1966 an, unterhielt der deutsche Malteser-Hilfsdienst durchschnittlich ein Team von 53 Ärzten, Schwestern, Pflegern und Technikern in der Provinz Quang-Nam (Südvietnam). Ihr Durchschnittsalter betrug 25 Jahre. Sie verfügten über ein Netz von Dispensarien, Ambulanzen, Zahnstationen und Hospitälern und ließen jedem ärztliche Hilfe zukommen, der diese benötigte. Innerhalb von neun Jahren wurden über 750000 kranke und verwundete Vietnamesen behandelt. Mit besonderem Eifer waren die jungen Malteser in den vielen Flüchtlingslagern von Südvietnam tätig. Der Orden vom hl. Johannes war stets international; doch heute ist er so international, wie es sich weder sein Gründer noch die nachfolgenden Großmeister in den kühnsten Träumen hätten vorstellen können. Er steht nicht mehr im Krieg, ist aber dennoch auf den Schlachtfeldern tätig. Ein Großteil seiner Arbeit wird im Nahen und Mittleren Osten durchgeführt. Und damit hilft er den Armen und Kranken genau der Länder, gegen die die Ritter einst unablässig kämpften. Der Orden arbeitet auch in Gebieten, die den Europäern früher unbekannt waren. Im November 1970 wurde Pakistan von einem Tornado verheert. Der Orden ließ der pakistanischen Regierung sofort finanzielle Hilfe zukommen, und der deutsche Malteser-Hilfsdienst flog mit einem Hilfslazarett auf die Insel Hatja (westlich von Chittagon), um der leidgeprüften Bevölkerung ärztliche Hilfe angedeihen zu lassen. Ähnlich wie 1783 beim Erdbeben, das Messina und Reggio zerstörte, schickten die Malteser auch 1970 unzählige Kisten mit Medikamenten und Antibiotika (gewiß sehr viel wirkungsvoller als der einstmals berühmte Pilz von Malta) nach

Bengalen. Bei der Erdbebenkatastrophe in Peru (1970) arbeitete ein 17 Mitglieder zählendes Team des deutschen Malteser-Hilfsdienstes sechs Wochen lang in dem am schlimmsten betroffenen Gebiet. Bis zum Zeitpunkt ihrer Abreise hatten sie eine peruanische Gruppe ausgebildet, die ihre Arbeit fortführte und der sie ihr aus Deutschland mitgebrachtes Feldlazarett mit allen Arzneimitteln und 10 fahrbaren Feldküchen überließen. Und wieder waren es junge Mitglieder des deutschen Malteser-Hilfsdienstes, die 1971 nach Indien flogen, um sich der Betreuung von ostpakistanischen Flüchtlingen im trostlosen Lager von »Salt Lake« westlich von Kalkutta zu widmen. Der Orden wirkt auch immer mehr in Afrika, vor allem im Kampf gegen die Lepra. Seit dem 15. Januar 1974 sind 2 Ärzte-Teams des deutschen Malteser-Hilfsdienstes in Äthiopien tätig.

Wie die meisten religiösen Orden, haben die Malteser auch eine Schwesternschaft. Sie entstand mit größter Wahrscheinlichkeit etwa zur selben Zeit wie das Johannis-Hospital in Jerusalem, arbeitete dagegen im Hospital der hl. Maria Magdalena. Schon im Jahre 1880 findet man die Schwesternschaft in England, weitere Ordenshäuser gab es in Frankreich, Italien, Spanien, Böhmen, Dänemark, den Niederlanden und auf Malta. In Deutschland gründete der Verein der Schlesischen Malteser-Ritter am 9. Juni 1931 eine Schwesternschaft mit dem Namen »Schwesternschaft des Vereins der Schlesischen Malteser-Ritter«. Als sich diese unter dem Druck des Nationalsozialismus am 14. April 1936 auflöste und in das Deutsche Rote Kreuz überführt wurde, gehörten 104 Vollschwestern dieser Vereinigung an. Am 21. März 1965 wurde die deutsche Malteser-Schwesternschaft wiederbegründet, und ihre Mitglieder wirken heute in verschiedenen Krankenhäusern, vornehmlich aber im Malteser-Hospital in Bonn-Duisdorf. Die Nonnen, die im Hospital of St. John and Elizabeth in London arbeiten, gehören zwar nicht zur Malteser-Schwesternschaft, tragen aber das achtspitzige Kreuz des hl. Johannes von Rhodos und Malta an ihrer Tracht.

Der 77. Großmeister der mehr als 900jährigen Ordensgeschichte, Fra Angelo de Mojana di Cologna, leitet heute von Rom aus die Geschicke dieses weltweiten Hilfsdienstes zur Behandlung und Verhütung von Krankheiten. Er hat die volle Profeß abgelegt, neben ihm etwa 50 weitere Ritter. Sie alle haben sich den Gelübden der Armut, Keuschheit und des Gehorsams verpflichtet. Fra Angelo de Mojana – als Profeßritter der

Religiosen-Kongregation unterstellt – bekleidet den Rang eines Kardinals mit der Anrede »Eminenz«. Zum Orden gehören 8000 Ritter, die meisten sind verheiratet, und viele ihrer Ehefrauen sind in den Werken des Ordens tätig. Heute zählt der Orden mehr Ritter als zur Zeit seiner Hochblüte und weltlichen Größe im 18. Jahrhundert. Das »Schlachtfeld« ist jetzt die Welt. Der Orden verfügt über Zentren zur Behandlung und Rehabilitation von Leprakranken in Afrika, Südamerika, Asien, Polynesien, unterhält Ambulanzeinheiten in Irland und Deutschland, daneben Kliniken und Forschungsinstitute (eines davon direkt im Palazzo di Malta) sowie mobile Einheiten, die in jedes Katastrophengebiet eingeflogen werden können. Besonders bemerkenswert ist die Tatsache, daß all dies persönlich und privat finanziert wird. In Biafra haben die französischen Malteser eine eigene Ansiedlung für Kinder organisiert und außerdem Tausende von Tonnen an Lebensmitteln einfliegen lassen (1968). Im Libanon gibt es eine Diabetiker-Klinik, auf Malta eine Blutbank des Ordens. In den Philippinen, in Kolumbien, Abessinien und Equador arbeiten freiwillige Helfer bei der Verhütung und Behandlung der Lepra mit. Selbst auf dem Höhepunkt seines Ruhmes genoß der Orden keine so weltweite Anerkennung wie heute. Er unterhält diplomatische Beziehungen zu 38 Staaten in Europa, Südamerika, Asien und Afrika sowie eine Reihe Offizieller Delegierter in anderen Ländern.

Von Großmeister Roger de Moulins, der 1187 im Pfeilhagel bei Sephoris starb, von L'Isle Adam, der 1522 Rhodos verlassen mußte, von La Valette, der 1565 auf Malta in der Bresche kämpfte – von den Taten dieser Großmeister scheint es ein weiter Weg bis zur heutigen Arbeit des Ordens in Hospitälern und Kliniken, in Katastrophen- und Kriegsgebieten zu sein. Und doch ist der Orden vom hl. Johannes in der Jetztzeit den Zielen seines Stifters, des Seligen Gerhard, näher denn je. Man hat den Orden zu Unrecht anachronistisch genannt. Er ist der Tradition verpflichtet – so sehr, daß er heute wieder dort angelangt ist, wo er im Jahre 1099 begonnen hatte. Nach seiner scheinbaren Auflösung im Jahre 1798 stellt sich der Souveräne Ritterorden des hl. Johannes von Jerusalem, Rhodos, und Malta lebendiger dar als je zuvor. Der Phoenix hat sich aus der Asche erhoben.

Anhang

Die komplexen politischen Ereignisse nach der Vertreibung des Ordens aus Malta (1798) verdienen eine etwas eingehendere Analyse, ebenso – wenn auch aus ganz anderen Gründen – das beachtenswerte Wiederaufblühen des Ordens in jüngster Zeit. Dieses Phänomen gehört zu den herausragenden Ereignissen der Ordensgeschichte. Fast 900 Jahre lang hat der Orden dem Christentum sowohl als Schild als auch als Schwert gedient. Man kann ohne weiteres dramatische Geschehnisse bei den Feldzügen in der Wüste, den Belagerungen und zahllosen Seegefechten finden, darf aber über alledem nicht vergessen, daß das Herzstück des Ordens immer seine Hospitalität war.

Die politische Arena, in der sich der Orden in der Zeit von 1798 bis zur Mitte des 20. Jahrhunderts bewegte, findet man gut abgehandelt in einem Werk von Michel de Pierredon: ›Histoire politique de l'Ordre Souverain des Hospitaliers de Saint Jean de Jérusalem (ordre de Malte) de 1789 à 1955‹ (2 Bde., Paris 1956).

Als interessanteste Episode jener Zeit darf zweifellos jene gelten, da Zar Paul I. von Rußland versuchte, sich Malta zu sichern, um Zugang zum Mittelmeer zu erhalten – was sich in erster Linie gegen das osmanische Reich richtete. Die Besetzung Maltas durch die Franzosen und die Enteignung des Ordens scheinen weitere Versuche in dieser Richtung blockiert zu haben. Der Freundschaftsvertrag zwischen Großmeister Emmanuel de Rohan und Paul I., durch den das neue Großpriorat Rußland geschaffen wurde, legitimierte gewissermaßen das Interesse, das der Zar am Orden nahm. Der Orden wurde im Jahre 1782 verstärkt, als die englisch-bayerisch-polnische Zunge entstand. 1785 genehmigte Georg III. von England die Wiederherstellung der englischen Zunge.

Nach der Teilung Polens (während der Regierungszeit von Pauls Mutter Katharina II.) kam die polnische Zunge unter russische Kontrolle. 1797 wurde das kuriose Mischgebilde in englisch-bayerisch-russische Zunge umbenannt. Die Tatsache, daß Großmeister von Hompesch Zar Paul zum Protektor des Ordens ernannte, beinhaltete auch, daß dieser selbst nach der Eroberung Maltas durch Napoleon Ansprüche auf die Insel erheben konnte, vorausgesetzt, er vermochte sich zum Großmeister machen zu lassen. Das erreichte er 1798, als das Großpriorat

Rußland, wahrscheinlich mit der stillschweigenden Einwilligung einer Reihe französischer Ritter in der Emigration, von Hompesch für abgesetzt erklärte.

Im November wurde Paul I. zum Großmeister ernannt. Diese Episode findet ihren Niederschlag in einem Porträt Pauls I. von Borowikowsky (eine Kopie dieses Gemäldes hängt im Palazzo di Malta in Rom): Es zeigt Paul als Zar von Rußland und Großmeister von Malta gewandet. Natürlich war das Ganze völlig illegal – Paul gehörte nicht einmal der römisch-katholischen Kirche an. Doch wie wir bereits sahen, vereitelten der maltesische Aufstand gegen die Franzosen und das Eingreifen Englands Pauls Mittelmeerpolitik. Dieser seltsame, aber faszinierende Abschnitt der Ordensgeschichte wird in dem Buch ›The Order of Malta and the Russian Empire‹ (Rom 1969) von Fra Olgerd de Sherbowitz-Wetzor und Fra Cyril Toumanoff behandelt.

Wieder und wieder wurde die Frage der Souveränität des Malteserordens diskutiert. Im allgemeinen ist man der Ansicht, daß die diplomatischen Beziehungen des Ordens (auch zum napoleonischen Frankreich), die im Falle Österreich sogar ununterbrochen fortdauerten, seine Souveränität von der Zeit auf Rhodos bis heute unter Beweis stellen. Fest steht, daß er zur Zeit vom Palazzo di Malta in Rom aus Beziehungen zu achtunddreißig souveränen Staaten unterhält* – das ist selbst mit der Zeit des größten weltlichen Glanzes im 18. Jahrhundert verglichen ein gewaltiger Fortschritt.

Nach der Herrschaft von Statthaltern (1805–1879) bezeichnete die Wiederherstellung des Großmeisteramtes durch Papst Leo XIII. (1879) den Beginn des Wiederauflebens des Ordens in Europa. Der 74. Großmeister war Fra Giovanni Battista Ceschi a Santa Croce. Er starb 1905. Ihm folgten die Großmeister Thun-Hohenstein (1905–31) und Chigi della Rovere Albani nach (1931). Während seiner Amtszeit geriet der Orden in beträchtliche Schwierigkeiten mit dem Heiligen Stuhl. Ein einflußreicher Kardinal aus dem Sacrum Collegium wollte den Or-

* Dies sind gegenwärtig: der Heilige Stuhl, Argentinien, Belgien, Bolivien, Brasilien, Chile, Columbien, Costa-Rica, Cuba, Deutschland (BRD), Dominikanische Republik, El Salvador, Equador, Frankreich, Gabun, Guatemala, Haiti, Honduras, Italien, Iran, Kamerun, Libanon, Liberia, Malta, Monaco, Nicaragua, Österreich, Panama, Paraguay, Peru, Philippinen, Portugal, San Marino, Schweiz, Senegal, Somali, Spanien, Uruguay, außerdem die UNO. Der Orden ist Mitglied des Internationalen Roten Kreuzes. (Anm. d. Ü.)

den unter seine Kontrolle bringen. Diese Affäre erinnerte – wenngleich sie harmloser war, diskreter sich abspielte und unblutig verlief – ein wenig an den Angriff, den Papst Klemens V. im 14. Jahrhundert gegen die Templer ins Rollen gebracht hatte. Über diese Episode berichtet Roger de Peyrefitte in seinem ausgezeichneten und geistreichen Buch ›Chevaliers de Malta‹ (deutsch mit dem Titel ›Malteserritter‹ erschienen). Die Differenzen endeten damit, daß die Stellung des Ordens geklärt und gefestigt wurde. Im Jahre 1961 billigte Papst Johannes XXIII. die Verfassung des Ordens. Am 8. Mai 1962 – vorausgegangen war ein Interregnum, während dessen der Orden von Statthaltern verwaltet wurde – wurde der 77. Großmeister Fra Angelo de Mojana di Cologna gewählt, der auch heute noch im Amt ist.

Die gegenwärtigen Aktivitäten des Ordens, die im letzten Kapitel kurz skizziert wurden, legen Zeugnis von einer erstaunlichen Erneuerung ab. Doch es handelt sich nicht nur um eine Art Renaissance – es entstand ein völlig neues Konzept humanitärer und karitativer Tätigkeit auf internationaler Ebene. Das Jahrbuch von 1972, herausgegeben vom Palazzo di Malta, gibt nähere Auskunft über Aufbau und Organisation des Ordens. Außerdem finden sich darin Berichte über die verschiedenen Großpriorate, nationalen Assoziationen und diplomatischen Vertretungen auf der ganzen Welt. Ein hervorragender Abriß der Ordensgeschichte und seiner gegenwärtigen Regierung sowie eine Übersicht über seine krankenpflegerischen und karitativen Tätigkeiten ist in dem schon erwähnten Werk ›A Modern Crusade‹ (Rom, Palazzo di Malta, Via Condotti) enthalten.

Verzeichnis der Großmeister des Ordens

1.	Sel. Gerhard	gest. 3. September 1120
2.	Fra Raimond du Puy	1120–1158/60
3.	Fra Auger de Balben	1158/60–1162/63
4.	Fra Arnaud de Comps	1162/63
5.	Fra Gilbert d'Assailly	1163–1169/70
6.	Fra Gaston de Murols	ca. 1170–ca. 1172
7.	Fra Gérard Joubert	ca. 1172–1177
8.	Fra Roger des Moulins	1177–1187
9.	Fra Ermengard d'Asp	1188–ca. 1190
10.	Fra Garnier de Napluse	1189/90–1192
11.	Fra Geoffroy de Donjon	1193–1202
12.	Fra Alphonse de Portugal	1202–1206
13.	Fra Geoffroy Le Rat	1206–1207
14.	Fra Garin de Montaigu	1207–1227/28
15.	Fra Bertrand de Thessy	1228–ca. 1231
16.	Fra Guérin (Girinus)	ca. 1231–1236
17.	Fra Bertrand de Comps	1236–1239/40
18.	Fra Pierre de Vieille-Bride	1239/40–1242
19.	Fra Guillaume de Châteauneuf	1242–1258
20.	Fra Hugues de Revel	1258–1277
21.	Fra Nicolas de Lorgue	1277/78–1284
22.	Fra Jean de Villiers	1284/85–1293/94
23.	Fra Odon de Pins	1294–1296
24.	Fra Guillaume de Villaret	1296–1305
25.	Fra Foulques de Villaret	1305–1319
26.	Fra Hélion de Villeneuve	1319–1346
27.	Fra Deudonné de Gozon	1346–1353
28.	Fra Pierre de Corneillan	1353–1355
29.	Fra Roger de Pins	1355–1365
30.	Fra Raymond Bérenger	1365–1374
31.	Fra Robert de Juilliac	1374–1376
32.	Fra Juan Fernandez de Heredia	1376–1396
33.	Fra Richard Caracciolo*	1383–1395
34.	Fra Philibert de Naillac	1396–1421
35.	Fra Antoine Fluvian de la Rivière	1421–1437

* Gegen-Großmeister, der nie nach Rhodos gelangte. (Anm. d. Ü.)

36.	Fra Jean de Lastic	1437–1454
37.	Fra Jacques de Milly	1454–1461
38.	Fra Pierre Raymond Zacosta	1461–1467
39.	Fra Giovanni Battista Orsini	1467–1476
40.	Fra Pierre d'Aubusson, Kardinal	1476–1503
41.	Fra Emery d'Amboise	1503–1512
42.	Fra Guy de Blanchefort	1512–1513
43.	Fra Fabrizio del Carretto	1513–1521
44.	Fra Philippe Villiers de L'Isle Adam	1521–1534
45.	Fra Pierino del Ponte	1534–1535
46.	Fra Didier de Saint-Jaille	1535–1536
47.	Fra Juan de Homedes	1536–1553
48.	Fra Claude de la Sengle	1553–1557
49.	Fra Jean de la Valette-Parisot	1557–1568
50.	Fra Pierre del Monte	1568–1572
51.	Fra Jean L'Evêque de la Cassière	1572–1581
52.	Fra Hugues Loubenx de Verdala, Kardinal	1581–1595
53.	Fra Martin Garzez	1595–1601
54.	Fra Alof de Wignacourt	1601–1622
55.	Fra Louis Mendez de Vasconcellos	1622–1623
56.	Fra Antoine de Paule	1623–1636
57.	Fra Jean de Lascaris-Castellar	1636–1657
58.	Fra Martin de Redin	1657–1660
59.	Fra Annet de Clermont-Gessant	1660
60.	Fra Raffael Cotoner	1660–1663
61.	Fra Nicola Cotoner	1663–1680
62.	Fra Gregor Caraffa	1680–1690
63.	Fra Adrien de Wignacourt	1690–1697
64.	Fra Raymond Perellos y Roccaful	1697–1720
65.	Fra Marc'Antonio Zondadari	1720–1722
66.	Fra Antonio Manuel de Vilhena	1722–1736
67.	Fra Raymond Despuig	1736–1741
68.	Fra Manuel Pinto de Fonseca	1741–1773
69.	Fra Françesco Yimenes de Texada	1773–1775
70.	Fra Emmanuel de Rohan-Polduc	1775–1797
71.	Fra Ferdinand von Hompesch	1797–1799
72.	(de facto) Paul I., Zar von Rußland (vom Papst nicht anerkannt)	1798–1801
73.	Fra Giovanni Battista Tommasi	1803–1805
74.	Fra Giovanni Battista Ceschi a Santa Croce	1879–1905

75. Fra Galeazzo von Thun und Hohenstein	1905–1931
76. Fra Ludovico Chigi della Rovere Albani	1931–1951
77. Fra Angelo de Mojana di Cologna	1962

Statthalter

Fra Innico-Maria Guevara-Suardo	1805–1814
Fra André di Giovanni	1814–1821
Fra Antoine Busca	1821–1834
Fra Carlo Candida	1834–1845
Fra Philippe di Colloredo-Mels	1845–1864
Fra Alexandre Borgia	1865–1871
Fra Giovanni Battista Ceschi a Santa Croce	1871–1879
Fra Antonio Hercolani Fava Simonetti (ad interim)	1951–1955
Fra Pius Franchi de' Cavalieri (während der Krankheit des 75. Großmeisters)	1929–1931
Fra Ernesto Paternò Castello di Carcaci	1955–1962

Orden vom hl. Johannes von Jerusalem, von Rhodos und von Malta

Zeit- und Organisationsübersicht

ORDEN

1099: gegründet durch Meister **Gerhard** als **Ritterorden des Hospitals vom hl. Johannes von Jerusalem.** Mit acht Zungen (Nationen), darunter die deutsche und englische Zunge. Erste Aufgabe: Krankenpflege, später auch Verteidigung des Glaubens (des Hl. Landes). Anerkennung durch Papst Paschalis II **1113,**
1291 auf **Cypern,** ab 1309 auf **Rhodos.** 1523 nach Abzug von Rhodos in **Messina** und **Civita Vechia.**

1530: **Kaiser Karl V.** überträgt dem Orden die **Inseln Malta, Gozo und Comino** und die **Stadt Tripolis.** Name: **Malteser-Orden.**
1565: Belagerung durch Türkenheer.
1798: **Napoleon** besetzt Malta. Letzter Großmeister auf Malta: Ferdinand von Hompesch.
1798: Sitz Petersburg. Zar Paul I Großmeister, nicht vom Papst und allen Rittern anerkannt. Ordensregierung in Messina (1803), Catania (1805), Ferrara (1826). (Malta seit 1800 britische Kolonie, seit 1964 unabhängig.)

Seit 1834 Sitz **Rom** als **Souveräner Malteser-Ritter-Orden. Orden gemäß Kirchenrecht.** Heute besteht der Orden aus den 39 Großprioraten, Subprioraten und nationalen Assoziaten in vielen Ländern mit 8500 Mitgliedern. **Souverän nach Völkerrecht,** unterhält er diplomatische Beziehungen zu 38 Staaten, u. a. Delegation des Ordens bei der Regierung der Bundesrepublik und Botschafter bei der Regierung von Malta. Mitglied der Internationalen Rot-Kreuz-Konferenzen.

Heute: **Caritative Tätigkeit** des Ordens auf vielen Gebieten mit Einrichtungen der Kranken- und Sozialpflege in europäischen und Entwicklungsländern, sowie mit **Hilfsdiensten** z.B. in Italien, Holland, Irland, Kanada, Österreich, Deutschland und in anderen Ländern.

DEUTSCHE ZUNGE

1154: erste Kommende in Deutschland (Duisburg); Bildung der Deutschen Zunge mit den Großprioraten und Prioraten Deutschland, Böhmen, Ungarn, Polen und Dacien.
1428: Übertragung des Amtes „Groß-Bailli" an die Deutsche Zunge. Aufgabe: Befestigungsanlagen und ihre Versorgung. Das noch bestehende Großpriorat (Böhmen) **Österreich** hat eine über 800jährige Geschichte, innerhalb der Deutschen Zunge. Heutige caritative Tätigkeit: Schüler-, Mütter- und Kinderheime.

Seit 1957 **„Hilfsdienst des Großpriorates von Österreich"** MHDA — Malteser-Hospital-Dienst Austria.

→ Geschichtliche bzw. organisatorische Zugehörigkeit

- - - → An alte Tradition anschließende Neugründung

☐ Malteser-Orden oder mit dem Malteser-Orden verbunden.

⬚ Johanniter-Orden oder mit dem Johanniter-Orden verbunden.

Idee und Gestaltung
J. A. Ebe, H. U. Saur

GROSSPRIORAT DEUTSCHLAND

Großpriorat Deutschland entstanden um 1200 mit der **Balley Brandenburg. Sitz des Großpriors:** Heitersheim in Baden. Hervorragender Großbailli (seit 1534) und Großprior des deutschen Großpriorates (seit 1548) war der 1548 von Karl V. zum Reichsfürsten ernannte Georg Schilling von Canstatt.
1806: **Auflösung des Großpriorats Deutschland** durch Rheinbundakte. Zur Zeit der Auflösung bestanden neben dem Prioratshaus Heitersheim 4 Kameralhäuser und 34 Kommenden.

BALLEY BRANDENBURG

1382 selbständig durch „Heimbacher Vergleich". An der Spitze steht ein Herrenmeister. Verbindung zum Großpriorat Deutschland durch Bestätigung der Wahl des Herrenmeister durch den deutschen Großprior. In der Reformation wird Balley Brandenburg evangelisch, aber dadurch keine organisatorische Trennung vom Gesamtorden.
1811 Auflösung der Balley Brandenburg durch Preußenkönig Friedrich Wilhelm III.

ENGLISCHE ZUNGE

1140 wurde das Priorat Clerkenwall gegründet. Die „englische Zunge" des Ordens wurde 1540 unter Heinrich VIII. aufgelöst. (1782 wurde in Tradition der „englischen Zunge" eine englisch - bayrisch - russische Zunge mit Sitz in München gegründet, die bis 1808 bestand.)

1859 Gründung der **Genossenschaft der Rheinisch-Westfälischen Malteser Devotions-Ritter,** Päpstliche Regel.
1867 Gründung des **„Vereins schlesischer Malteser-Ritter" — Anschluß** beider an den Malteser-Orden. Gründung des **Subpriorates der hl. Hedwig 1961.** Caritative Tätigkeit.

1852 Gründung des evgl. **Johanniter-Ordens,** heute mit den französischen, finnischen, schwedischen und ungarischen Genossenschaften. Offizieller Name: **Balley Brandenburg des ritterlichen Ordens St. Johannes vom Spital zu Jerusalem.** Verbindung mit anderen (evangelischen) Johanniter-Orden. (Allianz von Nieder-Weisel 1961).

1831 Neugegründet als **The Grand Priory in the British Realm of the Most Venerable Order of the Hospital of St. John** Keine organisatorische Verbindung zum Souveränen Malteser - Ritter - Orden.

1953 Gründung des **Malteser-Hilfsdienstes** (MHD) durch die beiden deutschen Malteser-Assoziationen und den Deutschen Caritasverband.
1965 Gründung (Wiedergründung) der Malteser-Schwesternschaft.

1952 Gründung der **Johanniter-Unfallhilfe** als Organisation des Johanniter-Ordens. Johanniter-Schwesternschaft.

Die **St. John Ambulance Association und Brigade** als Hilfsdienste des englischen Johanniter - Ordens mit Gliederungen in vielen Ländern, besonders in Ländern des Britischen Commonwealth.

Militärisches Glossar

Ausfallpforte. Kleiner Ausgang in einem Festungswerk, im allgemeinen getarnt, für Überraschungsangriffe auf den Feind gedacht.

Außenwerk. Verteidigungsanlage außerhalb der Enceinte, im Graben oder jenseits des Grabens einer Festung gelegen.

Basilisk. Großes Geschütz, das Kanonenkugeln aus Eisen, Stein oder Marmor abfeuerte, die 50 bis 220 Pfund wogen (nach dem legendären Ungeheuer, dessen Blick und Atem tödlich waren).

Bastion. Festungswerk, aus zwei Front- und zwei Flankenseiten bestehend, mit vorspringenden Ecken.

Brustwehr. Um 1 Meter hohe Mauer zum Schutz von Arkebusieren.

Cavalier. Verteidigungswerk innerhalb der Kernumwallung, höher als diese, manchmal V-förmig.

Enceinte. Kernumwallung einer Festung.

Fallgatter. Gatter aus Eisen- oder Holzstangen, die an den Enden zugespitzt waren; zur Absperrung wichtiger Zugänge.

Faschinen. Bündel aus Reisig oder Astwerk, die beim Bau von Feldschanzen Verwendung fanden.

Feldschlange. Langrohrgeschütz, das relativ kleine Kugeln abfeuerte, aber eine relativ große Reichweite besaß. Militärhistorisch allgemein für große Geschütze gebraucht.

Galeasse. Große Galeere mit 3 Masten und 15 oder mehr Rudern an jeder Seite.

Galeere. In der Hauptsache durch Ruder angetriebenes Schiff. Fast immer als Kriegsschiff gebraucht.

Galiote. Durch Ruder und Segel angetriebene Galeere, kleiner als die Galeasse.

Halbbastion. Aus einer Front- und einer Flankenseite bestehend, entspricht ansonsten der Bastion.

Karawane. Beim Johanniterorden gebräuchlicher Terminus zur Bezeichnung des einjährigen aktiven Dienstes auf einer Galeere.

Kettenschuß. Zwei ganze oder halbe Kanonenkugeln, duch eine Kette verbunden. Wirbelte nach dem Abschuß herum, dabei Parabeln beschreibend. Fand gegen massierte Truppenverbände Verwendung, bei Seegefechten zur Zerstörung von Masten und Takelage gebraucht.

Kontereskarpe. Dem Angreifer zunächst liegende Böschung eines Hindernisgrabens.

Kurtine. Verbindungsmauer zwischen zwei Bastionen oder flankierenden Türmen.

Pascha. Osmanischer Titel eines Generals, Admirals oder Statthalters. Umfaßte drei Stufen, bezeichnet durch einen, zwei oder drei Roßschweife, wobei der letzte den höchsten Rang anzeigte.

Rampe. Auffahrt auf einen Wall.

Ravelin. Festungswerk außerhalb der Kernumwallung, bestehend aus zwei Frontseiten, die vorn in einem Winkel zusammenlaufen, hinten offen. Gewöhnlich vor einer Kurtine gelegen, um diese und die angrenzenden Bastionen zu decken.

Schanzkorb. Zylinderförmiger Korb oder Faß, mit Erde gefüllt, zum Bau von Feldschanzen verwandt.

Schießscharte. Maueröffnung, von innen her weiter werdend. Für Handfeuerwaffen und Geschütze gedacht.

Travers. Mauer zum Schutz eines Wehrgangs, quer verlaufend; Hindernis, aus zwei rechten Winkeln bestehend, das in einem Laufgraben angebracht wurde, um ein Vordringen des Feindes zu verhindern; Schießscharte, die so konstruiert wurde, daß sie in Verbund mit einer anderen für Kreuzfeuer geeignet war.

Trompete. Eine Art Flammenwerfer, der von einem Mann bedient wurde und flüssiges Feuer ausstieß. Manchmal mit einer Muskete kombiniert.

Literaturverzeichnis

Abela, Commendatore Fra F. G.: *Della Descrittione di Malta.* Malta 1647.

D'Aleccio, Matteo Perez: *I veri Ritratti della guerra e Dell' Assedio dali alla Isola di Malta dall' Armata Turchesa l'anno 1565.* Rom 1582.

Balbi, Francisco di Correggio: *La Verdadera relación de todo lo que el año de MDLXV ha succedido en la Isla de Malta.* Barcelona 1568.

Barber, R.: *The Knight and Chivalry.* London 1970.

Baudouin, J.: *Histoire des Chevaliers de l'Ordre de S. Jean de Hierusalem.* Paris 1624.

Boisgelin, Louis de: *Ancient and Modern Malta and the History of the Knights of Jerusalem.* London 1805.

Bosio, G.: *Dell 'istoria della Sacra Religione ed Illma. Milizia di San Giovanni Gerosolimitano.* 3 Bde. Rom 1594–1602.

Brantôme, L'Abbé de: *Œuvres du Seigneur de Brantôme.* Paris 1740.

Brockman, E.: *The Two Sieges of Rhodes.* London 1969.

Brydone, P.: *A Tour through Sicily and Malta.* London 1773.

Cambridge Modern History. Vol. III. *The Wars of Religion.* 1907.

Cassar, P.: *Medical History of Malta.* London 1964.

Catalogue of the Records of the Order of St. John of Jerusalem. Malta 1964.

Caoursin, W.: *Le fondement du S. Hospital de l'Ordre de la chevalerie de S. Jehan Baptiste de Jerusalem. Recueil des historiens des croisades.* Paris 1822.

–: *Der vermaledigsten unfrommen Türgge Anschläg und fürnemen wider die heiligen Christenheid.* Straßburg 1502.

–: *Historia von Rhodis.* Straßburg 1513.

Cavaleiro, Roderick: *The Last of the Crusaders.* London 1960.

Crema, Cavaliere F. T. da: *La Fortificazione, Guardia, Difesa e Espugnatione delle Fortezze.* Venedig 1630.

Curione, Celio Secondo: *Nuova Storia della Guerra di Malta.* Aus dem Lateinischen übersetzt von E. F. Mizzi. Rom 1927.

Currey, E. Hamilton: *Seawolves of the Mediterranean.* London 1910.

Denon, N.: *Voyage en Sicilie et à Malta.* Paris 1788.

Downey, Fairfax: *The Grande Turke.* London 1928.

Gravière, Jurien de la: *Les Chevaliers de Malte et la Marine de Philippe II.* Paris 1887.

Hammer-Purgstall, J. von: *Geschichte des Osmanischen Reiches.* 10 Bde. Budapest 1827–35.

Hughes, J. Quentin: *The Building of Malta 1530–1795.* London 1956.

–: *Fortress.* London 1969.

King, E. J.: *The Knights Hospitallers in the Holy Land.* London 1931.

–: *The Rule, Statutes and Customs of the Hospitallers.* London 1934.

Kichner, H. und v. Truszczynski, G.: *Die Dekorationen des Souveränen Malteser-Ritterordens.* Köln 1974.

Laking, Sir G. F.: *A Catalogue of the Armour and Arms in the Armoury of the Knights of St. John of Jerusalem in the Palace, Valetta.* London 1905.

Lane Poole, S.: *Saladin and the Fall of the Kingdom of Jerusalem.* London, New York 1898.

Lucini, Anton F.: *Disegni della Guerra, Assedio et Assalti dati dall' Armada Turchesa all' Isola di Malta l'anno MDLXV.* Bologna 1631.

Macerata, Paolo F. da: *Defesa et Offesa delle Piazze.* Venedig 1630.
Mifsud, A.: *Knights Hospitallers of the Venerable Tongue of England in Malta.* Malta 1914.
Molle, Stefano: *L' Ordine di Malta e la Cavalleria.* Rom 1928.
Porter, Whitworth: *The History of the Knights of Malta.* Londen 1883.
Pozzo, B.: *Historia della Sacra Religione Militare di S. Giovanni Gerosolimitano, detta di Malta.* Verona 1703.
Prescott, W. H.: *History of the reign of Philip II.* London 1855.
Recueil des historiens des Croisades. Paris 1841–1906.
Riley-Smith, J.: *The Knights of St. John in Jerusalem and Cyprus.* London 1967.
Runciman, Sir Steven: *A History of the Crusades.* 3 vols. Cambridge 1951 bis 1955. Deutsche Übersetzung von P. de Mendelssohn: *Geschichte der Kreuzzüge.* 3 Bde. München 1958–60.
Schermerhorn, E. W.: *Malta of the Knights.* London 1929.
Scicluna, Sir H. P.: *The Order of St. John of Jerusalem.* Malta 1969.
Seward, Desmond: *The Monks of War.* London 1972.
Smail, R. C.: *Crusaders' Castles in the Twelfth Century.* In: *Cambridge Historical Journal X.* 1951.
–: *Crusading Warfare (1097–1193).* In: *Cambridge Medieval Studies.* 1956.
Spreti, C.: *A Treatise of Knightly Behaviour and Description of the Island of Malta.* Valetta 1949.
Taafe, J.: *The History of the Holy, Military, Sovereign Order of St. John of Jerusalem.* 4 Bde. London 1852.
v. Truszczynski, G.: *MHD-Mitteilungen* (Offizielles Organ des deutschen Malteser-Hilfsdienstes). Köln/Rodenkirchen 1974.
Ubaldini, U.: *La Marina del Sovrano Militare Ordine di San Giovanni di Gerusalemme, di Rodi e di Malta.* Rom 1970.
Vertot, L' Abbé de: *Histoire des Chevaliers hospitaliers de Saint Jean de Jérusalem, appelés depuis Chevaliers de Rhodos, et aujourd'hui Chevaliers de Malte.* 4 Bde. Paris 1726. 16. Aufl. Lyon 1959.
Waldstein-Wartenberg, B.: *Rechtsgeschichte des Malteserordens.* Wien 1969.
Wienand, A.: *Der Johanniter-Orden / Der Malteser-Orden.* Köln 1970.

Klassische Biographien der Antike im dtv

Plutarch:
Große Griechen und Römer
Übersetzt und erläutert von
K. Ziegler

Band 1: Theseus und Romulus. Lykurgos und Numa. Solon und Poplicola. Aristeides und Marcus Cato. Themistokles und Camillus
dtv 2068

Band 2: Kimon und Lucullus. Perikles und Fabius Maximus. Nikias und Crassus. Coriolan und Alkibiades
dtv 2069

Band 3: Lysandros und Sulla. Agesilaos und Pompejus. Pelopidas und Marcellus
dtv 2070

Band 4: Dion und Brutus. Aemilius und Timoleon. Demosthenes und Cicero. Phokion und Cato (der Jüngere)
dtv 2071

Band 5: Alexander und Caesar. Sertorius und Eumenes. Demetrios und Antonius
dtv 2072

Band 6: Pyrrhos und Mar
Aratos. Agis, Kleomenes
Gracchen Philopoimen u
Titus (Flaminius). Artoxer
Galba und Otho
dtv 2073

Sueton:
Leben der Caesaren
Gaius Julius Caesar, Aug
Tiberius, Caligula, Claudi
Nero, Galba, Otho, Vitelli
Vespasian, Titus, Domitia
übersetzt und erläutert vo
A. Lambert
dtv 6005

dtv